Helga Schalkhäuser
PROMINENZ LÄSST BITTEN

BASTEI-LÜBBE-TASCHENBUCH
Band 10 673

Originalausgabe
© 1985 by Gustav Lübbe Verlag GmbH, Bergisch Gladbach
Printed in Western Germany
Einbandgestaltung: Manfred Peters
Titelbild: Fotoagentur Fritz
Satz: Fotosatz Froitzheim, Bonn
Druck: Ebner Ulm
ISBN 3-404-10673-3

Der Preis dieses Bandes versteht sich einschließlich
der gesetzlichen Mehrwertsteuer

Meiner lieben ›alten‹ Paupi, die meinen journalistischen Weg geprägt hat, mich noch immer energisch antreibt und manchmal sogar lobt...

Inhaltsverzeichnis

Vorwort. 11

Jeffrey Archer
Siegen für Thatcher. 17

Giorgio Armani
Minimum an Aufwand und Maximum an Qualität 23

Susanna Agnelli
Klipp und klar – die sportliche Frau Staatssekretärin. . . 29

Dirk Bogarde
Jeder Zoll ein Gentleman. 36

Maria Becker
Ein Stück Theatergeschichte 45

Gianni Bulgari
Ein Juwel unter Juwelieren 52

Wilhelmine Corinth
Charmanter ›Nachlaß‹ des großen Malers 59

Roald Dahl
Sanfter Horror aus der ›Sperrmüllbude‹. 67

Friedrich Dürrenmatt
Zum Frühstück einen Neuchâteler. 73

Farah Diba Pahlevi
Ex-Kaiserin – Paradebeispiel für Courage und Gefühl .. 82

Benjamin Guinness, Lord Iveagh
Flüssiges Brot und lauter Weltrekorde 89

Brigitte Fassbaender
Frau Kammersängerin und ihre Hosen 97

Mark Helprin
Ein halber Reinhold Messner und ein ganzer
Thomas Mann 104

Oriana Fallaci
Im Clinch mit Gott und der Welt. 111

Maharadscha von Jaipur
Am Golde hängt, zum Golde drängt doch alles. 122

Herbert von Karajan
Nur ein paar Takte zwischen Bruckner und Haydn ... 128

Leonor Fini
Westfälischer Schinken für die Katz'. 135

Wanda Ferragamo
Zeigt her eure Füßchen, zeigt her eure Schuh. 141

Riccardo Muti
Träumt von Toscanini und Tagliatelle 147

Norman Mailer
Philosoph oder Sex-Magier? 155

Marcia Haydée
Vollendete Grazie mit eisernem Rückgrat. 163

Alberto Moravia
Schreiben für die Ewigkeit 170

Ruth Leuwerik
Dame ohne Skandal und Tadel 178

Marcello Mastroianni
Il bello gallo oder der Amore-Macher der Nation 183

Sophia Loren
Immerschöne Daueraktie an der Filmbörse 192

Nigel Nicolson
Adel verpflichtet – nicht immer 199

Gina Lollobrigida
Die ›Schöne der Nacht‹ auch bei Tag immer noch
faszinierend 206

Biki Oberoi
Indischer Hotelmulti ohne Zopf und Turban 214

Yves Piaget
Platin, Gold und Diamanten – der urige Uhrenzar 221

Elisabeth Plessen
Schloßfräulein mit Aussteiger-Ambitionen 228

Maurice Sendak
Picasso der Kinder 238

Franz Josef Strauß
Der barocke Bayer kämpft mit den Pfunden 246

Peter Scholl-Latour
Weltenbummler und die ganz große Karriere 252

Monica Vitti
Topstar ohne Allüren 261

Tomi Ungerer
Ein ›schlimmer Finger‹ mit tausend
geliebten Facetten 267

Stefanie Powers
Hart und doch herzlich – das Phänomen
aus Hollywood................................. 277

Vidal Sassoon
Der Starfigaro mit der goldenen Schere 283

Vorwort

Neulich fielen mir zufällig meine ersten Schulzeugnisse in die Hand. Ich blätterte neugierig. In der frühen Jugend gab es wegen der Zensuren glücklicherweise noch keine Nervenzusammenbrüche. Das Kind, so konnte ich den überlangen Beurteilungen meines Lehrers entnehmen, galt als brav, fleißig, von gutem Betragen. Nur einen Haken hatte die Sache: Zu still, zu schüchtern gab sich die Schülerin. Auch fehlte es ihr deutlich an Mut für Frage und Antwort. Seiner Sorge hatte der Gute gleich noch ein paar handfeste zukunftsweisende Ratschläge angehängt. Getreu dem Grundsatz, nicht für die Schule, sondern fürs Leben lernt der Mensch, wurde Singen, Kochen, Häkeln, Stricken hervorgehoben, weil das so schön den nötigen Ausgleich zum Schöngeistigen schafft...
Das vergilbte Zeugnispäckchen liegt seitdem neben meinem Berg von Tonbandkassetten und Interview-Texten, die im Laufe vieler Jahre zusammengekommen sind. Mit meinen ersten amtlichen Papieren verbindet mich neuerdings ein stiller Flirt. Wenn ich nämlich müde von einer Prominenten-Tour nach Hause komme, mir geschworen habe, nun endgültig keiner Berühmtheit je wieder begegnen zu wollen (und diesen Schwur regelmäßig bisher gebrochen habe), dann fällt mir ebenso regelmäßig mein Lehrer ein »Es irrt der Mensch solang er strebt«, hatte er jeden Morgen nach stram-

mer Begrüßung im Chor deklamieren lassen. Und das war sehr weitsichtig gedacht von ihm. Die vielfältigen vermeintlichen Begabungen, die er mir zur Pflege anempfohlen hat, blieben leider, bis zur Stunde weitgehend unterentwickelt. Ich habe Mühe – und nicht nur auf Reisen –, ein Nähzeug zu finden, geschweige einen Knopf anzunähen. Und was das Kochen betrifft, da kann ich nur sagen: Gottlob sind die Steaks und die Kühltruhen erfunden worden!
Daß ich jemals in den Wohnungen von prominenten Leuten herumstehen oder mit ihnen irgendwo anders einen Kaffee trinken würde, dazu auch noch locker parlieren, habe ich mir selbst nicht vorstellen können. Übrigens: Zur Überwindung meiner Ängste in Frage- und Antwortspiel habe ich keinen Psychiater gebraucht. Zu meiner Zeit war das ein absolutes Fremdwort; meine Eltern hätten sich wohl auch bedankt. Und so habe ich mir eben so gut es ging selbst geholfen! Allerdings: Wenn ein Großinterview ansteht, dann habe ich bis auf den Tag noch immer so eine Art »Mathe-Arbeit-Panik«. Die bange Frage: »Klappt es, klappt es nicht?« plagt mich so lange, bis man sich gegenseitig warmgeredet hat.
Ein Traumberuf, wie er zumeist bejubelt wird, ist diese Seite des Journalismus nicht. Schon gar keiner zum Träumen. Wenn man nach dem aberfünfzigsten Telefonat mit einer Weltdiva oder deren »rechter Hand« erst mit ja, dann mit nein, dann bitte hier nicht, dann bitte lieber da, aber dann ohne Photograph, dafür mit Tonband, oder vielleicht doch nur mit Stenoblock, allerhöchstens aber nur eine Stunde, am besten aber überhaupt nicht, oft mehr als gnädig hingehalten wird und die eigene Stimme in dem Maße heiser wird (jetzt wäre Singen gut!), wie die eigene Telefonrechnung sprunghaft in die Höhe schnellt, und kein Ergebnis in Sicht – was dann? Baldriantee trinken!
Oft genug gehen Sachen daneben. Es wird abgesagt – oft

höherer Gewalten wegen, manchmal auch nur aus Laune oder weil wirklich plausible Gründe dahinterstecken. Damit muß man auch leben. Ich habe lange Zeit schlecht damit gelebt! Wenn heute eine Absagebombe auf meinem Schreibtisch explodiert, lege ich mich gleich ins Bett und schlafe. Am nächsten Tag kurbele ich an der nächsten Sache weiter. Erst in dem Moment, in dem die Hoffnung auf Null abgesunken ist, kommt vielleicht irgendein anderes Okay. Man ist erleichtert. Alles muß jetzt möglichst gleichzeitig passieren: Flüge buchen, irgendwelche Kleider in irgendwelche Taschen werfen, Unterlagen verzweifelt suchen, die falschen Kassetten zu den richtigen Batterien stecken oder umgekehrt usw. usw. Sehr wichtig: die Mitteilung für die »armen« Hinterbliebenen. Sie sieht dann meistens immer gleich aus: »Fliege irgendwohin, über Paris oder London, komme irgendwann zurück. Bitte Käse aus dem Eisschrank nehmen. Fenster schließen, Blumen gießen. Tschüs dann, ich bring auch eine Stange Zigaretten vom Duty-free-Shop mit oder auch ein Parfüm!« Denn jetzt darf ich ja wieder mal die große weite Welt erleben. Nur die liebe Mama begleitet (neidlos) meine vielen Reisen seit vielen Jahren mit dem immer gleichen rührend-ängstlichen Rat: »Flieg vorsichtig, paß auf dich auf; und zieh einen warmen Schal um.« Egal, wohin es geht – Äquator oder Nordpol. Da war doch noch was? Natürlich. Das Testament muß noch schnell mal wieder geändert werden. Man weiß ja nie. Diesmal alles ans Waisenhaus, die halten einen wenigstens in Ehren!
Irgendwann kommt man irgendwo an. Aber immer fehlt natürlich dann der rote Teppich. Keiner da zum Ausrollen? Also lobt man sich wieder einmal selbst, damit die Stimmung gut bleibt. Dafür ist administrative Arbeit besonders geeignet. Denn jetzt heißt es Schecks zählen, Kleingeld parat halten für Taxifahrer und ewig verlangend lächelnde Lift-

boys. Herrje! Dann muß das Ticket zum Paß, sonst kommt man am Ende aus dem verdammten Land gar nicht mehr raus. Und dann möchte man endlich in sein Hotelbett. Aber schon klingelt prompt das Telefon, irgendeiner will irgendwas. Statt zu »meditieren«, wie man die Prominenz am besten abfragt, sitzt man in irgendeinem Raum, in dem zum Teufel nochmal die eiskalt blasende aircondition nicht totzukriegen ist. Dabei geht es um Wichtigeres: Muß ich gleich morgen früh um 8 zum Friseur, nach drei Stunden Schlaf, oder geht es auch später? Und wo gibt es die Mitbring-Blumen? Irgendwann ist es so weit. Vielleicht um 15 Uhr 15 irgendeiner Ortszeit. Ordentlich, aus dem Koffer gekleidet (da wäre Häkeln wieder gut, um viel Geld für Bügeldienste zu sparen), schüttelt man dem Millionär, dem Weltstar oder dem blaublütigen Hochkaräter die Hand. Ganz souverän, als wäre man bei seiner Tante eingeladen. Nur keine Schwächen jetzt, aufs Wesentliche konzentrieren. Später nämlich will niemand je mehr wissen, warum man oft so blaß und verbissen an dem »Fall« herumgeackert hat, mit dem man nun so gemütlich beisammensitzt. Schrullig, arrogant oder cool, hat man gelesen, sei er oder sie. Wie soll man sich verhalten, wenn sich binnen kurzem herausstellt, daß es sich hier um einen außergewöhnlich umgänglichen Zeitgenossen handelt? Überlegenheit vortäuschen, sich unbeeindruckt zeigen oder schlicht erkennen lassen, daß man von seinem Visavis angetan ist? Ich habe mich eigentlich immer sehr schnell für das letztere entschieden. Vielleicht, weil mich nie einer angeblafft hat, ich immer höflich begrüßt wurde und nur gelegentlich die Hunde auf mich losgingen.
Meistens bin ich nach getaner Arbeit mit dem etwas beklemmenden Gefühl von dannen gezogen, zwar einen sogenannten »neuen Freund« gefunden zu haben, aber einen, den man verliert, sobald sich die Haustüre hinter einem geschlos-

sen hat. Die V. I. P.s gehören eben doch nur sich allein – oder allen. Selten entstehen echte Freundschaften, manchmal bleibt es bei freundlichen Zufallsbekanntschaften. Das sind dann jene wenigen, denen ich immer mal wieder auf der Welt begegnet bin und die dann artig stets dasselbe gefragt haben: Hallo, wie geht es? Wann machen wir das nächste Interview?

Eine Frage, die mich beschäftigt, seit ich damals vor vielen Jahren zaghaft damit begonnen habe. Und eigentlich war es auch kein Interview, sondern nur ein kleines Gespräch. Fünf Sätze und fünf Minuten lang. Auf einer Party in London. Der Herr, auf den ich schnurstracks, wenn auch mit weichen Knien zuging, war seinerzeit der Premierminister des Landes. Er heißt Harold Wilson. Ich bin oft nach dem Patentrezept für diese Art Journalismus gefragt worden. Ich glaube, daß es keines gibt. Nur eines scheint mir sicher: Man muß diesen Beruf lieben und mit Leib und Seele betreiben. Und vielleicht muß man in der Schule ein schweigsames Kind gewesen sein...

H. S.

Jeffrey Archer

Siegen für Thatcher

Von Somerset Maugham ist überliefert, daß er für die schreibende Zunft den Rat bereithielt, nicht vor dem 35. Lebensjahr mit dem ersten Gedruckten die Umwelt zu beglücken. Einer, von dem man mittlerweile weiß, daß es sich für ihn auszahlte, der Empfehlung seines weltberühmten Landsmannes zu folgen, ist der 45jährige englische Bestsellerautor Jeffrey Archer. Vor knapp 10 Jahren ließ er seinen ersten Roman vom Stapel. Und nannte ihn – durch trübe Eigenerfahrung belehrt – ›Not a Penny More – Not a Penny Less‹ (›Es ist nicht alles Gold was glänzt‹). Weitere Werke folgten im gezielten Abstand. So ›Abels Tochter‹, ›Kain und Abel‹, ›Das Attentat‹, ›Die Rivalen‹. Allesamt sind sie hübsch locker in der Machart. Nicht ohne publikumswirksamen Prickel. Und so nimmt es freilich nicht wunder, daß der gehorsame Maugham-Adept nun schon seit 1974 in munterer Dauerfolge als ›Number One‹ auf den amerikanischen und vornehmlich englischen Bücher-Hitlisten rangiert. Favorisiert von einer intellektuell angehauchten breiten Leserschaft, die leichte, spannende Kost lieber mag, als schwere, zähverdauliche. Millionen verkaufter Auflagen sind inzwischen nicht nur für Archers Verleger ein Riesengeschäft. Auch die Filmemacher ruhten nicht. Die ›Penny-Story‹ wurde im Sommer 1981 in Hollywood auf Zelluloid verewigt. Und da machte es gar nichts, daß der vorgesehene Superstar Robert Redford in

letzter Minute absprang. Archer startete unverdrossen weiter senkrecht nach oben. Wundersamer schon klingt seine frische und markige Philosophie, die sich so anhört: »An Geld bin ich nicht interessiert. Ich will gelesen werden.« Jeffrey Archer, als Sohn eines britischen Kolonialoffiziers in Singapur geboren und mit standesgemäßem Oxford-Studium ausgerüstet, fügt seinem strammen Desinteresse am Baren rasch etwas Elegisches an. »Ich wollte, ich hätte mit 18 gewußt, daß ich noch viel Zeit habe, daß im Grunde die Dinge allesamt gleich sind. Heute wünsche ich mir, mindestens 70 zu werden. Wäre ich damals schon so einsichtig gewesen wie heute, wäre ich nicht so durchs Leben gerast, hätte alles behutsamer angepackt.« Und nach einer kurzen Kunstpause sagt er sinnend: »Jeder hat verborgene Talente, von denen er nichts weiß.«
Und er bemüht den großen Marcel Proust noch schnell mit der Metapher: »Wir hören mit einer Sache meistens auf, bei der wir nur Zweitbester sind.«
Das allerdings hat der Squashbesessene (er spielt jeden Tag vier Stunden), dem eine Karriere als 100-Meter-Läufer ebenso offenstand, wie die eines promovierten Schullehrers, nie gemocht. »Der Zweite zu sein«, sagte er und nahm den Faden wieder auf, »fand ich für mich immer äußerst langweilig.« Seine Ambitionen waren entsprechend. Wissen und Redegewandtheit und ein nicht unerhebliches ererbtes Startkapital katapultierten ihn schon 29jährig auf zwei selten artfremde Karrierestühle. Mit dem Herzen verschrieb er sich der Politik. Er wurde jüngstes Parlamentsmitglied der Konservativen. Mit dem Verstand stieg er gutgläubig in ein solventes Bankenkonsortium ein, dessen Vize später Millionenbeträge veruntreute. Als die Sache aufflog, hatte der ›befreundete Banker‹ auch 400 000 englische Pfund von Archers Einlagen mitgehen lassen. Über Nacht stand Archer

mittellos da. Es gab nur eine Konsequenz: Er nahm seinen Hut und verschwand als Politiker.
»Damals«, so erinnert er sich heute, »gab es mehr Schadenfrohe als sogenannte ›Freunde in der Not‹. Die sich überschlagenden Headlines meldeten nicht nur meinen Bankrott, sondern auch, daß ich es als 34jähriges Greenhorn gar nicht anders verdient hätte.« Archer lächelt heute über seine inzwischen erfolgreich vollzogene Vergangenheitsbewältigung. »Ich hatte damals keine Ahnung wie es weitergehen sollte. Da habe ich einfach mal zu schreiben begonnen«, sagt er, »denn irgendwie muß der Mensch ja existieren. Ich bin ein Arbeitsfanatiker«, meint er noch, um dieses Kapitel zu Ende zu bringen. Und nicht ohne gewisse Eitelkeit setzt er noch obendrauf: »Das britische Magazin ›Punch‹ hat mich neulich als energischsten Mann Englands bezeichnet.« Und ob er nun flachst oder es ernst meint, kann ich nicht heraushören, als er zu diesem Thema abschließend sagt: «Ich habe meine enorme Energie von meiner Mutter geerbt, sie ist heute 71 und besucht die Universität. Ich habe schon als Dreijähriger an mir ›gearbeitet‹, um eines Tages noch vor Margaret Thatcher zu sein.«
Die ›Eiserne Lady‹ wird wissen, was ihr da ins Haus stünde. So hat sie Archer flugs zum stellvertretenden Vorsitzenden der Konservativen Partei ernannt. Damit kein Zweifel besteht, wer die nächste Wahl gewinnen wird.
Wir unterhalten uns in seiner Londoner Wohnung, die Archer, den neuen Verhältnissen als Top-Schreiber rechnungtragend, bewußt als Aushängeschild benutzt. »Als der Erfolg nach dem ›crash‹ kalkulierbar wurde und Film-, Funk- und Fernsehleute sich hier die Klinke in die Hand zu geben begannen, da habe ich auf schickes modernes, ganz unenglisches Ambiance Wert gelegt«, sagt der sympathische Brite. Wahr ist, daß an britische Wohnmanier hier so gut wie nichts

erinnert. Allenfalls eine Klein-Skulptur vom Landsmann Henry Moore auf dem gläsernen Clubtisch. Alles andere hat italo-amerikanischen Show-Pfiff. Daß Archer nur Erstausgaben von Graham Greene und Thomas Mann sammelt und diese ›fast bescheiden‹ in seiner Kleinbibliothek versteckt, erinnert mich wohltuend daran, daß man es bei ihm nicht nur mit einem zu tun hat, der ausschließlich auf Erfolg programmiert ist, sondern auch liebenswerte Neigungen pflegt. Mein Eindruck verstärkt sich, als ich Aquarelle von Raoul Dufy und Graham Sutherland – anerkannte Maler der Moderne – entdecke. Kurz erwähnt er seine Sammelleidenschaft. Das Gespräch über die schönen Künste allerdings ist rasch beendet. Lieber will Archer mir kundtun, daß er in diesen vier Wänden häufig prominenten Besuch empfängt. Da ist von dem ehemaligen Parteifreund und Expremier Ted Heath genauso die Rede wie von Margaret Thatcher, auch vom Sportsfreund und Rennfahrer Niki Lauda. »Ich sehe gelegentlich auch den ehemaligen Labouraußenminister David Owen. Politisch sind wir zwar weit auseinander, er ist ja jetzt prominentes Mitglied der neuen britischen SPD. Aber menschlich mögen wir uns sehr.« Abgesehen davon: Owen ist der Mann seiner Agentin! Archer, daran gewöhnt, sich vielseitig zu engagieren, hält es privat strikter. Seit 18 Jahren ist er mit einer Universitätsdozentin verheiratet und Vater zweier wohlgeratener Buben. Frau Mary, 36 Jahre alt und ausnehmend attraktiv, lehrt an der ehrwürdigen Universität von Cambridge Chemie. Solar-Energie im Hauptfach.

»Ich lese Balzac, Proust, Goethe, wenn ich mich entspannen will«, erzählt sie mir, als wir uns später kurz in Cambridge kennenlernen. »Jeffreys Bücher lese ich natürlich auch. Aber der ganze Rummel, mit dem er zu tun hat, paßt nicht in meine Universitätslaufbahn«, meint sie fast entschuldigend. Die Londoner Wohnung sieht sie angeblich kaum.

»Wo also findet das Familienleben statt?« frage ich. Ganz einfach. Vor fünf Jahren haben die Archers in unmittelbarer Nähe von Cambridge ein Haus für die Familie gekauft. Daß es sich dabei um den ehemaligen Besitz eines für alle Engländer bekannten Dichters handelt, kam sicher zumindest dem ehrgeizigen Jeffrey nicht ungelegen. Man erwarb das Haus von Rupert Brooke, einem zu seiner Zeit gefeierten vielversprechenden jungen Talent. Brooke starb 1915. Erst 28 Jahre alt. Sein 1912 im Berliner ›Café des Westens‹ entstandenes sentimentales Gedicht, das er seinem Haus ›Old Vicarage‹ – es heißt heute noch so – gewidmet hat, treibt die Leute noch immer vor die Archer-Haustür. »Wir lassen sie gern in den Garten, wo Jeffreys Arbeitshäuschen steht«, erläutert Frau Jung-Professor liebenswürdig. Ansonsten ist der Familienwohnsitz ›Very cosy, Very English, Very Archer-atypisch‹. Aus Brookes Zeiten übrigens kann man nichts mehr bestaunen.

»Ich arbeite hier. In London geht das nicht«, sagt Archer am Ende unserer Begegnung. »Und wenn mir der Familienrummel zu groß wird, dann flüchte ich für ein paar Wochen in das Haus eines Freundes nach Barbados. Da kriegen meine Romane so den letzten Schliff verpaßt.«

In Deutschland war der Erfolgsmann übrigens noch nie. Aber er hofft, hier bald einmal einen Roman persönlich vorstellen zu können. Und er rechnet fest – wie könnte es anders sein – auf einen ersten Platz. Schließlich ist er nicht *irgendwer*! Wenn Jeffrey Archer sich auch für seinen BMW mit der ihm so eigenen Bescheidenheit das Nummernschild ›ANY 1‹ gekauft hat. Und das heißt nun mal, man kann es drehen wie man will: IRGENDEINER...

Giorgio Armani

Minimum an Aufwand und Maximum an Qualität

Wo er sitzt ist oben: Giorgio Armani, der italienische Top-Star am internationalen Modefirmament, Coverboy der amerikanischen Magazine, der ›schöne Graue‹ mit dem sensiblen Farbsinn. Ich traf ihn zweimal. Und was knochenharte Kritiker und dollarschwere Kleiderfans schon vor Jahren jenseits des Teichs schwärmerisch zum Mode-Idol hochjubelten, »weil sein Stil unvergleichlich ist«, gibt sich privat als einer von den ganz Stillen im Lande. ›Minimum an Aufwand und Maximum an Qualität‹ – ein guter Slogan, mit dem sich seine Supermode verkauft. Und schon bei unserer ersten Begegnung denke ich: ganz wie nach Maß auch auf ihn selbst zugeschnitten. Was ich da über ihn gelesen hatte, klang zwar einigermaßen abenteuerlich! Millionen modebeflissener Damen zwischen Tokio, New York, Paris, London und München verspüren angeblich ein aufregendes Kribbeln auf Kopfhaut und Rücken, wenn von diesem Armani die Rede ist. Wie würde so ein ›Überflieger‹ auf mich wirken? Ich gestehe: ausgeflippt bin ich nicht! Aber: er hat mir gut gefallen. Weil er ein höflicher, gebildeter, zurückhaltender Mensch ist. Ohne Allüren, voller Energie und Konzentration. Ein echter Kerl obendrein, mit dem man zum Segeln gehen möchte oder radeln oder auch mal in aller Stille über Dinge reden, die ihn (außer der Mode, noch) interessieren – Purismus innen und außen, Ästhetik und Klassik, ein bißchen Romantik vielleicht!

Übrigens seine Devise für alles in seinem Dasein. »Wie wird man Modeschöpfer?« so begann ich wohl unser erstes Gespräch vor ein paar Jahren, als Armani noch in der zweiten Reihe der italienischen Designer tanzte. Aber bereits seinen festen Platz am Weltmarkt und zum Arbeiten hatte. Es war im Mailänder Palazzo Durini, Baujahr 17. Jahrhundert. Spiegelwände und Deckenfresken über und um uns. Da nahm sich der schlanke, blauäugige Sportsmann-Typ in der für ihn typischen Arbeitskluft ›T-Shirt und Jeans dunkelblau, salopp aber fesch‹, nicht wie einer aus, der partout als Prominentenschneider gelten, geschweige als solcher behandelt werden wollte.

»Ich habe Medizin studiert«, erzählt er mir und lächelt scheu. Und die Geschichte, daß er schon nach den ersten Semestern merkte, nicht zum Arzt zu taugen, weil er höchstens bildschöne Bandagen hätte setzen können, hörte ich damals zum ersten Mal. Inzwischen ist dies schon klassische World-News. Zum Kleidermacher-Handwerk, das er längst mit der Schere gegen das Skalpell vertauscht und so ruhmreich in den Griff gekriegt hat, ist er über den Weg des Dekorateurs gekommen. »Ich habe in Mailand ganz klein angefangen, beim Warenhaus Nr. 1 ›Rinascente‹. Dann wurde ich Einkäufer, schließlich habe ich mit großer Faszination dem großen Cerutti über die Schulter geschaut. Ihm habe ich eigentlich alles zu danken.«

Ruhig und gelassen beschreibt er mir seinen mehr als ungewöhnlichen Lebensweg. Der Giorgio Armani, der seinen kometenhaften Aufstieg eher verschreckt als begeistert verfolgt, ist bei allem strahlenden Jungenlächeln, das im Gespräch immer wieder über sein Gesicht huscht, doch eher ein Zweifler.

»Die Elogen der Welt«, meint er, »die sind ja wirklich ganz toll, ich bin stolz darauf, aber eigentlich sind sie nichts

anderes als der seltsame Lohn für meine geradezu pathologische Arbeitswut.« Und mit ernstem Gesicht philosophiert er weiter: »Raufzukommen ist ja noch einigermaßen einfach, aber obenzubleiben, das ist eine andere Sache!«
Ich habe ihn damals gefragt, und auch später, als er nicht mehr im mittelalterlichen Palazzo residierte, sondern ein paar Straßen weitergezogen war in die kühle Strenge des Palazzo Borgonovo, warum er allem Sensationserfolg mit so spürbarem Mißtrauen begegne? Die Bilanzen schließlich, von denen man liest, sollten doch eher zum Jubelchorus verleiten – 120 Millionen Dollar jährlich sind auch im internationalen Samt- und Seidenroulette, an dem bekanntlich ja nicht wenige Modeschöpfer drehen, kein Pappenstiel.
Armani, in Piacenza geboren, unter dem Sternzeichen des Krebses, sagt dazu treuherzig:
»Vom Geld allein kann man nicht glücklich werden. Meine innere Zufriedenheit sehe ich hauptsächlich in der Arbeit, und die muß einfach stimmig einhergehen mit dem, was man mir so oft vorwirft«, jetzt lacht er laut und herzlich, »meine sogenannte preußische Pedanterie.«
Wie das so aussieht bei einem Italiener, frage ich skeptisch.
»Ich arbeite täglich von 9 bis 9 an meinem Reißbrett, und wohlgemerkt mit dem Zeichenstift.« Darauf ist er besonders stolz. Dazwischen vergißt er dann manchmal sogar das Essen.
Was seine Mode-Strategie betrifft, meint er: »Das Anziehen soll einfach Freude machen. Man soll sich in meinen Sachen wohlfühlen – und sicher.« Soviel ist sicher, denke ich mir, während wir dann die Kurve in Richtung Privatleben nehmen, ohne Armanis vielumjubelte Jacken, Hosen und Kleider geht nichts mehr in der Modewelt von heute, koste es, was es wolle! Und billig ist es nicht. Wie sagt der Meister dazu doch so wahr:

»Das Geheimnis liegt in der Auswahl der Stoffe und klassischen Formen.« Wörtlich: »So ähnlich und profan fast wie beim Barras: die gleiche Hose muß auch in fünf Jahren noch zur gleichen Jacke passen. Jedenfalls darf es nicht auffallen, daß beides brandneu ist.« Er hat's erreicht.

Und die Muse hat ihn gleich zweifach geküßt. Zum perfekten Styling kam der perfekte Duft: ARMANI. „Mein Parfum soll eine sinnliche Verständigung zwischen Mann und Frau herstellen", philosophiert der Perfektionist.

Armani, der Junggeselle, der gerade ein halbes Jahrhundert alt ist, sagt von sich selbst: »Ich bin Egoist, das ist auch der Grund, warum ich nicht geheiratet habe.« Und so als wollte er sich dafür entschuldigen, daß er ›privat‹ nur mit Hund und Katze lebt, meint er: »Die haben wenigstens keine Migränen und keine Launen.« Und da fällt mir erst später ein, daß ich jetzt eigentlich hätte lauthals protestieren müssen, denn ich kenne eine ganze Menge Herren der Schöpfung, die unsereinen mit eben solchen von ihm reklamierten ›Zuständen‹ ganz schön auf die Palme bringen können. Aber ich habe es vergessen!

Denn der kluge Taktierer Armani nimmt sich sofort geschickt beim Portepée und sagt entwaffnend: »Ich bin schon sehr der Knecht meiner kreativen Arbeit, daneben würde es kein Mensch aushalten.« Gewonnen! Seine ›Familie‹ übrigens sind seine Nichten und Neffen, seine Schwester, seine Mitarbeiter. An den Wochenenden nimmt er sie am liebsten alle mit zu sich ins Haus am Meer. Nach Forte dei Marmi, wo auch ich mal mit von der Partie war. Daß ihm als Beförderungsvehikel dafür ein schnittiger Jaguar und ein Sportcoupé, Marke Mercedes, dienen, manchmal auch, wenn die Fracht zu groß wird, ein Safariwagen, erwähnt er nur beiläufig. Deutlicher vernehme ich hier am ›Ort der Besinnung‹ von seinen Ängsten, wenn er ans Alter denkt:

»Ich weiß nicht«, sagt Armani, nachdem wir vorher von seinem Faible für Wiener Hofmannmöbel und klassische Musik sprachen – Dinge, die er sich einerseits als Sammler, andererseits als begeisterter Zuhörer leistet – »manchmal denke ich, daß so ein Menschenleben eben doch nur etwas wert ist, solange man Freunde hat und diese Freundschaften auch pflegt.«
Ernst schaut er jetzt drein, der sportliche Sunnyboy, der jeden Tag in Mailand, wenn er ›zur Arbeit‹ fährt, statt Auto und Chauffeur, auch aus Gründen der notwendigen Entspannung, das Stahlroß benutzt. Und wenn er draußen am Meer ist, regelmäßig mehrere Partien Tennis spielt, und in seinem Swimming-Pool von Stadionformat (nicht nur ein Ding zum Vorzeigen und Herumplantschen übrigens) ganz eisern Schmetterlings-Style und andere olympiaverdächtige Sachen übt. Und dann sagt er, den man sich in der Rolle des Vorgesetzten nur schwer vorstellen kann, so höflich und loyal ist er:
»Zugegeben, ich denke manchmal über den Tod nach und was danach ist. Aber da komme ich immer wieder zu dem Schluß, daß es wohl am wichtigsten ist, wenn man sich im Leben anständig verhalten hat.«
Was diesen Giorgio Armani auszeichnet, überlege ich mir später, wird wohl die Bescheidenheit aller wahren Profis sein, die über sich selbst nicht viele Worte machen! Und damit zum Sieger auf der ganzen Linie werden! Armani ist so einer!

Susanna Agnelli

Klipp und klar – die sportliche Frau Staatssekretärin

Signora ist 63, Mutter, Großmutter, Karrierefrau. Daß sie alles so geschickt unter einen Hut bringt, verdankt sie nicht zuletzt der glücklichen Fügung, eine der einflußreichsten Familien der Welt im Rücken zu haben: Signora heißt Susanna Agnelli und ist die Schwester von Gianni Agnelli, dem Präsidenten der Fiat-Werke, dem Chef von Juventus Turin und, und, und... Aber ihren Weg, so behauptet sie ganz selbstverständlich, habe sie vorwiegend ganz alleine gemacht.
Signora war 10 Jahre lang Bürgermeisterin von Monte Argentario, einem Ort in der Nähe von Groseto in der Toscana. Und immer mal wieder auch war sie in den Schlagzeilen wegen ihrer aktiven Bemühung, »die schöne Landschaft nicht durch unschöne Bauvorhaben« verschandeln zu lassen. Seit geraumer Zeit ist sie hauptamtlich in die große Politik eingestiegen. Die Dame mit dem Parteibuch der Republikaner ist Unterstaatssekretärin im römischen Palazzo Farnesina, dem italienischen Außenministerium. Hier empfing sie mich, gerade zurückgekehrt von einer anstrengenden Reise durch Südamerika. Auf dem Kalender, so verlautete aus dem Vorzimmer, stand für den übernächsten Tag schon wieder eine neue Tour. Nach Indonesien diesmal.
Auf sie, die mich auch noch für ein Stündchen ›dazwischen‹ geschoben‹ hatte, war ich wirklich neugierig. Ich kannte sie bisher nur als exzellente Schreiberin. Das biographische

Büchlein ›Wir trugen immer Matrosenkleider‹ war vor Jahren auch in Deutschland ein geheimer Hit. Da erfuhr unter anderem man von der besonders engen Bindung an den größeren Bruder Gianni, von dem jüngeren Bruder Umberto, mit dem sie auch gut steht, von der superenglischen Nurse, mit der die sieben Geschwister aufgewachsen sind. Da berichtet sie mit sachlicher Distanz vom frühen Tod des Vaters und über die Trennung von der heißgeliebten schönen Mama auf Betreiben des Großvaters, des Herrn Senators. Nach dem Tode des Gemahls hatte die Mutter nämlich ohne Rücksicht auf den Ruf der berühmten Familie eine Freundschaft mit dem Dichter Malaparte begonnen.
Susanna Agnelli, die Tochter, im Freundes- und Familienkreis »Suni« genannt, verhielt sich auch nicht zimperlich. Sie schrieb in ihrem Buch klipp und klar, wie ihr zumute war. Auch im persönlichen Gespräch ist sie, die trotz höheren Alters noch mit beiden Beinen und sehr selbstsicher in einer Top-Position steht, keineswegs prüde. Vor allem ist sie ungeheuer präzise, ungeheuer schnell. Zur Begrüßung sagt sie ganz burschikos:
»Nennen Sie mich einfach Signora Agnelli. Und um es gleich klarzustellen: ich bin seit Jahren von meinem Mann Urbano Rattazzi geschieden.« Jetzt holt sie fix Luft, dann fährt sie fort: »Wir sind die besten Freunde geblieben. Er hat wieder geheiratet. Ich habe meinen Mädchennamen wieder angenommen, und mir ein eigenes Leben zurechtgezimmert, 26 Ehejahre und 6 Kinder, die alle ihre eigenen Familien haben, das braucht einen Ersatz. Punkt!« Noch mal ein knappes Durchatmen. »Ich bin nicht der Typ Mutter, der, bei aller Liebe zu ihren wohlgeratenen Sprößlingen«, jetzt schleichen sich in den Schnellfeuergewehrmonolog plötzlich leise, weiche Töne ein und so eine Art zärtliches Lächeln huscht über ihr gut geschnittenes, interessantes Gesicht, »also ich bin

keine«, fährt sie fort, »die mal bei dem einen, mal bei dem anderen Kind im Haus herumhängen will. Darum habe ich mir einen Beruf gesucht.«
Ganz frei von Emotionen, vielleicht ist es auch eine Spur Melancholie, scheint sie mir dennoch nicht. Die wenige Zeit, die uns für das Gespräch bleibt, füllt sie zunächst hauptsächlich mit Dingen an, die mehr die Frau, weniger die Politikerin, die Staatssekretärin betreffen.
»Heiraten«, sagt sie, für mich so unerwartet, wie nur was, »würde ich nicht mehr. In meinem Alter wäre das ja wohl auch ein Witz.« Und nun einigermaßen würdevoll meint sie noch: »Ich glaube im übrigen an die Liebe! Sie ist etwas sehr Wesentliches im Leben. Wenn nicht das Wesentlichste überhaupt.«
Was sie von Männern hält, obwohl durch ihre Scheidung gewissermaßen ins Hintertreffen geraten, frage ich sie ziemlich direkt. Sie darauf prompt: »Männer sind wichtig. Ich akzeptiere sie so, wie sie sind.«
Die Antwort war klar, wie alles bei ihr. Ebenso klar wie das, was sie kurz über ihr seit Anfang 1985 als Bestseller in Italien gehandeltes neues Buch ›Addio, Addio, mio ultimo Amore‹ (Adieu, meine letzte Liebe) sagt. Ein eher sentimentaler Titel übrigens, der eigentlich gar nicht so recht zu dieser realistischen Dame paßt.
»Das Buch ist hier ein Erfolg, weil es sehr italienisch ist. Für das Ausland sehe ich keine Chance«, kommentiert sie nur. Daß sie darin nicht nur Symbolisches ›verkauft‹, sondern u. a. auch von einer Liaison aus Fleisch und Blut spricht, einem Mann nämlich, den sie geliebt hat, erwähnt sie beiläufig, während das Telefon klingelt. Susanna Agnelli erhebt sich rasch. Sie geht zu ihrem Schreibtisch, erledigt das Gespräch. Sie ist eine Sportliche, Große, Schlanke mit eiligem Schritt. Modischer Firlefanz geht ihr übrigens völlig ab, fällt mir

plötzlich auf. Als sie ebenso rasch wieder zurückkommt, scheint sie meine Gedanken erraten zu haben.
»Ich lese lieber, Proust zum Beispiel oder Garcia Marquez, die Allende oder die Signoret, anstatt in den Modehäusern herumzulaufen. Als ich noch draußen auf dem Lande lebte, da habe ich überhaupt nur Hosen, Pullis und Turnschuhe getragen. Und einge›kleidet‹ hat mich immer meine Haushälterin.« Als sie jetzt laut lacht, schwingt so etwas wie Selbstbelustigung und Fatalismus in ihrer metallischen Stimme. »Heute, auf den Reisen, bei den Banketts und so weiter, da trage ich natürlich Kleider.«
Das klingt im Moment sehr komisch aus dem Munde der Susanna Agnelli, die ihrem Bruder Gianni übrigens sehr ähnlich sieht, plötzlich das Thema wechselt und von sich aus auf ihn zu sprechen kommt. Da kriegt die Karrierefrau, die angeblich keine sein will (so jedenfalls hat sie es mir gleich bei der Begrüßung bedeutet), schlagartig einen verträumten Gesichtsausdruck.
»Wir sehen uns leider viel zu selten, aber an unserer Verbundenheit hat sich auch auf unsere alten Tage nichts geändert. Er hört sich meine Probleme an, ich mir die seinen. Das ist es.« Ob er sie vielleicht manchmal um Rat fragt, der bedeutende Industrielle, will ich noch wissen. »Der Gianni?« Jetzt lacht sie schallend. »Nein, das tut er nicht. Er fragt mich nicht, nicht einmal den lieben Gott würde er fragen, wenn er das könnte. Er macht immer, was er will.« Die Schwester sagt's. Und sie muß es wissen.
Frau Staatssekretärin schaut während unserer Unterhaltung gelegentlich verstohlen auf die sportliche Herrenarmbanduhr, die sie an einem stabilen Lederband ums linke Handgelenk geschlungen hat. »Das ist praktisch«, sagt sie nur, als sie merkt, daß ich, um die verbleibende Zeit zu kontrollieren, auf meine eigene Uhr schaue. Susanna Agnelli erwähnt schließ-

lich doch noch, daß sie schwerpunktmäßig Amerika, Kanada und die südamerikanischen Staaten in Sachen Kultur und Wirtschaft bereist und betreut. Dieses in ihrer Eigenschaft als ›Amtsperson‹. Im gleichen Atemzuge meint sie, daß es ein Jammer sei, nur so wenigen Frauen rund um die Welt in politischen Führungspositionen zu begegnen.

»Aber das liegt auch daran«, ist ihre Meinung, und es klingt jetzt fast gleichgültig, »daß die meisten sich eben kaum dafür interessieren. Ich kann das hauptsächlich für die Italienerin sagen. Die ist schwer zu motivieren. Als ich noch im Kommunalbereich tätig war, habe ich mich zwar auch damit befaßt, aber eingesehen, daß die Frauen für den ›anderen Weg‹ eben scheinbar doch noch nicht reif sind. Die Frau, die nur am Kochtopf steht und politisch nicht interessiert ist, läßt sich zwar besser handhaben. Aber befriedigend, so finde ich wenigstens, ist das für keinen.«

Susanna Agnelli wechselt spontan, für mich überraschend offen, nochmal zur eigenen Person. Meint, daß sie eine sei, die nur von einem Tag auf den anderen lebt. Und niemals etwas erzwingt. Warum? »Weil a) das nicht meinem Charakter entspricht, b) auch zu nichts führt«, kommt es rasch und überforsch. Sie weiß zwar sehr wohl (auch das wird noch schnell ›eingebracht‹), daß sie eine vielbeneidete Position hat, diese aber sofort niederlegen würde, wenn ihr ›Typ‹ nicht mehr gefragt wäre.

Und dann sagt sie etwas, das sehr viel mehr mit Sensibilität, denn mit Kalkül zu tun hat: »Einer meiner Schwiegersöhne ist Deutscher. Er stammt aus Hamburg, ein sehr netter Kerl. Meine Tochter ist glücklich mit ihm. Sie leben in Südamerika. Leider sehr weit weg. Alle meine Kinder sind eigentlich viel zu weit weg, und manchmal glaube ich, daß ich zu wenig Zeit für sie habe.« Das sagt sie so leise, daß ich es eigentlich wohl besser nicht hören sollte. Dann sagt sie laut:

»Ich würde mich freuen, wenn wir uns einmal wiedersehen würden.« Ganz meinerseits, antworte ich, nach raschem Händedruck.
Ihr persönlicher Referent begleitet mich zum Fahrstuhl. Unten wartet der Dienstwagen, der Susanna Agnelli zur nächsten Besprechung bringen soll. Übrigens – Frau Staatssekretärin fährt zum Hausgebrauch nur einen ganz kleinen Fiat. Denselben (vielbelästerten!) wie ich, vermerkte ich übrigens sehr zufrieden! Wer weiß! Vielleicht war sie mir auch deswegen von Anfang an so besonders sympathisch. Keine Frage: Kleine Autos verbinden eben.

Dirk Bogarde

Jeder Zoll ein Gentleman

›Die Nachwelt flicht dem Mimen keine Kränze.‹ So hat schon Schiller gewarnt. Das bekannte Dichterzitat hat einer seit langem auf seine Fahne geschrieben, der wissen muß, was in diesem Gewerbe läuft: der englische Filmstar Dirk Bogarde. Der heute 62jährige, noch immer von zeitlosem künstlerischem hohen Stellenwert und blendendem jungenhaftem Aussehen, macht sich seit etwa 15 Jahren bewußt immer rarer. Für Interviews ist er kaum zu haben, Filme dreht er nur noch nach Lust und Laune. Unter dem freiwillig gewählten Rückzug scheint er schon deshalb nicht sonderlich zu leiden, weil er angeblich den Rummel um Leinwandidole immer schon zutiefst peinlich fand. Geschickt, und auf die berühmte feine angelsächsische Tour, erläutert er seine Haltung rundheraus:
»Wer, wie ich aus einem guten Haus kommt, wohlerzogen ist, legt keinen Wert auf öffentliche Prostitution. Ich habe das jahrzehntelang widerwillig meinen Managern zuliebe tun müssen. Jetzt bin ich ein freier Mann und somit ist Schluß. Im übrigen war der Schauspielerberuf für mich als Mann natürlich der totale Fehlgriff, doch das merkt man erst mit den Jahren, da war der Krieg dran schuld.«
Da staunt der Laie – ob der Fachmann sich wundert oder seinen Pappenheimer kennt, blieb mir verborgen. Offen auf der Hand liegt immerhin eines: die Karrierebilanz des Dirk

Bogarde kann sich sehen lassen. 65 Filme mit international gefeierten Stars und Regisseuren kann er für sich verbuchen, darunter Weltrenner wie »Der Diener« (Loosey), »Der Nachtportier« (Cavani), »Despair« (Faßbinder), »Providence« (Resnais) und schließlich »Damned« und »Der Tod in Venedig« unter Visconti. Bogarde behauptet zwar mit gestrenger Oberlehrermiene, daß er in der Zelluloidkiste nie richtig zu Hause gewesen sei, aber rasch kommt strahlendes Lächeln auf, wenn er wie zufällig erzählt, daß er nie in einen Film ›eingestiegen‹ ist, wo er nicht das totale Sagen hatte. Schon gar nicht, ohne vorher zu klären, daß die Nummer eins er war. »Der Star bin immer ich gewesen«, sagt er, (die neue Wortschöpfung ›Superstar‹ kann er nicht leiden). Und er zündet dabei eine Zigarette nach der anderen an.

Daß bei diesem Geschäft auch reichlich Moneten angefallen sein müssen, wird, weil nicht fein, auch nicht erwähnt. Höchstens, daß ›man‹ früher mal einen Rolls-Royce fuhr, zu Zeiten als Pop-Stars noch Rollschuh liefen und auch ein Reitpferd besaß, während andere, auch nicht ganz Minderbemittelte, den davonjagenden Gäulen neidvoll am Rennplatz nachschauen durften. Die paar hübschen Landhäuser, die Bogarde besaß, einschließlich der Bediensteten, erwähnt er lässig nebenbei.

Als in England nichts mehr ›lief‹, die Studios dichtmachten, machte sich der Scheue auch auf den Weg. Ins Wahlexil nach Frankreich. Dort hat er – der nie Skandale lieferte und folglich für die Presse nur Opfer für zumeist erstklassige Kritiken war – heute einen großen Bauernhof. Was der eingefleischte Junggeselle hinter den dicken Mauern an unzähligen Quadratmetern ›auslebt‹, kann es spielend mit dem Inventar eines gehobenen Antiquitätenhändlers aufnehmen. Draußen züchtet er am liebsten Schafe und Oliven und schreibt, wie mittlerweile die meisten seiner Zunft – Erfolgsbücher.

»Da bleibt endlich was für mich und für die Ewigkeit«, philosophiert er. Und erwähnt, daß er mit seinen bisherigen 5 Romanen in seinem Heimatland regelmäßig mit dem ungekrönten Literaturpapst Graham Greene um die ersten Plätze auf der Bestseller-Liste rangelt. Daß ihm das lieber ist, als anderer Leute Drehbücher zu lesen, die ihm ständig ins Haus flattern, legt er mit treuherzigem Augenaufschlag und für seinen Gesprächspartner total überzeugend dar.
Mit Bogarde ein Gespräch zu führen, bedarf im übrigen starker Nerven. Daß ich nahe daran war ›einzupacken‹ heißt allerlei. Denn daß viele Prominente einem häufig starken Tobak liefern, gehört zum Metier. Immerhin: schon was die Erlaubnis betraf, Dirk Bogarde in der Abgeschiedenheit seiner provençalischen neuen Heimat aufzusuchen, hatte den Charakter einer besseren Krimistory. Mit vorausgegangenen Telefonschlachten, daß die Drähte nur so glühten. Trotzdem kann ich nicht umhin, vieles zu unterschreiben, was ich vorher vorsorglich an Informationen über ihn gelesen hatte. Unter der Rubrik ›Mies‹ fand ich gar nichts, alles klang rundum nach Hommage. Wie zum Beispiel: »Bogarde – schmal, aufrecht und – egal ob im Unterhemd (dazu kann ich nichts sagen, denn so habe ich ihn nicht erlebt), oder im dunkelblauen Nadelstreif (so ja, auch in flotten engen Jeans, die ihm prima zur Figur stehen) – jeder Zoll ein Gentleman. Er kennt über sich keine Zweifel, weiß, daß er Weltstar ist und in jeder Situation brillant.«
Daß ich mir nicht irgendeinen ausgesucht hatte, wußte ich. Artig las ich mich durch alles durch und da kam dann heraus, daß er das Bücherschreiben von einer ›Brieffreundin‹ aus Amerika erlernt hatte. Pikanterweise haben sich die beiden nie persönlich kennengelernt. Nur jeden Tag seitenlangen Gedankenaustausch betrieben. Und das länger als 10 Jahre. Die Uni-Dozentin – sie muß wohl viel älter gewesen sein als

ihr ›Schüler‹ – redigierte jahrelang Bogardes Manuskripte. Er nahm es dankbar hin. Die ersten Kapitel seines ersten Buches (A postillion struck by lightning – Der Postbote, den der Blitz traf) – eine hinreißend geschriebene Autobiographie – hat er im Eiltempo zwischen Frankreich und den Staaten hin- und hergeschickt.

Den Erfolg ihres ›Spätzöglings‹ durfte die Dame nicht mehr erleben. Sie, die ihn zu dem gebracht hat, was er heute angeblich lieber ist, als das was er gelernt hat, starb tragischerweise an Krebs.

Weniger rührselig verhält er sich, wenn Fragen auftauchen, die man in seinen Büchern nachlesen kann. Ich war einigermaßen präpariert. Wußte, daß ihn eine jahrelange Freundschaft mit Noël Coward verbunden hatte. Auch mit der früh verstorbenen Schauspielerin Key Kendall, der Drittfrau des Auchfreundes Rex Harrison. Wußte, glücklicherweise, daß Judy Garland so ungefähr die einzige aus Hollywood war, mit der er sich gern und so oft wie möglich traf. Abgesehen von Ava Gardner, die er einfach ›göttlich‹ findet. Was ich nicht wissen konnte, betrifft seine Abneigung gegenüber dem Hollywood-Betrieb im allgemeinen. Da half er freundlich selbst nach.

»Es gibt welche, die da leben wollen und können. Die die Oberflächlichkeit, die da zelebriert wird, schön finden. Ich habe den Verein da drüben immer gehaßt. Ich habe auch die Art gehaßt, wie sie sprechen. Für mich sind sie Ausländer, die auf der einen Seite nach Japan, auf der anderen in die Wüste schauen.« Bogarde schenkt den Freunden drüben nichts. »Filme von literarischem Rang könnten sie nie machen«, sagt er. »Weder einen Shakespeare noch einen Thomas Mann, geschweige einen Goethe. Gut sind sie mit ihren Musicals, mit ihrem Glanz und Glamour, mit ihren Cowboyfilmen. Für mich kam das nicht in Frage. Sie wollten

mich in den 60er Jahren zwar ›abwerben‹, ich sollte irgendeinen spanischen Namen kriegen und als tolle Nummer auf den Markt kommen. Aber da habe ich ganz schnell Danke gesagt und bin wieder verschwunden. Wenn ich von dort abfliege, dann ist es mir so, als verließe ich das fremdeste Land der Welt, bedaure.«
Da war ich natürlich froh, daß ich aus einem nähergelegenen kam. Einem, mit dem Bogarde gute Erfahrungen gemacht hatte, zumindest, was die ›deutschen‹ Figuren in seinen Stücken betrifft. Daß der Herr aus gutem Haus gegebenenfalls aber die offenen Messer parat hat, wenn Fragen kommen, die ihm nicht ins Konzept passen, durfte ich erfahren, kurz nachdem er sich über sein amerikanisches Trauma Luft gemacht hatte. Die Frage, warum er nicht geheiratet habe, erledigte er noch einigermaßen kühl und zivil. Da kriegte ich dann zu hören, daß er einer ist, der keinen Familienballast gebrauchen kann, nur ›kleines Gepäck‹, niemals schreiende Kinder und zeternde Eheweiber hätte ertragen können. Im übrigen durch zweimalige Verlobungen vor dem Kriege, nach 1945 dann einigermaßen ›bedient‹ war. Außerdem habe sein jüngerer Bruder Gareth mit fünf strammen Nachkömmlingen Ausreichendes zur Erhaltung der Art geleistet. Als ich harmlos nach seinen Lieblingspartnerinnen zu fragen beginne, um seine Miene wieder aufzuhellen, flippt der wohlerzogene Knabe so aus, daß mir vor Schreck der Tonbandkasten umkippt.
»Helga, Sie benehmen sich schlecht. Ich muß an Ihre Erziehung appellieren«, tönt es plötzlich laut und gereizt von der anderen Ecke des Sofas.
Dabei ist es kein Geheimnis, daß die Riege schöner Frauen, mit denen er vor der Kamera stand, von Brigitte Bardot über Olivia de Havilland bis hin zu Monica Vitti, Charlotte Rampling und Glenda Jackson reicht, und noch vielen, vielen mehr.

»Solche Fragen beantworte ich nicht. Indiskretionen hasse ich. Es gibt ein Wort das heißt ›Manieren‹, und dazu gehört, daß man Fragen dieser Art unterläßt.«
Der Wind weht eisig in der warmen Provence. Weil ich mir ungern schlechte Sitten nachsagen lasse, aber noch einiges von dem im übrigen exzellenten Gastgeber hören wollte (derweilen er mich auf ›Benimm‹ vergatterte, ließ er herrlichen Wein und köstlichen Fisch servieren), riß ich mich am Riemen und bat höflich um Vergebung für einen faux pas, den ich nicht verstand.
Egal, Bogarde war es zufrieden und kam unmittelbar, jetzt wieder gelöst und heiter, Schauspieler par excellence, auf den größten seiner Filmerfolge der späten Jahre, »Tod in Venedig«. Hier konnte er voll aufdrehen und fing mich gleich damit ein, daß er seine berühmte Sterbeszene genüßlich und druckreif von sich gab.
»Sterben«, so memoriert er lachend, »mußte ich in dem Film an einem Tag, als Visconti seine ganze noble italienische Clique zum Zuschauen eingeladen hatte. Ich kam mir vor wie im Kolosseum und hinter mir Nero, der befahl, ›Jetzt stirb‹. Draußen stand das Volk versammelt, mit Kleinbildkameras und Champagnergläsern in der Hand, um den großen Augenblick gebührend mitzuerleben. Ich weiß nicht, wer da alles war, aber Aline Toscanini war auch dabei. So mußte ich sterben, ob ich Lust hatte oder nicht. Gräßliches Make-up im Gesicht, das sie angeblich vorher extra für mich aus England eingeflogen hatten. Es hat mir die ganze Haut ruiniert. Künstlerschicksal. Später habe ich die Tube gefunden. Es stand ›Danger‹ drauf und war ein Mittel zur Säuberung von Industrieteilen. Als ich endlich gut genug gestorben war, sagte Visconti nur ›va bene, d'accordo‹. Das war's. Der Film wurde ein Erfolg.«
Bogarde, der noch 1982 fest im Gespräch für einen neuen

Faßbinder-Film war, der den für ihn maßgeschneiderten Titel »Besessen« hätte tragen sollen, gab wieder entwaffnend ehrlich zu, daß er für dieses geplatzte Projekt ersatzweise mit Glenda Jackson einen Film drehen wollte.
»Das Dach von meinem Haus hat ein Riesenloch, das kostet eine Menge Zaster. Also habe ich mich entschlossen, doch wieder mal was zu machen.« Glenda gehört zu seinen Favoritinnen – wenn er es beileibe auch nicht ausspricht.
Sonstige Pläne hatte Bogarde dem Vernehmen nach nicht. Reizfragen gingen wir ab sofort aus dem Wege. Daß er ein Schöngeist und Intellektueller sei, nimmt er gnädig von mir als Kompliment. Dabei kommt er auf die Zeit seiner ›Malstunden‹ als Schüler von Henry Moore und Graham Sutherland.
»Aber weiter als bis zum Postkartenzeichner hat's nicht gelangt«, sagt er laut lachend und kippt einen schnellen Whisky. »Mein Vater übrigens, er war jahrzehntelang Feuilletonmann bei der Times, hat es nie überwunden, daß ich Schauspieler geworden bin. Und nicht zumindest Journalist wie er.«
Und noch einmal holt er groß aus, als er unvermittelt sagt: »In Wirklichkeit ist die Schauspielerei ein Idiotenberuf. Da wäre ich noch besser Lehrer geworden und hätte den Kindern all diese dußligen Spiele beigebracht, die man bei uns in England mit der Geburt eingehämmert kriegt: Kricket, Tennis, was weiß ich.«
Als ich vorsichtshalber nicht widerspreche, fährt er locker fort: »Ich bin da ganz ehrlich. Seitdem ich Erfolg mit den Büchern habe – und sie werden nicht nur in England, sondern auch in Frankreich, Italien und weiß nicht wo noch gelesen, leider gibt es noch nichts in Deutsch, meint er achselzuckend –, würde ich es schöner finden, wenn in meinem Paß ›Schriftsteller‹ stünde. Hier in Frankreich sind

Schauspieler eben immer noch Menschen zweiter Klasse. C'est la vie!«
Als ich Bogarde verlasse, fühle ich mich fast sanatoriumsreif. Aber den Kuß, den er mir auf beide Wangen drückt, halte ich, zumindest mit Vorbehalt, für eine ehrliche herzliche Verabschiedung. Tags darauf muß ich – unfreiwillig – noch einmal in die ›Höhle des Löwen‹. In der Hast waren meine Kassetten dort liegengeblieben. Weil Bogarde gern deutsche Würstchen ißt, habe ich die Gelegenheit zur ›Versöhnung‹ ergriffen und aus einem Feinkostladen in Nizza ein paar Dutzend zu ihm hinaufgeschleppt. Ich habe ihn nicht mehr gesehen. Nur das Klappern der Schreibmaschine war zu hören. Der Herr, der mich ganz schön aus dem Tritt gebracht hatte, lag ›in den letzten Zügen‹ mit seinem neuen autobiographischen Roman, dem er den beziehungsreichen Titel verpaßt hat ›Ein ordentlicher Mann‹. ›Ein sehr außergewöhnlicher Mann‹ würde vielleicht sogar besser passen.
Seitdem das Buch in England die Kassen wieder fleißig zum Klingeln bringt, hat Bogarde sich wohl auch wieder auf seinen Erstberuf besonnen. Jedenfalls wurde er bei den Filmfestspielen 1984 in Cannes nach Jahren zum ersten Mal erneut gesichtet. Und mit Glenda Jackson händchenhaltend als einer der letzten Weltstars gefeiert. Umgeben natürlich von der angestammten Lobby: Charlotte Rampling, Liza Minelli, Ingrid Thulin. Hoffentlich ist kein Kollege auf die abseitige Idee gekommen, ihn nach seiner Lieblingspartnerin zu fragen!
Dirk Bogarde war sicherlich nicht mein alleraufregendster, aber gewiß mein raffiniertester Interviewpartner. Das muß ich ihm als meine private ›Hommage‹ leider gestehen!

Maria Becker

Ein Stück Theatergeschichte

Man kennt sie als große Tragödin. Man hat mit ihrer Maria Stuart geschluchzt, mit Penthesilea gewütet, mit Elektra gelitten. Als sie 1977 Thomas Bernhards Präsidentin im Münchner Residenztheater mit einem eineinhalbstündigen solistischen Kraftakt zum Theaterereignis der Saison machte, folgte die Sensation gleich auf dem Fuße. Maria Becker, von der hier die Rede ist, deren Leistungen schon oft genug gepriesen wurden, die schon vor Jahren Theatergeschichte gemacht hat und immer mal wieder bescheiden im Hintergrund verschwindet, übernahm 1978 am gleichen Hause die Rolle des Mephisto in Goethes Faust. Sie war die erste Frau, die sich da heranwagte. In diesen Ring zu steigen, hieß, bislang von den Männern heilig gehütete Domäne zu entweihen. Und es hieß auch, gegen eine lange Kette berühmter Namen anzuspielen. Vor allem gegen Gustaf Gründgens, der in dieser Rolle unübertroffen geblieben ist. Kein Wunder also, daß von künstlerischem Selbstmord gemunkelt wurde. Wie so oft im Leben der Maria Becker, passierte auch hier das Unerwartete. Das Stück fand nur geteilten Beifall. Neben anerkennenden Worten für das gesamte Ensemble blieb der uneingeschränkte Respekt vor der persönlichen schauspielerischen Bravourleistung, die sie mit dieser Mammutrolle auf die Bretter stellte.

Inzwischen ist der ›Faust‹ vom Spielplan weg, aber Maria

Becker in immer wieder neuen Gestalten präsent. Den Eingeweihten ist sie längst zur Institution geworden. Aber daß auch diese nur von der Künstlerin wissen und nichts von der Frau, liegt an ihr. Sie hütet ihr privates Leben wie einen Tabernakel. Man mag eigentlich auch nicht sagen, ›die Becker‹, denn sie ist weder Star noch Idol, sie ist schlicht ein Mensch, beinahe wie du und ich, mit dem dringenden Wunsch nach Anonymität, Diskretion, Zurückgezogenheit.
Daß es nicht immer so geht, weiß sie inzwischen auch. Zu einem Interview, so hat man den Eindruck, zwingt sie sich wie ein Schlachtopfer.
Als die Hochgelobte endlich kommt, bin ich sehr erleichtert. Sie ist salopp gekleidet, ein bißchen zurechtgemacht, keineswegs aufgetakelt, entschuldigt sich ein über das andere Mal wegen der Verspätung, will nur Gott behüte, alles andere als Starallüren erwecken. Wir treffen uns in ihrem Hotelzimmer in München.
Die gewiefte Allround-Schauspielerin, die einem auf der Bühne in immer neuen Masken entgegenkommt, die jede Geste, jedes Wort auslotet, und die schon längst zu einer Art heimlicher Duse gekürt wurde, blieb nicht immer vom allgemeinen Verriß verschont. Über solche Reaktionen der Kritiker ist Maria Becker nie sehr glücklich.
»Wissen Sie, die glauben, man kann so eine Rolle auch nach der zwanzigsten Aufführung einfach nur so runterschmieren. Ich empfinde jeden Auftritt wie einen Sprung ins kalte Wasser. Vor jeder Aufführung habe ich das Gefühl, daß ich es nicht schaffe. Ich mache mir da nichts vor. Die totale Routine gibt es nicht. Übrigens auch keinen Blankoscheck dafür, daß man die Duldsamkeit von Publikum und Kritikern abonnieren kann.«
Maria Becker sagt es mit schnoddrig-nervösem Charme. Und wenn sie so erzählt, dann hängt man unwillkürlich an ihrem

Gesicht. Nicht weil es besonders schön wäre, sondern weil es interessant ist, hochinteressant. Dabei manchmal von mädchenhaftem Zauber, dann wieder von kühler Unzugänglichkeit.
Temperament und Engagement scheint sie auch erfunden zu haben. Das drückt sich in ihrer Mimik aus. Freude, Ironie, Angst, Ärger, ein ständiges Auf und Nieder. Das spüre ich deutlich. Egal, ob sie über die Proben oder die zukünftigen Pläne spricht oder über deftige Mettwurststullen, die ihr lieber sind als ein sündteures Menü, wie sie lachend im Gespräch bekennt.
Maria Becker, die heute mühelos eine Hochrechnung von nahezu 30 tragenden Rollen zusammenbringt, ist der Ruhm nicht zu Kopf gestiegen. »Die Leute fragen mich immer, warum ich den Mephisto gespielt habe. Da kann ich nur sagen, einfach weil ich es als eine einmalige künstlerische Chance gesehen habe, die mir zudem viel Freude gemacht hat. Schließlich bin ich heute ungeschminkte 65. Da hat man von Sensationsmache genug. Und schließlich bin ich deswegen weder zur Valium-Schluckerin geworden, noch habe ich einen spektakulären Dammbruch erwartet. Sich dauernd einzureden, wer alles auf die Barrikaden geht oder mich hochjubelt, wer in der Rolle besser war als ich oder schlechter, das hätte doch nur bedeutet, daß mir das Textbuch schon lange vor der Premiere aus Angst vor der berühmten Erfolgsneurose aus der Hand gefallen wäre!«
Daß sie den Erfolg durchaus braucht, genauso wie den Applaus des Publikums, das gibt sie zu. Beides gehört zu ihrem Leben. Aber daß es nicht immer nur euphorische Lobhudeleien gibt, das weiß die Becker schon lange. Für Pressemenschen und Theatergewaltige ist der Schritt vom Jubelschrei zum Grabgesang oft nur ein winziger. Diesem Unsicherheitsfaktor ihrer Branche hat sie rechtzeitig den Rie-

gel vorgeschoben. Vor knapp 30 Jahren gründete sie mit Robert Freitag und Will Quadflieg ein Tourneetheater. Die ›Schauspieltruppe Zürich‹, die als Startkapital nichts weiter als drei prominente Namen aufzuweisen hatte, ist ihr eigentliches künstlerisches Zuhause. Die ›Firma‹, wie sie das inzwischen weit über die deutschen Landesgrenzen hinaus bekannte Wandertheater nennt, schafft Unabhängigkeit. Jahr für Jahr zieht die Truppe durch die deutschsprachigen Lande, spielt in großen wie kleinen Städten (Quadflieg übrigens ist inzwischen ausgeschieden), mit kleiner, aber erster Besetzung. So kommt es, daß Frau Becker auch auf dem letzten entlegensten Dorf zum Begriff geworden ist. Für jung und alt. Und man spielt – (wie die ›Unternehmerin‹ deutlich betont) nicht nur ohne Zuschüsse, sondern vor einem zumeist ungeheuer interessierten und dankbaren Publikum. Besonders geliebt sind die Schulklassen, die nicht nur mit Heißhunger die Stücke fressen, sondern die Darsteller am liebsten gleich mit.
Maria Becker erzählt voll Enthusiasmus von den neuen Plänen. Man hat das Gefühl, der Erfolg der Truppe ist ihr genauso wichtig, wenn nicht wichtiger, als eine Bombenkritik für die eigene Person.
Wenn von der Truppe die Rede ist, bleibt nicht aus, daß man auch ihren Geschäftspartner und geschiedenen Ehemann Robert Freitag einbezieht. Sie schätzt das zwar nicht sehr, aber daran gewöhnt, das Unvermeidliche über sich ergehen zu lassen, handelt sie dieses Kapitel höchst undramatisch ab. »Verstehen Sie: Auch nach der Scheidung sind wir gute Freunde geblieben. Wir haben schließlich Kinder miteinander. Christoph, der Älteste starb vor ein paar Jahren. Oliver Tobias ist dabei, in London als Schauspieler Karriere zu machen. Benedikt, der Jüngste hat sich einem karitativen Beruf zugewandt. Die Scheidung ging ohne Spektakel.

Bobby und ich sind uns weiterhin kameradschaftlich verbunden. Wir arbeiten ja weiter zusammen. Er ist der künstlerische Leiter. Ich unterstütze ihn dabei.«
Daß das Leben der Maria Becker inzwischen in menschlicher Hinsicht eine Art Wiederbelebung erfahren hatte, damals als ich ihr begegnete, ist eine andere Sache. Seit einigen Jahren war sie mit einem Kollegen liiert. Bei unserem Gespräch war er dabei. Als die beiden mein fragendes Gesicht sahen, kamen sie mir zuvor. Wie auf einer Bühne, wo mit verteilten Rollen gespielt wird, hörte ich, daß man nach ihrer Ansicht keinen Trauschein braucht, um miteinander zu leben. Denn leben taten sie, sofern sie nicht auf Reisen waren, zusammen in Maria Beckers Zürcher Haus.
»Wir sind diesbezüglich beide weiß Gott relativ unabhängig und ebenso modern«, signalisiert der Lebensgefährte der Maria Becker markig und fügt nicht ohne Nachdruck hinzu, damit ich es auch gut verstand: »Jeder von uns hat eine Ehe hinter sich, da kann man auf weitere Erfahrungen verzichten.« Der gleichen Meinung war Maria Becker. Das Leben mit einem wesentlich jüngeren Mann sah sie nicht als Problem, sondern als einen Glücksfall. »Eigentlich hasse ich es, über solche Dinge zu sprechen. Aber wenn Sie mich fragen, kann ich nur sagen, daß ich den Altersunterschied zwischen zwei Menschen nie für wichtig gehalten habe.« Sie lacht, wischt eine Haarsträhne weg: »Wir müssen nicht wie verliebte Wellensittiche ständig nebeneinander auf der Stange hocken, wir haben noch andere Dinge, die uns interessieren.«
Die Schutzbehauptung der Maria Becker, von dem Privatleben, das ihr heilig ist, begreife ich heute mehr denn je. Und mit Betroffenheit: Ihr Partner ist kurz nach unserem Gespräch auf tragische Weise ums Leben gekommen. Sie, die aus dem berühmten Wiener Reinhardt-Seminar hervorgegangen ist, bezieht vermutlich aus dieser Ecke auch noch

jenes Wissen um Disziplin und Haltung, die als Erklärung für ihr ganzes Wesen und Leben stehen. Nur weil so manches in ihrem Dasein daneben gegangen ist, bedeutet ihrer Meinung nach für andere noch lange keinen Freibrief, ihre privaten Erlebnisse umzustülpen.

Und sie beendet unser Gespräch mit dem kategorischen Satz: »Jeder kann machen, was er will. Ich will gutes Theater machen. Und privat will ich absolut meine Ruhe.«

Sie hat es bis zur Stunde so gehalten. Die *Schauspielerin* Maria Becker spielt bis auf den Tag Theater, wie es scheint, besessener und besser denn je. Die *Frau* Maria Becker hat ihren herben Charme zwar wiedergefunden. Aber privat hat sie den Vorhang für andere ziemlich energisch zugezogen.

Gianni Bulgari

Ein Juwel unter Juwelieren

Weltmann mit einem Touch Schüchternheit. Zwei Eigenschaften, die ihre Wirkung, vornehmlich auf Damen, nicht verfehlen und die er perfekt beherrscht. Gemeint ist der Italiener Gianni Bulgari, seit geraumer Zeit unangefochtener Superstar unter den Juwelieren der Welt. Ich traf ihn im Frühling 1985 in seiner Wohnung in Rom. Der 50jährige Chairman des berühmten Glitzerunternehmens war, wie er sagt, ursprünglich nicht darauf versessen, die vom griechischen Großvater in der römischen Via Condotti gegründete Goldschmiede zu übernehmen.
»Überhaupt hat damals alles ja mehr so begonnen, wie es die Hippies auf der Spanischen Treppe wieder praktizieren. Mit Auslegen der Waren auf den ehrwürdigen Stufen, die von der Monte dei Trinitá herunterführen, bis dort, wo heute die Blumenkarren stehen«, erzählt Bulgari ungeniert zu Beginn unserer Begegnung.
Das war damals vor knapp 100 Jahren. Er selbst ist erst 1964 in die Firma ›eingestiegen‹. Vorher studierte er im englischen Oxford Rechtswissenschaften, promovierte und tat sich vornehmlich als Rennfahrer, Regattasegler und Sportpilot hervor. Auch Filmangebote sollen reichlich vorgelegen haben. Sie blieben jedoch unbeachtet.
Daß das Schmuckimperium nunmehr weltweit durch Niederlassungen (und nur dort kann man kaufen) in New York,

Genf, Monte Carlo und Paris vertreten ist, liegt sicher an der geschickten Geschäftspolitik des smarten Römers. Der bewußt auch das römische Stammhaus nie aufgeben würde, gleichwohl er mit dem Herzen, wie er freimütig zugibt, nicht unbedingt mehr daran hängt. »Denn ich bin strammer Cosmopolit.« Der Herr, der das so bewußt sagt, ist zweifellos einer von jenen intellektuellen Unternehmern, die vom Image leben und daher sehr wohl wissen, was gut ankommt.

Bulgari hat einen italienischen Paß, einen aus Korfu stammenden Großvater, eine Urgroßmutter aus Baden-Württemberg. Alles zusammen scheint mit ihm wenig zu tun zu haben. Ihn hält man unbesehen für einen reinrassigen Briten, obendrein für einen, der die sogenannte feine englische Art erfunden haben könnte.

Was ihm mühelos zur zweiten Natur geriet, zelebriert er unauffällig, selbstverständlich. Sei es dadurch, mit leiser, unemotionaler Art Konversation zu machen, zu gegebener Zeit ein angedeutetes Lächeln zu placieren oder Gesten nie außer Kontrolle geraten zu lassen. Kurz: ein wohlmanierlicher Dynamiker, dem Hektik fremd ist, auch wenn die Zeit bereits drängt, der Chauffeur vor der Türe steht, um ihn in irgendein Flugzeug nach irgendwohin zu schaffen. Bulgari läßt dann sogar noch höflich eine Tasse Tee anservieren und zündet sich gelassen eine Davidoff an.

Daß mich diese ›Disziplinschau‹ nervös machte, amüsierte ihn. Er spielte nur lässig mit dem Armband seiner 15 000-Mark-Uhr, nahm einen (man lerne) Plastikkuli für Notizen zur Hand. Nicht etwa einen Nobel-Schreiber aus seiner Kollektion, den man von 300 Mark aufwärts kaufen kann. Machart: Gold, Silber, Malachit! Gianni Bulgari, dem man es abnimmt, daß er schon im börsengrauen Nadelstreif des Großbankiers geboren sein könnte, lebt eher bescheiden, trotz des Prunks,

mit dem er handelt und wandelt. Und er liefert mir die Erklärung gleich mit:
»Ich denke nur nach vorne, nie zurück. Ich bin ein Mensch unseres Jahrhunderts, mich interessiert alles, was in unserer Zeit an Fortschritt, künstlerischen und geistigen Ideen seinen Niederschlag findet.« Das bedeutet zwar nicht gerade, daß er auf Plastikstühlen sitzt oder auf einem Klappsofa. »Das ist zwar eine Sache, die durchaus auch ihren Reiz haben kann«, meint er leicht süffisant, »aber mein Stil ist es nicht unbedingt«.
So signalisiert Bulgaris häusliches Ambiente bewußt weder Neureichtum – bricht also nicht unter der Fülle ersteigerter Antiquitäten zusammen – noch ein Design nach letztem Modeschrei. Der Manager Bulgari, der übrigens auch weitgehend Einfluß auf das kreative Styling seiner Kollektionen nimmt, lebt mit jenen Dingen, die er als künstlerische Richtung ihrer Zeit am meisten schätzt: die zwanziger und dreißiger Jahre.
Seine Vorliebe für die Bauhaus-Leute kommt zum Vorschein, sein Sinn für den Jugendstil. Plastiken des Dada-Künstlers Man Ray stehen hier und dort. Eine Vielzahl Architekturzeichnungen an den Wänden sind ihm lieber als die teuersten Gemälde. Eines seiner Lieblingsstücke, wie er fast entschuldigend verrät, das er irgendwann einmal beim Trödler erworben hat, steht am Boden. Er meint ein schmuckloses Ölbild mit den römischen Insignien S.P.Q.R. – Senatus Populusque Romanum – ›Dem Senat und dem römischen Volk‹.
Also doch ein echter Römer, kein verkappter Brite, denke ich amüsiert!
»In Berlin bin ich häufig gewesen«, sagt Bulgari unvermittelt, »mich hat der Wiederaufbau dieser so einmaligen Stadt interessiert, mit welchen Mitteln er gelöst wurde – über-

haupt«, er zupfte sich ein bißchen verlegen am Ohr, »schon mein Vater hat vom Berlin der ›Goldenen Zwanziger‹ geschwärmt, auch von den schönen Frauen dort.«
Womit wir eigentlich beim Thema wären: Bulgari, Schmuck und Frauen. Das scheint doch eine nicht aufzulösende ›Dreieinigkeit‹. Auf Antippen, dreht er sich aus der Sache allerdings geschwind und geschickt heraus. Der Angriff, bekanntlich die beste Verteidigung, fällt auch Gianni Bulgari nicht schwer.
»Gerüchte von meinem sogenannten Playboydasein vor meiner Eheschließung sind reichlich dumm. Natürlich hat man als Mann eine Freundin, aber deswegen ist man doch kein Lebemann, oder?« fragt er entwaffnend. Namen wie Gina Lollobrigida, Kim Novak, Faye Dunaway oder auch blaublütige Damen, die angeblich nicht nur Geschäftsinteressen mit ihm pflegten, kennt er nur so, wie man sich in seinen Kreisen eben kennt. Damit ist das Thema für ihn auch schon kein Thema mehr.
Von den schönen Frauen zu den teuren Preziosen ist es nur ein kleiner Schritt. Wenn es um seine Juwelen geht, ist Bulgari schon um etliches redseliger. Denn wo mit so viel Erfolg atemberaubend Teures und nur einigermaßen Erschwingliches kreiert und verkauft wird, steht natürlich eine Philosophie dahinter. Gianni Bulgari hat sie auch sofort zur Hand:
»Wenn jemand Schmuck erwirbt, will er meistens beweisen, daß er reich ist. Perlen und Edelsteine als Spekulationsobjekte zu sehen, ist falsch. Die höchsten Zinsen liegen schlicht im Vergnügen, das man beim Tragen empfindet.«
Meine Zweifel, daß ein brillantbestücktes Smaragdkollier für runde 50 000 Mark oder auch ein Ringlein nur für die Hälfte dem Normalsterblichen wohl schwerlich ein pures Haut-Schau-Vergnügen vermitteln könnten – mangels Masse ein-

fach! – entkräftet Bulgari mit einem geschickten Argument, das so lautet:
»Zunächst sind keineswegs alle unsere Stücke so teuer (viele übrigens noch teurer, Anmerkung des Autors). Wir haben auch vieles, was bei 5–6000 Dollar liegt. Und da ist es doch nur eine Frage des Verhältnisses der Dinge zueinander. Wenn man sich einen neuen Wagen kauft, zum gleichen Preis, fragt man doch auch nicht unbedingt, ob man sich das leisten will. Der Unterschied zwischen Auto und Schmuck ist simpel: das Auto hält höchstens fünf Jahre, ein Juwel ein Leben lang. So einfach ist das.«
Weil das so einfach ist, wechselt Bulgari auch rasch das Thema, nicht ohne vorher noch kundgetan zu haben, daß er absolut keiner sei, der nur die Reichen bedienen will. Seine Zukunft sieht er im (sehr) betuchten Mittelstand, wobei die Betonung sicher auf ›sehr‹ liegen dürfte.
Plötzlich strahlt er ganz spontan und bekennt mir seine stille Liebe zur Eisenbahn. Ihr 150jähriges Jubiläum, das 1985 gefeiert wird, sieht er auch für sich als wichtiges kulturhistorisches Ereignis. Er will soviel davon mitnehmen wie möglich. Gianni Bulgari, der so jungenhaft von der Eisenbahn schwärmt, hat draußen vor der Tür seinen schnittigen Maserati. Seitdem er allerdings 1975 brutal von Kidnappern entführt und damals nach vier Wochen zähflüssiger Verhandlungen gegen 2 Millionen Dollar freigepreßt wurde, kann er dieses schnelle, sportliche Hobby auch nur noch mit halbem Tempo genießen. Wo er geht und steht, wird er seit damals rund um die Uhr von sechs Bodyguards bewacht. Er hat sich daran gewöhnt. Zu dem Schockerlebnis selbst meint er sehr ruhig: »Sie haben mich damals irgendwo außerhalb Roms festgehalten, einigermaßen zivil behandelt, schließlich gegen Geld laufenlassen.« Nach solchen Erlebnissen macht man Bilanz: Er hat geheiratet!

Die Auserwählte, die aus Monte Carlo stammende Nicole Sieff, durch erste Ehe mit dem auch recht solventen britischen Kaufhauskonzern Marks & Spencer ›verbandelt‹, sieht wie Gianni Bulgari das größte Glück im harmonischen Familienleben. Vor allem in der Existenz des gemeinsamen 7jährigen Sohnes George. Daß dieser in New York geboren ist und damit die Familie die Segnungen dreier verschiedener, nicht gerade uninteressanter Staatsangehörigkeiten genießt, hat der sympathische Jurist Gianni Bulgari sicherlich nicht ohne Sinn und tiefere Bedeutung so ›gedreht‹.

Ein Büchlein von Jean Paul, das ich kurz vor dem Ende unseres Gesprächs neben mir auf dem Boden entdeckte, machte mich neugierig. Ich blätterte, fand ein Lesezeichen und folgenden Satz: »Ist nicht jeder Zeitgeist weniger ein flüchtiger ja ein entflohener, den man lieber Geist der nächsten Vorzeit hieße. Denn seine Spuren setzen ja voraus, daß er eben gegangen ist.«

Kein Zufall, daß dieses Buch Gianni Bulgari gehört!

Wilhelmine Corinth

Charmanter ›Nachlaß‹ des großen Malers

»Gib mir lieber einen anderen Auftrag, der mir selbst Spaß macht, mir hängt im Augenblick der Alte Fritz zum Halse heraus.« So heißt es in einem Brief, den der Maler Lovis Corinth im Jahre 1923 an sein Töchterchen Wilhelmine schrieb. Er war damals gerade damit beschäftigt, Thomas Carlyle's Buch »Friedrich der Große« zu illustrieren. Minchen, wie der berühmte Maler den damaligen Teenager Wilhelmine zärtlich nannte, hat dem Vater nicht nachgegeben. Das Buch wurde fertig, gehört inzwischen zur Weltliteratur.
Lovis Corinth starb zwei Jahre später. Am 17. Juli 1985 jährte sich sein Tod zum 60. Male. Sicher Anlaß genug, den Künstler in Gedächtnisausstellungen nicht nur in Deutschland, sondern auch überall in der Welt zu feiern. Gibt es wohl auch noch Minchen? Ja, und wie! Aber sie ist nicht einfach zu finden, diese Dame. Zwar kann sie es mit jedem Hollywoodstar erster Güte aufnehmen, was Aussehen und Auftreten betrifft. Und auch mit jedem bescheiden-klug dozierenden Gelehrten (was es, pardon, leider seltener gibt!). Mine, die sich preußisch ordentlich längst Wilhelmine nennt, lebt seit Kriegsende zurückgezogen und ohne in der Öffentlichkeit von sich reden zu machen in New York. Ich ›entdeckte‹ sie so zufällig, wie man einen erlesenen Stein auf der Straße findet. Sie und ihr Bruder Thomas sind die einzigen aus dem sogenannten ›lebenden Nachlaß‹ des Malers. Charlotte Beh-

rend-Corinth, die Mutter der beiden und Gattin des Künstlers, verstarb vor elf Jahren. Wilhelmine hatte ein Stündchen für mich vorgesehen.
Ich war auf eine würdevolle Dame gefaßt, womöglich gebrechlich. In einem Wolkenkratzer am Central Park lebt sie. Ich besuchte sie an einem sehr heißen Tag. Der blaue Himmel über der Millionenstadt war von Hitze dunstig verhangen, die Besucher-Blumen, die ich mit mir herumtrug, hatten matte Köpfe, der Taxisitz klebte, und von meinem Haar wußte ich nicht, ob es sich entweder kringeln oder wie Schnittlauch herunterhängen würde. Als ich in den Fahrstuhl stieg, betete ich heimlich, daß ich doch bald wieder in mein bequemes Hotelzimmer mit Klimaanlage zurückfahren könnte. Fünf Minuten später hatte ich nur noch einen Wunsch: hier ein Weilchen und möglichst lang im Sinne Prousts »auf der Suche nach der verlorenen Zeit« bleiben zu können.
Wilhelmine Corinth hat mich vom ersten Händeschütteln an fasziniert. Alles an ihr. So, wie sie wohnt, lebt, spricht. Schlank ist sie, blond. In ein Valentino-Kleid war sie gehüllt. Ein unauffällig raffiniertes Make-up unterstrich ihr schönes Gesicht. Mit burschikoser Herzlichkeit forderte sie mich auf, im kleinen Salon Platz zu nehmen.
»Möchten Sie Tee, Kaffee oder erst mal einen richtigen Scotch bei dieser Affentemperatur?« Das fragte sie mit dunkler Stimme und lächelte mich ein bißchen verlegen an. »Interviews machen mich immer schrecklich nervös«, meinte sie. »Offengestanden, ich gebe höchst selten welche.«
Während sie einen Drink für uns mixte, versuche ich auszurechnen, wie alt sie wohl sein kann, denn mehr als ein bißchen über 50 kann ich ihr beim besten Willen nicht attestieren. Beim Hochrechnen komme ich dann allerdings

›aus dem Tritt‹. Ich lasse diese offene Frage, in jedem Lexikon nachlesbar, auf sich beruhen und schaue mich bei ihr um. Gar nicht amerikanisch, sehr europäisch, sehr gepflegt-gemütlich sieht es da aus, wo die Tochter des berühmten Lovis lebt. Hübsche alte Dinge stehen überall verstreut. Und viele Bücher. Biographien vor allem der Zeitgenossen Corinths, wie Max Klinger, Max Liebermann, Franz von Defregger. Die Schriftsteller Max Halbe, Frank Wedekind. Mine, die wie die Mutter für Corinth häufig Modell saß – und mit den Farben groß wurde –, hat später zwar selbst zu portraitieren begonnen. Berufen dazu fühlte sie sich allerdings nicht. Sie wurde Schauspielerin, studierte zusammen mit Lilli Palmer, aber sie gab es auf – der Ehe wegen. Geblieben bis auf den heutigen Tag – Einfluß eines großbürgerlich-hochkünstlerischen Elternhauses – ist ihr der Sinn für alles, was mit den schönen Künsten und Farben zusammenhängt. Beides kultiviert sie kräftig. Das Letztere sichtbar: Ihr Sinn für Modisches hat etwas von der Komposition eines Corinthschen Gemäldes. Mir fällt auf, Corinths Bilder fehlen an den Wänden. Sie sind, wie sie mir später erklärte, aus Sicherheitsgründen im Banktresor. Nur einige Graphiken zieren die Wände und ein großes Gemälde, das ihre Mutter gemalt hat.

»Erzählen Sie mir von Ihrem Leben und dem Ihres Vaters«, bitte ich sie, als wir uns für das vorgesehene Stundengespräch (es wurde dann fünfmal soviel draus) gemütlich bei Keksen und Tee (wieder fast wie von Proust erfunden) zusammengesetzt haben. Wilhelmine Corinth berichtet aus frühen Kindertagen – mehr hat sie mit dem Vater nicht mehr erlebt. Ich erfahre, daß er ein sehr verschlossener Mensch gewesen sei, immer nur mit seiner Staffelei beschäftigt und mit den Gedanken bei seinem Malthema.

»Im großen Berliner Haus in der Klopstockstraße durften wir

nie herumtoben, eher schon in Urfeld am Walchensee, wo wir dann immer die Ferien verbrachten«, erinnert sich Wilhelmine. Und auch, daß sie und ihr Bruder Thomas zwar einen Vater gehabt hätten, der sie ebenso geliebt habe wie sie ihn, der aber doch ganz anders war als die Väter der Schulfreunde.
»Keine glückliche Kindheit?« fragte ich.
»Aber ja, ganz im Gegenteil«, kommt es spontan. »Wir sind eine besonders verbundene Familie gewesen. Nur habe ich erst im Alter verstanden, als ich selbst drei Kinder hatte, was meine so sehr junge Mutter doch alles verkraften mußte. Für unseren Vater war sie die einzige Bezugsperson, bei allem Erfolg, den er hatte. Für uns war sie in gewissem Sinne Vater und Mutter zugleich. *Sie* war es, die sich nach den Schularbeiten erkundigte, darauf achtete, daß wir pünktlich waren und immer richtig angezogen (trotz Kindermädchen). Und als eines Tages unser Hausarzt meinte, daß stocksteifes Sitzen während der Mahlzeiten ungesund sei, durften wir uns zwischen den einzelnen Gerichten neben den Tisch auf die Perserteppiche legen.« Wilhelmine Corinth lacht jetzt herzlich und fährt fort: »Stellen Sie sich vor, das hat nicht nur unsere Hausmädchen aus dem Tritt gebracht, wenn sie über uns drübersteigen mußten. Auch wenn wir mal bei Gesellschaften mit engen Freunden unserer Eltern dabeisein durften, wurde es eine Zeitlang so praktiziert. Der Expressionist Erich Heckel, übrigens mein Trauzeuge in erster Ehe, hat das auch mit Humor ertragen müssen.«
Während Wilhelmine Corinth von ihrer etwas ›antiautoritären‹ Erziehung berichtet, fragt sie mich, ob ich Lust hätte, auch noch den Abend mit ihr und ihrem Lebensgefährten zu verbringen. »Auf unserem Balkon, der mein ganzer Stolz ist, voller Petunien und Geranien, ein kleines Gärtchen in diesem Steinmeer.«

Ich bin sofort dabei. Ich möchte natürlich mehr über den Lebensgefährten erfahren.
»Ach, wissen Sie«, sagt Wilhelmine Corinth und nimmt rasch Spiegel und Puder zur Hand, um ein bißchen ›aufzufrischen‹. »Ich war zweimal verheiratet. Mit dem Vater meiner Kinder nicht glücklich. Er war Münchner und von Beruf Diplomingenieur. Nach der Scheidung heiratete ich wieder einen Bayern, er war ebenfalls Ingenieur. Er starb. Leider. Danach mußte ich mich als ›Single‹ zurechtfinden. Weil ich gar nichts gelernt habe, außer, wenn ich es so angeberisch formulieren darf, gute Sitten und guten Geschmack, und man damit weder selig werden kann noch Geld verdienen, habe ich beschlossen, daß mir das so nicht gefällt.«
Wilhelmine Corinth macht eine Pause. »Als ich damals nach Amerika kam, gleich nach Kriegsende, waren die Zeiten auch hier für mich hart. Ich habe Lampenschirmchen produziert, das ging ganz gut. Aber Bilder meines Vaters waren nicht zu Geld zu machen. Damals noch nicht. Nach dem Tod meines zweiten Mannes wollte ich nicht wieder nur so irgend etwas anfangen. Ich hätte zwar auch allein bleiben können«, so fährt sie fort, »aber allein ist eine Frau eben doch nur die Hälfte wert. Seit vierzehn Jahren lebe ich also mit Russ zusammen. Nicht wegen Sex oder so etwas, das wäre lächerlich. Nein, wir haben viele gemeinsamen Interessen. Er war Tenor, daher bedeutet die Musik für uns sehr viel, natürlich ebenso die Literatur, und dann Malen und Reisen.«
Plötzlich wird sie ganz besonders temperamentvoll: »Wir machen auch Turniertänze und gewinnen manchmal sogar. Es ist einfach schön, wenn jemand da ist, mit dem man seine Gedanken austauschen kann, auch mal seine Probleme.«
Der Herr, von dem sie spricht, ist zugegebene fünfzehn Jahre jünger als sie. Kurz darauf erscheint er. Ein blendend aussehender Amerikaner, der – weil deutscher Besuch im Hause

ist – sofort das Abendessen vorbereitet. »Damit Wilhelmine ungestört in Erinnerungen kramen kann«, wie er es pfiffig formuliert.

»Haben Sie nicht Sorge, daß er Ihnen am Ende mit einer anderen davonrennen könnte«, frage ich couragiert, alldieweil wir schon mitten im ganz Privaten sind.

»Ne«, sagt sie knapp, und da hört man durch, daß Wilhelmine Corinth in Berlin geboren ist. »Wegrennen kann einer auch, wenn man verheiratet und jünger oder gleich alt ist. Und auf ein offizielles Papier legen wir beide keinen Wert mehr, dafür sind wir nun wirklich zu alt.«

Sie will damit das Persönliche ad acta legen. Wir kommen noch einmal auf das Werk ihres Vaters. Da höre ich, daß von dem wenigen, das sie noch in Privatbesitz hat, nur noch an die Museen und nicht mehr an Privat verkauft werden soll. Und auch nur, wenn Not am Mann ist.

»Mein Bruder und ich haben das so beschlossen. Verschleudert wird nichts.«

Wieviel noch vorhanden ist und ob überhaupt, sei es von den herrlichen Walchenseebildern oder den Corinthschen Selbstporträts, weiß sie angeblich nicht so genau. Übrigens, das Haus am Walchensee, das lange Zeit glückliches Refugium für die ganze Familie war, übernahm später der Nobelpreisträger Heisenberg.

Wie sieht ihr Leben heute aus? »Ach, ganz normal. Ich gehe manchmal gerne in die Fifth Avenue zum Shopping, auch wenn ich nur ein schickes Taschentuch kaufe oder so was«, meint Wilhelmine. »Tja, dann habe ich ein Buch geschrieben. ›Die Fährfrau‹. Es behandelt das Leben der Marie Gubbe. Dieses historische Thema hat mich sehr interessiert. Offengestanden mehr als die dauernden Geschichten um den Namen Corinth, auf den ich im übrigen natürlich sehr stolz bin. Durch die ›Entdeckung meiner literarischen Ambition,

hab ich, wenn auch im höheren Alter, endlich zu einem richtigen Beruf gefunden.« Wilhelmine Corinth strahlt.
Der Gefährte Russ, der gerade mit einem großen Tablett aus dem Kochlabor kommend herumjongliert und ›draußen im Grünen‹ im 14. Stock zum Dinner ›anserviert‹, sagt:
»Man kann nicht immer an den Lorbeeren seiner Familie herumknabbern. Ich verstehe Wilhelmine sehr gut, sie ist — das muß auch einmal gesagt werden — eine besonders bezaubernde und begabte Frau. Und nicht nur die Tochter eines großen Malers.«
Ich stimme zu und trinke (deutsche Spätlese) weit entfernt vom bayerischen Walchensee auf einen meiner Lieblingsmaler, vor allem auch auf seine Tochter.
»Kommen Sie bald wieder«, hat sie zum Abschied gesagt.
Ich habe es wahr gemacht. Ich bin wiedergekommen. Und seitdem flattern von ihr Briefchen in regelmäßigen Abständen über den großen Teich zu mir ins Haus.
Jedesmal eine neue Freude. Der Gefährte Russ hat übrigens recht: Wilhelmine ist keineswegs nur eine berühmte Tochter...

Roald Dahl

Sanfter Horror aus der ›Sperrmüllbude‹

Einer, der seinen Lesern schon jahrzehntelang mit Erfolg eine Gänsehaut über den Rücken jagt, absurde Geschichten bastelt, die bei aller sogenannter Sanftheit von Bosheit und Heimtücke reichlich knistern, heißt Roald Dahl. Auch die heimischen Requisiten dürfen nicht ohne sein. Der britische Schriftsteller weiß das.
Der Einsneunzig-Mann, der Millionen Erwachsene und Kinder mit immer neuen Schnurren bedient — Marke ›Gruselstory homemade in merry old England‹ —, setzt auf Psychohorror mit Schmunzeleffekt. Er selbst setzt sich zu diesem Zweck täglich vier Stunden in einen alten Ohrenbackensessel, Schreibbrett auf den Knien, Beine auf einer ausgedienten Seemannskiste. So erfindet er seine pfiffigen Schocker. Sie haben so harmlos-liebe Titel wie »Aussteigen, Maschine brennt«, »Kuschelmuschel«, »Küßchen, Küßchen«, »Der krumme Hund«. Für sein neuestes Opus »Sophiechen und der Riese« erhielt er den deutschen Jugendbuchpreis 1985.
Er dichtet vornehmlich für Leute über achtzehn! Aber auch die ganz Kleinen kriegen, was sie wollen — Lesefutter voll liebenswürdiger Phantastereien. Er nennt sie »Plumpuddings mit bittersüßer Schokoladensauce«. Und sich selbst sehr selbstbewußt den einzigen Erfolgsschreiber »für die ganze Familie«. Den er kennt! Wenn Roald Dahl, der andere mit seinen Büchern so schön zum Lachen bringt, in seinem

eigenen Lebensbuch blättert, gibt es auf längere Strecken allerdings nicht immer Amüsantes. Da ist der Tod der ältesten Tochter, das Schicksal eines durch Unfall behinderten Sohnes und die inzwischen überwundene langjährige schwere Krankheit von Patricia Neal.
Dahl und der ehemalige Hollywoodstar waren fast 30 Jahre verheiratet. Die Kinder sind inzwischen erwachsen. Vor zwei Jahren trennte sich das Paar. Dahl ging eine neue Ehe ein.
»Ich bin ein Misanthrop«, sagt er mit polterndem Charme, als er mir die Tür zu seinem Landhaus in der Grafschaft Buckinghamshire öffnet. Er sagt das so, als müsse er die Blessuren, die der heute 69jährige im Laufe des Lebens erhielt, rasch von der staubigen Platte wischen, auf der er in munterer Dauerfolge seine Bestseller erfindet. »In meiner geistigen Sperrmüllbude« — so nennt er seine zwei mal zwei Meter große Arbeitszelle, und die kriege ich auch als erstes zur Begrüßung vorgeführt — »ist seit fünf Jahren kein Besen mehr gesichtet worden. Der Dreck hier regt mich überhaupt nicht auf«, fährt er fort. »Hier gibt's auch nur einen winzigen Elektroofen und einen alten Militärschlafsack. Wenn ich friere, schnüre ich mich in den fast bis zum Hals ein — dann geht's noch mal so gut!«
Herr Dahl schreibt — wie jeder bedeutende Dichter — mit Hand. Versteht sich. Ob er in dieser vorsintflutlichen Intellektual-Klause nicht vielleicht dann und wann klamme Finger kriege und sich das nicht womöglich nachteilig auf die Spritzigkeit des Geistes auswirken könne, frage ich behutsam nach. »Keine Spur, wieso? Wenn ich meine täglichen vier Stunden ›abgemacht‹ habe, dann genehmige ich mir einen Drink. Dazu steige ich in meinen Keller, hole mir einen Wein und betrachte meine viertausend Pullen süffigen Roten, die da immer lagern müssen. Dann wird nichts klamm, Verehrteste.« Er grinst. Kaum hat er mir die Kellerstory serviert,

fährt er die nächste Attraktion nach: Dahl sammelt nicht nur Spitzenweine aus Frankreich, sondern auch Gemälde von höchster Qualität. Die ›dirty‹ Denkkammer hat er mir anscheinend absichtlich zum Anwärmen serviert. Das wird rasch klar. Denn danach darf ich es mir aussuchen, ob ich seinen Wohnbereich in die Abteilung Kunstmuseum oder Hollywood-Kulisse einordnen will. »Das Haus hier ist Georgian«, sagt er jetzt ernsthaft, ohne Spott in der Stimme. »Auch das Mobiliar, das ich so im Laufe der Jahre zusammengetragen habe.« Und es kann sich sehen lassen! Sein ganzer Stolz sind Gemälde der bedeutenden russischen Vor- und Nachrevolutionsmaler: Malewitsch, Rotschenkow, Popowa. Aber auch bei den französischen Fauves kann er mit Matisse-Bildern mithalten. Von unzähligen britischen Bacons abgesehen. Soweit seine Kunstwerke nicht die eigenen Wände zieren, sind sie ständig bei internationalen Kunstausstellungen auf Achse. »Ich habe sie 1948 billig erstanden, von den ersten Honoraren, die ich beim ›New Yorker‹ und anderen amerikanischen Magazinen kassiert habe. Heute sind sie ein Vermögen wert. Und genau abgezählt habe ich sie auch nicht.« Daß ihn um manche seiner ›Russen‹ sogar die großen Museen beneiden, oft schon Unsummen geboten haben, um sie ihm ›abzujagen‹, vermerkt er mit dem unüberhörbaren Stolz des fanatischen Sammlers, der es sich leisten kann, nichts verkaufen zu müssen. Und es auch aus Prinzip nicht tut. »Übrigens, es ist nichts versichert. Diebe, die hier was holen wollten, könnten die Dinger gar nicht losschlagen. Sie sind zu bekannt, zu einmalig.« Daß ihn das Versicherungsprämien spart, auch Nerven, erfahre ich auch noch. Plötzlich jammert er. »Ich habe nicht einen deutschen Expressionisten. Ich liebe die Kirchners, die Noldes, die Heckels, ach, eigentlich alle. Aber da war nichts mehr zu ergattern – und teuer zu kaufen, hat mir nie Spaß gemacht.«

Deutsche Bilder sind sein Fall. Aber zum Lande selbst hatte Dahl lange keine engere Beziehung. Er erklärt das damit, daß er im Krieg als Hurricanflieger abgeschossen und verwundet worden war. »Pech gehabt«, sagt er, »aber das ist vorbei. Ich hab die Ressentiments begraben. Ich lese zur Zeit Hermann Hesse.« Er nimmt salopp die Kurve, um mich nicht zu verunsichern, wie er es wohlgefällig formuliert...
»Sie wollen doch sicher noch ein paar andere ›Spleens‹ von mir kennenlernen, oder?« fragt er und zwinkert mich an. Ich bejahe, höre von seinem Orchideentreibhaus, kann mir aber nichts Besonderes drunter vorstellen. »Hierher flüchte ich, wenn es in der Wohnung zu ungemütlich ist«, erzählt er mir. Das allerdings glaube ich ihm auf Anhieb. Denn bei den Pflanzen ist es so heiß wie am Äquator. Überall sonst im Haus wird die Heizung gedrosselt, an der Grenze Gefrierfach gehalten, weil unnötige Geldausgabe nach seiner Meinung und überhaupt ungesund! Wer friert, sei selbst schuld und nicht abgehärtet, meint Dahl lachend, als ich nach einer Weile bescheiden anfrage, ob vielleicht auch für mich noch so eine Art Umhängeschlafsack zur Verfügung stünde. An die zehnmal hatte ich bereits verstohlen geniest. Ich wurde prompt bedient. Wärmehüllen gab es in rauhen Mengen! Von letztem Chic waren sie nicht; eher von der Sorte für Überlebenskünstler, die im Himalaja herumsteigen oder im Packeis treiben. Dann zeigt mir Roald Dahl seine Orchideen. Er züchtet sie in edelster Form und in Massen. Damit ich mich an der Pracht aber nicht allzu lange delektiere, bekomme ich rasch sein gärtnerisches Kontrastprogramm vorgeführt: ein riesiges Mistbeet, in dem er kindskopfgroße Zwiebeln zieht. Das allerdings war nur noch mit Rotwein zu überstehen. Und so brachte er reichlich davon.
Tja, und da ist dann noch der Billardtisch in dem längst ausrangierten, mit altem Spielzeug verstellten Kinderzimmer.

Jetzt schüttelt er sich vor Lachen, als er mich endlich etwas hilflos sieht. »Zweimal wöchentlich schiebe ich hier die Kugeln«, erläutert er die Situation. »Manchmal mit Henry Moore, manchmal mit Harold Wilson.« »Ach ja«, sage ich nur. »Sie meinen vielleicht den berühmten Bildhauer und den ehemaligen Premier?« »Jaja«, kommt die Antwort. »Beide sind quasi meine Nachbarn, und genau wie ich auch nicht mehr die Jüngsten. Man muß sich sportlich betätigen, oder?« Fishing for compliments? Denn Roald Dahl, Sohn norwegischer Eltern, sieht noch immer aus wie der ›handsome sheriff‹ amerikanischer Western.
Ob er jetzt wohl *noch* was auf der Pfanne haben mag, geht es mir durch den Kopf. »Das war's auf die Schnelle«, sagt er, als hätte er meinen Gedanken erraten. »Ich muß mich eilen. Ich habe im Dorf eine Sitzung für die von mir gegründete Stiftung zur Hilfe krebskranker Kinder. Wir haben schon viel Geld beisammen.« Das also ist der andere Dahl, denke ich. Das ist er wohl wirklich: Gefühlsmensch und Intelligenzbestie!
Ein Letztes gibt er mir noch mit auf den Weg: »Hemingway, mit dem ich sehr befreundet war, hat immer gesagt: ›Junge, aufhören, wenn's am schönsten ist.‹ Er meinte das Schreiben natürlich.« Dahl fährt fort: »Als Sie mir Ihren Besuch ankündigten, habe ich gedacht, jetzt wirst du bestimmt auf den allergrößten deutschen Hausgott vergattert; also habe ich nach einem Goethe-Exemplar gesucht, auch eins gefunden. Was entdecke ich zu meiner Verblüffung: das Zitat! Hat der Schuft Hemingway mir doch jahrzehntelang Herrn Goethes Schöpfung als seine ›verkauft‹. Eins zu Null für Deutschland! Küßchen, Küßchen, good-bye!« Weg war er!

Friedrich Dürrenmatt

Zum Frühstück einen Neuchâteler

Alle Arten von Nationalhelden flößen mir von jeher Panik ein. Ende der siebziger Jahre lag ich in meinem Zürcher Hotelbett, gerade damit beschäftigt, über eine bekannte Aktrice ›nachzudenken‹. Da erinnerte ich mich, daß irgendwo noch so eine prominente Telefonnummer in meinem ›Zettelsalat‹ notiert stand. Sie gehörte dem Nationalhelden der Schweizer Literatur, dem Koloß von Humor, der Intelligenzbestie, kurz jenem Manne, der seit Jahren unumstößlich auf dem Sockel des eidgenössischen Literaturheiligen steht. Und schon zu Lebzeiten wie ein Denkmal gefeiert wird: Friedrich Dürrenmatt. Die Überlegung, diesem ›Denkmal‹ entweder mit einigem Glück womöglich persönlich zu begegnen, oder der hausgemachten Panik nachzugeben, war in Sekundenschnelle entschieden. Ich griff kurzentschlossen zum Hörer. Der ›Nationalheld‹ meldete sich persönlich.
»Was wollen Sie«, fragte er zunächst eher barsch und keineswegs ermutigend. »Hat es was mit der ›Panne‹ zu tun?«
Und noch ehe ich so brav wie möglich erklären konnte, daß ich eigentlich nur ein ganz allgemeines Interview mit ihm machen wollte – das mit der ›Panne‹ hatte ich überhaupt nicht verstanden – fuhr er jetzt etwas freundlicher fort:
»Alles, was es über mich gibt, können Sie bei anderen nachlesen. Ich bin im übrigen ein Dörfler, kein Städter. Mit einer langsamen Sprache. Und eine interessante Biografie

habe ich auch nicht.« Als Dürrenmatt kurz Pause machte, und ich darauf gefaßt war, daß er jetzt einhängen würde, sagte er: »Kommen Sie irgendwann in drei Wochen; ach was, kommen Sie gleich morgen.«
Seit Jahren wohnt der 1921 Geborene, der Philosophie, Theologie und Literaturwissenschaften studiert hat, in Neuchâtel. Als ich bei ihm ankam, ließ er zur Begrüßung dann auch gleich kräftig den ›Hammer‹ sausen, der den geübten Spaßmacher ausmacht. Damit es auch von vornherein keine Zweifel gab, warum ich mit viel Glück zur Tür hereingekommen war. Dürrenmatt, der sich lieber Schriftsteller als Dichter nennt, fragte sogleich mit der letzten Prise Charme, die er gerade noch aufbringen konnte (sonst hat er nämlich etliches mehr zu bieten, wie ich später merken durfte):
»Was wollen Sie eigentlich, ich habe keine Zeit.«
Es amüsierte ihn offensichtlich, daß ich, blaß und gefaßt, vor ihm ausharrte und nicht sofort durch den Lieferantenausgang den Rückzug antrat. Absicht geglückt. Dürrenmatt grinste zufrieden! Die herbeigeeilte Sekretärin, an derart bühnenreife ›Einladungen‹ offensichtlich gewöhnt, bemühte sich, die Lage still, aber souverän zu klären. Mir schien allerdings, daß auch sie um ein paar Schattierungen weißer im Gesicht geworden war. Während ich noch mit Spannungen, Ängsten, Vorurteilen kämpfte, entschärfte sie die schweißtreibende Situation mit freundlichen Fragen.
»Nett, daß Sie so pünktlich gekommen sind, hatten Sie eine gute Fahrt hierher?« Den Austausch von Artigkeiten mochte Dürrenmatt in diesem Augenblick nicht leiden. So kürzte er ab und sagte:
»Also, wir fangen jetzt an, Sie können wieder gehen.«
Verwirrung schon wieder. Wen meinte er, die Sekretärin oder mich? Er meinte zum Glück die Sekretärin. Ich kriegte höflich einen rückenunfreundlichen Schemel in seinem Arbeitszim-

mer angeboten, Dürrenmatt selbst, plötzlich wie ausgewechselt und sehr milde, ließ sich in einen großen Ohrenbackenstuhl fallen. Ohne Einleitung sagte er:
»Ich wollte Maler werden. Mein Leben begann in einer gespenstischen Idylle, in Konolfingen bei Bern, da war mein Vater Pfarrer. Kennen Sie Konolfingen?« Als ich verneinte, meinte er nur: »Da haben Sie aber Glück. Leben Sie mal dort.«
Heute lebt er in Neuchâtel, hoch über dem See. 1952 zog er mit viel Ruf und wenig Geld hierher und kaufte sich eine kleine Villa am Hang. Inzwischen ist das anders. Das Einfamilienhäuschen hat sich kräftig gemausert: »Als ich nicht mehr auf den Pfennig schauen mußte, habe ich es so hergerichtet, wie es für eine mehrköpfige Familie sein muß. Mit Schlaf- und Gästezimmern, einer Bibliothek, einem kleinen Speisesaal und dem von mir eigenhändig ausgemalten Clo.«
Dürrenmatt, jetzt ganz liebenswerter Gesprächspartner, feixte mich an. Aber schon sagte er wieder ernst: »Eigentlich ist jetzt alles viel zu groß geworden. Seitdem die Kinder aus dem Haus sind. Drei sind es.«
Er nuschelte es etwas unverständlich für mich vor sich hin. Ich habe den Eindruck, daß er die Abnabelung noch nicht so recht verkraftet hat. Keines der Kinder ist übrigens in die Fußstapfen des weltberühmten Vaters getreten. Der einzige Sohn ist Pfarrer. Mehr Privates wollte er jetzt nicht mehr sagen. Wir saßen in seinem Arbeitsraum, von der Art eines mittleren Tanzsaals. Alles ist hier groß, hoch, lang. Der Schreibtisch, so peilte ich über den Daumen, mißt mindestens fünf laufende Meter.
»Das Monstrum ist vier Meter lang«, meinte Dürrenmatt plötzlich, als hätte er meine Gedanken erraten, »und aufgeräumt muß er auch immer sein« (doch nicht etwa für den

›Besuch der alten Dame‹, schoß es mir durch den Kopf). »Ich muß immer etwas Handfestes als Unterlage zum Schreiben haben«, meinte er. Und als ich gerade detaillierter nach seinem Arbeitsrhythmus fragen wollte, kam er mir mit einer Bemerkung zuvor, die wieder alles über den Haufen warf: »Aber im weichen Bett schreib ich genauso.« Ein besonderes Inspirationsmilieu, sagte er gleich hinterher, brauche er für seine Arbeit nicht. Zwar wimmelt es in vielen seiner Stücke von Tagedieben und Galgenvögeln, wird kräftig herumgemetzelt und Gift verspritzt, doch das ›erfindet‹ er, meinte er »alles aus unserer heutigen Zeit.«

Da war auch plötzlich von der ›Panne‹ die Rede, einem gerade auf Tournee befindlichem Theaterstück von ihm (Bildungslücke geschlossen).

»Wissen Sie, wer Varlin ist?« fragte er mich unvermittelt. Ohne eine Antwort abzuwarten, sagte er kurz: »Sie wissen es nicht! Das war mein Freund. Das meiste, was hier im Haus herumhängt, habe ich ihm abgekauft, noch zu seinen Lebzeiten. Er war einer der bedeutendsten Schweizer Maler.« (Zweite Bildungslücke geschlossen) Von Varlin ist auch die schwarzgrundige monumentale Bildwand einer Heilsarmeegruppe, die mich an eine Szene aus seinem ›Meteor‹ erinnerte.

»Damit hat das nichts zu tun«, meinte Dürrenmatt, der dem Holz-Öl-Giganten täglich von seiner ›Denkbank‹ scharf ins Auge blicken muß, und die auf mich, ich gestand es ihm, eher bedrückend wirkte. »Das ist für mich Kunst, wofür Sie das halten, ist mir egal, und auch Ideen kriege ich davon keine, wenn Sie das meinen, genausowenig, wie wenn ich aus dem Fenster auf den Garten schaue. Wo käme ich da hin.«

Dürrenmatt, der keinen geregelten Arbeitstag kennt – »mal schreibe ich nachts und lese am Tage, mal anders herum,

gerade wie es die Gedanken erfordern« – meinte, daß Schreiben für ihn wie Komponieren sei, aber die Malerei ihm in jedem Falle wichtiger ist. Und als wollte er allen besonders sensiblen Kulturaposteln jetzt mal wieder kräftig auf die Füße steigen, wurde er lachend ganz deutlich.
»Die Musiker waren mit sich immer am kritischsten. Maler und Schriftsteller sind ganz anders. Sie leben sozusagen vom Selbstzerstörerischen.« Und von sich sagte er: »Ich falle nach jedem Stück, das ich geschrieben habe, zuerst in ein tiefes Loch. Das war immer so und wird sich wohl auch nicht ändern.«
Dann erzählte er mir, daß er gerade den Literaturpreis der Stadt Bern verliehen bekommen habe. »Wissen Sie, früher, als ich Auszeichnungen bitter nötig gehabt hätte, da bin ich immer leer ausgegangen. Inzwischen habe ich so viele, daß ich die meisten weiterverschenkt habe. Mit der hier«, er meinte die aus Bern, »da habe ich eine Ausnahme gemacht. Mit dieser Stadt verbindet mich so was wie ein Nabelschnurverhältnis.«
Und dann teilte er mir noch mit, was er ›denen‹ in seiner Dankesrede so alles gesagt hatte. Unter anderem, daß sie ein Recht hätten zu wissen, wen sie da ehren, nicht einen Rechten oder einen Linken, sondern einen Queren. Einen, der die Politik durchdenkt, um Wichtigeres zu denken. »Auch daß ich mir bewußt bin, daß mich viele unserer heutigen Literaturpäpste für einen Schriftsteller halten, der weit weg vom Schaufenster der Moderne in den hinteren Regalen der Literatur verstaubt, habe ich mir erlaubt zu sagen. Und daß mich einige sogar bei den Klassikern suchen. Bei denen also, um die man sich ohnehin nicht mehr schert. Und als neulich einer schrieb, es sei so still geworden um mich, da hab ich ihm geantwortet: hoffentlich! Wer nicht beizeiten dafür sorgt, daß er aus dem Kulturgerede herauskommt, kommt nicht

mehr zum Arbeiten und nicht zu sich selber. Zugegeben, ich bin unseren Literaturpäpsten gegenüber insofern im Vorteil, als sie zwar sagen müssen, was sie von mir denken, aber ich brauche nicht zu sagen, was ich von ihnen halte. Es gibt eben eine gute und eine schlechte Schriftstellerei, egal ob mein Urteil darüber immer stimmt. Wenn ich nur an die Böcke denke, die allein Goethe schoß; nun, der zielte wenigstens noch. Laienbrüder nehmen die Maschinenpistole, da brauchen sie weder zu zielen noch zu denken, sie schießen ins Ungefähre. Ihre Opfer wählt der Zufall: die Mode!«
Plötzlich schaut er mich fragend an: »Wer beschäftigt sich heute schon noch mit Philosophen wie Leibniz, Descartes, Kant, Spinoza – die kennt doch keiner mehr. Ich lese sie. Ich lese auch Jean Paul, Uhland, Lessing. Dafür lassen mich die sogenannten Bestseller kalt. Ein fürchterliches Wort übrigens, aber die armen Hunde müssen eben auch leben.«
»Wie ist das mit den klassischen Zeitgenossen, Böll, Grass, Max Frisch«, fragte ich vorsichtig nach.
»Jaja«, sagte Dürrenmatt, »die beiden ersteren schätze ich sehr, mit Frisch bin ich seit langem befreundet.« Ohne Übergang: »Eigentlich müßte ich Sie jetzt brutal vor die Tür setzen, denn ich muß jeden Tag Punkt 12 Uhr essen.« Er grinste.
»Aber vielleicht hintergehe ich heute einfach mal den Koch, dann können Sie noch bleiben.«
Dürrenmatt verschaffte sich noch eine halbe Stunde ›Aufschub‹ aus der Küche und kokettierte, »wenn ich all das machen würde, was die und meine Ärzte wollen, dann wäre ich bestimmt schon an meiner eigenen Gesundheit gestorben.« Er sagte das so hin, weil er sich mit seinen Krankheiten arrangiert hat: drei Herzinfarkten und einem Diabetes.
Vom Arbeitsraum führte er mich hinauf in sein Atelier. Lulu, der geschlechtslose Papagei, beherrschte hier die Szene. Und

natürlich die Staffelei. Bilder sah ich nicht. Dürrenmatt sagte es rundheraus:
»Ich verkaufe nichts. Wenn Sie was anschauen wollen, dann müssen Sie unten im Ort ins Lokal du Rocher gehen; das würde ich Ihnen überhaupt raten, damit Sie endlich was zu essen kriegen! Da hängt alles Sehenswerte von mir an den Wänden.«
In seinem Atelier kam mir Dürrenmatt plötzlich eigenartig wortkarg, beinahe scheu vor. Auch seine Werke hielt er kleinlichst vor mir unter Verschluß. Einen schnellen Blick nur durfte ich auf zwei Bilder werfen, denen er die für mich sehr beruhigenden Titel ›Irrenarzt‹ und ›Ertrunkenes Liebespaar‹ gegeben hat.
Dann trieb er zur Eile. Unten erwarteten ihn seine zwei Schäferhunde, mir schien, sprungbereit! Dürrenmatt, der merkte, daß ich ziemlich Angst vor den beiden Riesentieren hatte, genoß die Situation sichtlich. Als ich zu Bedenken gab, daß sie am Ende ›dem Herrchen‹ nicht gehorchen und mich vielleicht womöglich doch anspringen könnten, klärte er erst einmal, daß er für die beiden in jedem Fall ›ein Herr‹ sei, ›Herrchen‹ ist man, wenn man einen Pudel hat. »Aha«, vermerkte ich gehorsam. Aber deswegen wurde meine Angst nicht etwa geringer.
»Jetzt kommt gleich der Biß und der Sprung«, frozzelte er, »die kommen jeden Tag mit einem Neuchâteler im Maul daher. Heute haben sie mir noch keinen präsentiert. Da kann ich gar nichts machen. Jetzt, in meinem Beisein, nehmen sie Ihnen vielleicht nur das Bein ab oder den Schuh, vielleicht kann ich's auch ganz abwenden.«
»Ich will aber nicht hier in Neuchâtel mein Dasein beschließen«, beharrte ich laut. Er wußte es besser. »Seien Sie nicht so heikel. Dies hier ist die würmerärmste Gegend.«
Friedrich Dürrenmatt, der Meister im Entwerfen von Kata-

strophen, makabren Geschichten und einer Welt, die nicht mehr zu retten ist, verhinderte schließlich, »aus Mitleid mit mir«, wie er, ach so beruhigend witzelte, daß ich von seinen Hunden verspeist wurde. Ich durfte ihn lebend und lachend verlassen. Unterm Arm ›Die Panne‹, broschiert. Er hatte sie mir mit Widmung versehen. *Panne?* Sollte das eine Anspielung aufs Interview sein? ging es mir durch den Kopf. Hoffentlich nicht!

»Ganz ohne Hintergedanken«, sagte Dürrenmatt, als hätte er meine Gedanken erraten. »Sie kriegen es, damit Sie nicht quengeln. Im übrigen ist es ein älteres Stück von mir. Sonst hätte ich es Ihnen nicht gegeben. Auf Wiedersehen! Und kommen Sie ruhig mal wieder. Dann, wenn die Hunde richtig hungrig sind.«

Dürrenmatt lachte sein lautestes, breitestes Lachen. Und zu winken vergaß er auch nicht, als ich mit dem Wagen langsam den Berg hinunterzuckelte.

Farah Diba Pahleví

Ex-Kaiserin – Paradebeispiel für Courage und Gefühl

Im Februar 1985 waren es sechs Jahre, daß die kaiserliche Familie des Iran ihr Land verlassen mußte. Bis 1983 hatte es für kein Fernsehteam der Welt mit den Hoheiten von einst ein Interview gegeben, gleichwohl alle TV-Anstalten ›alle Anstalten machten‹ um an die ›heiße Sache‹ heranzukommen. Wie man hörte, war sogar Amerikas Starreporterin Barbara Walters, die mit der Ex-Kaiserin ein beinahe freundschaftliches Verhältnis pflegen soll, abgeblitzt. Die Tatsache, daß es mir für das Zweite Deutsche Fernsehen gelang, den ersten Film aus dem ›Exil‹ in den Kasten zu bringen, hat mit zwei Dingen zu tun: Reporterglück und Hartnäckigkeit. Um ehrlich zu sein: noch einmal möchte ich hinter einer solchen Sache nicht herjagen. Als die Dreharbeiten im heutigen Domizil der Schah-Witwe Farah Pahlevi in Williamstown (USA) begannen, war vergessen, welch halsbrecherische Kapriolen hinter mir lagen. Alles lief wie am Schnürchen.
Farah Pahlevi, geborene Diba, in ein schickes Ungaro-Modell gewandet, das wir tags zuvor noch gemeinsam ausgewählt hatten, wollte für die Zeit unseres Schaffens auf alle Titel verzichten. Sie wollte schlicht ›Madame‹ genannt werden. Sie, die früher solche Sitzungen ›mit links‹ (von Hilfsvölkern umgeben, die für Kleidersitz und Make-up sorgten) absolviert hat, ›organisierte‹ sich professionell allein. Im schlicht möblierten amerikanischen Wahlexil, wo nichts mehr an den

Prunk vergangener Jahre erinnert, hat Madame auch außer zwei dienstbaren Geistern nur noch über ein Dutzend Sicherheitsbeamte zu ›befehlen‹. Sie müssen sie, die Kinder und das Haus rund um die Uhr ›abschotten‹.
Ehe die erste Klappe fiel, konnte sie eine gewisse Nervosität nicht verbergen. Da war es gut, daß eine kleine Panne für Lockerung sorgte: unsere starken Scheinwerfer ließen für kurze Zeit die Elektrizität zusammenbrechen. Als der Schaden behoben war, brannten sie um so unerbittlicher auf uns nieder, denn Kühlung entfiel infolge fehlender Klimaanlage. Und das hieß dann: für viele Stunden draußen 40 Grad Sommerhitze, drinnen nicht viel weniger. Madame hat bei dieser Glut Frage und Antwort gestanden, wie es kein Schauspieler besser hätte meistern können. Und ob es nun populär ist oder nicht: nicht nur dafür, sondern auch für die Haltung, mit der die ehemalige persische Kaiserin ihr heutiges Schicksal trägt, muß man sie bewundern.
Zum Lächeln brachte ich sie nur selten. Zu sehr war sie, welche Fragen auch kamen, mit dem Problem der Heimatlosigkeit beschäftigt, dem Tode ihres Mannes, der Tatsache, daß anscheinend alles, was sie nach ihrer Meinung in bester Absicht für ihr Volk getan hatte, umsonst gewesen war.
»Ich danke Ihnen«, sagte sie zu Beginn leise, »daß Sie es hier schön finden, so wie wir jetzt leben und unser Dasein einzurichten versuchen. Materielle Werte sind für mich bedeutungslos geworden. Ich habe sie verloren, zurückgelassen, weiß nicht, ob ich sie je wiedersehe. Heute will ich ohne das alles sein, keine Antiquitäten mehr um mich haben, keine wertvollen Bilder, nicht einmal Silber oder Porzellan ist mir wichtig.«
Und mit Monotonie in der Stimme fährt sie fort: »Wenn man so wie wir aus dem Lande gehen muß, um den halben Erdball getrieben wird, niemand einen mehr haben will,

dann verliert man auch den Glauben an die menschlichen Werte.« Daß es immer und trotzdem Freunde in der größten Not gab, will sie unbedingt erwähnen. Da stehen an erster Stelle für sie die Sadats, von denen sie aufgenommen wurden, die sie als Freunde empfingen und wo der Schah sterben durfte. Das monegassische Fürstenpaar, das genauso sein Haus öffnen wollte, wie der König von Marokko, wo heute ihr ältester Sohn ›als Schah im Exil‹ leben darf.
Ich frage sie couragiert, ob sie es nicht, nach allem, was geschehen ist, bereut, den Schah damals geheiratet zu haben, anstatt die kleine Architekturstudentin geblieben zu sein.
»Nein, nein«, sagt sie jetzt ganz emotional. Eine solche Mutmaßung weist sie weit von sich und begründet sie auch: »Ich war immer schon Monarchistin, habe meinen Mann bewundert, schon zu einer Zeit, als ich nicht von fern daran denken konnte, jemals seine Frau zu werden. Als wir dann heirateten, war ich natürlich sehr stolz, habe versucht, ihm beizustehen, wo ich nur konnte. Und heute, drei Jahre nach seinem Tode, da vermisse ich ihn eigentlich noch mehr, als in jenen hektischen Tagen in Kairo, als er endlich sterben konnte.«
Plötzlich schießen ihr Tränen in die Augen. Ich wechsle sofort das Thema. Aber Madame, ein Paradebeispiel für Disziplin, hat sich sofort wieder im Griff und sagt: »Bei allem, was damals so schrecklich enden mußte – einmal waren wir eine wirklich glückliche Familie – damals auf der Flucht in Mexiko, da hatte der Vater Zeit für die Kinder, ich für ihn, er für mich. Jeder war für jeden da. Es war wie ein Traum. Wir hatten zwar kein eigenes Zuhause, aber zum ersten und wohl auch letzten Mal waren wir ganz eng miteinander verbunden.«

Und heute? »Heute«, sagt Madame Farah, »da habe ich nur Sorge um die Kinder, hoffe, daß sie ihre Ausbildung gut machen, so unbeschwert wie möglich aufwachsen können, wenn es auch in unserer Lage kaum möglich ist.«
Ob sie für sich Pläne hat, Angst um ihr Leben, um ihre Zukunft, frage ich. Ob eine Heirat sie nicht von allen immer noch bestehenden Repressalien des neuen Regimes ›befreien‹ könnte?
»Angst«, sagt sie ganz gefaßt, »die habe ich um mich heute genausowenig wie damals. Heiraten werde ich sicher nicht mehr. Zwei Drittel meines Lebens sind vorbei, die Illusionen sind auch dahin. Und da sind vor allem die Kinder, die mich brauchen.«
Daß das auch einmal ein Ende haben wird, weiß Madame genau, und darum sagt sie auch gleich: »Natürlich muß ich allmählich daran denken, mich wieder außer der Trauer und dem Sinnieren mit etwas zu beschäftigen. Etwas, das mich auch intellektuell ausfüllt.« Und sie gibt freimütig zu, daß ihr es wie jedem Normalbürger geht, der plötzlich ohne Aufgaben dasteht und dem dann schlicht die ›Decke auf den Kopf fällt‹.
»Als Sadat starb«, sagt sie unvermittelt, wohl weil ihre Gedanken bei diesem ersten öffentlichen Auftritt mehr denn je darum kreisen, »da starb meinen Kindern zum zweiten Mal der Vater, es war schrecklich. Sadat war es, der mir Mut zusprach, als ich verzweifelt am Krankenbett meines Mannes saß, Stunden um Stunden, ihn in dem Glauben hielt, daß er bald wieder gesund werden würde. An diesen Lügen bin ich fast zerbrochen. Und wenn ich nach endlosen Stunden dann aus dem Krankenzimmer gestolpert bin, konnte ich nicht einmal mehr weinen. Das konnte ich erst, als wir bald darauf auch noch Sadat beerdigt haben.«
Ich will dem Gespräch eine andere Wendung geben.

Madame begreift sofort. Wir sprechen über Dinge, die sie auf andere Gedanken bringen. Mode zum Beispiel. Die ehemalige Kaiserin von Persien, lange als eine der elegantesten Modeführerinnen gefeiert, hat auch heute noch Sinn für schicke Kleider.
»Nur nicht so teuer darf es sein«, sagt sie und lacht endlich ganz herzlich. »Hier in Amerika«, wo die Familie übrigens nur jeweils ein halbes Jahr Aufenthaltsgenehmigung hat, »können wir uns wegen des hohen Dollars kaum was leisten. Und wenn ich ›wir‹ sage, dann rechne ich auch meine zwei modebewußten Töchter dazu, die haben wie alle jungen Mädchen ihre ›Trend-Wünsche‹, also stehe ich gern zurück.«
Sie kauft in Frankreich, sagt sie nebenbei.
Madame Farah, dafür bekannt, daß sie einen besonderen Nerv hat für alles, was mit Kunst und Kultur zusammenhängt, erwähnt beiläufig, daß sie seit der Flucht kaum mehr ihren Fuß in ein Museum oder in einen Konzertsaal gesetzt hat. »Dabei«, sie seufzt, »liebe ich so sehr die deutschen Musiker wie Beethoven, Brahms, Schubert. Immer wenn ich meine ›Verzweiflungsphasen‹ hatte in den letzten Jahren, dann habe ich mir einfach eine Schallplatte aufgelegt. Das hat sehr geholfen.« Die berühmte Collegestadt Williamstown, in der sie heute hauptsächlich lebt, besitzt eines der bedeutendsten Museen: Die Clark-Foundation – vorwiegend mit Künstlern des 19. und 20. Jahrhunderts reichlich bestückt.
Als wir darauf zu sprechen kommen, sagt sie wie ein ertapptes Schulkind: »Ich muß gestehen, ich war noch nicht einmal dort.« An diesem Junitag ist die ehemalige Kaiserin von Persien in vieler Hinsicht über ihren eigenen Schatten gesprungen. Auf unser Drängen hin hat sie sich auch noch zum ersten Museumsbesuch seit langer Zeit ›breitschlagen‹ lassen – und war glücklich.
Wir sehen uns auf ihre Einladung hin sechs Wochen später in

Kairo wieder. Zur von Präsident Mubarak mitorganisierten Trauerfeier zum dritten Todestag des Schahs. Es sind zwar keine bekannten gekrönten Häupter zur Zeremonie erschienen, aber ein Heer kaisertreuer Perser von überall in der Welt. »Einer kam sogar aus Kanada«, erzählt mir Madame, als wir uns am nächsten Tag noch einmal kurz zu einem Gespräch auf der Terrasse des weltberühmten Mena-Hauses an den Pyramiden treffen. Daß am ›Orte des Geschehens‹ Farah Pahlevis Stimmung nicht die allerfröhlichste ist, ist einzusehen. Auch ist der Besuch der kaiserlichen Familie, den wir voll mitfilmen dürfen, aus Sicherheitsgründen auf ein Minimum von drei Tagen limitiert.
Damit ich nicht den Eindruck mit nach Hause nehme, so kommt es mir vor, daß sie nicht aufhört, im Trauerflor herumzulaufen, bemühen wir uns jetzt nicht nur um ›Philosophisches‹. Madame, die sich in den letzten drei Jahren hauptsächlich mit Tennisspielen physisch und psychisch fitgehalten hat, berichtet mir beiläufig, daß sie – angeregt durch den ›Schubs ins amerikanische Museum‹ – für sich einen neuen Anfang versucht hat.
»Ich bin in Südfrankreich, wo wir kurz Station gemacht haben, neulich in die Max-Ernst-Ausstellung gegangen, erzählt sie mir strahlend, »es war fantastisch.«
Daraufhin frage ich sie kurzerhand etwas ganz anderes, nämlich, ob sie nach allem noch an irgend etwas glauben kann. Und da sagt sie dann ohne Zögern:
»Ja, ich glaube immer noch an Gott. Und ich glaube auch daran, daß er mir helfen wird, wenn ich Zweifel an diesem Leben habe.«

Benjamin Guinness

Flüssiges Brot und lauter Weltrekorde

Als der liebe Gott die Zeit schuf, da hat er genug davon gemacht – sagen sie Iren. Daß die Uhren hier anders ticken als im übrigen Europa, auch die der Taxifahrer, lerne ich, als ich am Dubliner Flughafen eilig in einen Wagen springe.
»Keine Panik, Darling«, begrüßt mich ein gemütlicher, rotwangiger Mann mit Schiebermütze. Ich sage ihm hastigartig, wohin ich will. Er scheint keine Notiz davon zu nehmen und gibt gemächlich Gas. Nach dem Motto: Stadtmitte ist hier immer richtig. Als ich nochmal ansetze und zur Eile treibe, belehrt er mich ausführlich, daß Hektik krank mache und er – mit fünf Kindern zu Hause – nur noch am Leben sei, weil er gerade fünf Pints of Guinness intus hat.
›Guinness is good for you‹: Wie zum Hohn starren mich an jeder Ecke die Werbeplakate an. Heimlich mache ich mein Testament. Denn ich komme zu spät. Den Redeschwall des Fahrers über die Vorteile des schwarzen Bieres und des heiteren Lebens auf der grünen Insel kann ich auch dann nicht unterbrechen, als wir endlich eingekeilt zwischen Dutzenden von Autos irgendwo in der Stadt stecken bleiben. Es ist »rush hour«; es gießt sintflutartig, und mein leutseliger Dubliner drückt mein Stimmungsbarometer in Gefrierpunktnähe. Ich habe bereits aufgegeben, da fragt er ganz unschuldig: »Darling, wo wollen Sie eigentlich hin?«
»Zu Herrn Guinness persönlich, lieber Herr, vielleicht können

wir Ihre nächsten fünf Halben dort gemeinsam heben, wenn Sie vielleicht bitte, endlich mal Tempo vorlegen würden«, rief ich los.
Plötzlich bin ich nicht mehr sein ›Darling‹, sondern eine ›Lady‹. Und auf einmal findet er einen Schleichweg und hat einen Zahn drauf, daß ich mir wie in der Achterbahn vorkomme. Das Verkehrschaos bleibt hinter uns, und in Windeseile rasen wir in Richtung der feinsten Adresse der Stadt. Er kennt sie nur vom Hörensagen. Und den Lord, der auf dem Landsitz Farmleigh lebt, hat er wie die meisten Iren, überhaupt noch nie gesehen.
Was er mir jetzt respektvoll erzählt, weiß er aus seinem Stammpub. »Bei ihm«, sagt er, »soll es zwar viele Butlers geben oder wie so was heißt. Aber manchmal macht er die Tür sogar selber auf. Und dann, so wird geflüstert, soll er überhaupt nicht auf sein vieles Geld eingebildet sein, sondern ein ganz prima Gentleman. Gar nicht wie ein Millionär.«
Eigentlich weiß ich jetzt schon alles, denke ich, als die Taxi-Odyssee zu Ende ist.
Der Mann von der Straße hat recht. Benjamin Guinness, dritter Earl of Iveagh, öffnet mir – als ich endlich da bin – die Türe selbst und begrüßt mich liebenswürdig, ohne umständliche Förmlichkeiten. Groß, schlank, blond ist er, mit einer Hornbrille. Der Herr, der zu den reichsten Männern der Welt gehört, gibt sich von der ersten Minute so wie er ist: einfach normal. Daß er sehr scheu sein soll, hört man. Mir gegenüber verbirgt er das geschickt hinter einer großen Portion Bescheidenheit und Mutterwitz. Durch die imposante Eingangshalle werde ich in seinen Lieblingsraum, die Bibliothek, gebeten. Interviews sind nicht ›sein Bier‹, schon gar nicht das Vorzeigen seiner Privatsphäre. Das sagt er rundheraus und lacht ein bißchen verlegen.
Fast entschuldigend gibt er die Erklärung: »Wenn man, wie

ich, seit Jahren nur stupide danach gefragt wird, wie man sich als Earl fühlt und wie viele Millionen auf dem Konto liegen, dann kann man doch nur noch beten, daß einer vom anderen irgendein Märchen abschreibt und man selbst wie mit einer Tarnkappe durch die Welt läuft.«

Benjamin Guinness, 49 Jahre alt, kam per Zufall auf den Sessel des Bierkönigs und betreibt das Geschäft mit dem flüssigen Stoff seit 20 Jahren. Heute, da kann er stolz sein, werden weltweit täglich siebeneinhalb Millionen Gläser davon getrunken. Als er noch ein Greenhorn und in Cambridge mit dem Studium von »Ackerbau und Viehzucht« beschäftigt war (eine Leidenschaft, die er bis heute nicht abgelegt hat), wurde er von seinem Großvater zum Chef des Hauses berufen.

»Offengestanden«, so erzählt er mir, »kam mir das damals ziemlich ungelegen. Ich hatte vom Bier keine Ahnung. Meine Neigungen, außer dem Studium, lagen bei den schönen Künsten. Aber da mein Vater im Krieg gefallen war, fiel die Nachfolge auf mich.«

Mit dem Erbe der großen Brauerei fiel ihm auch das großväterliche Haus zu. Er weiß, daß ich nicht so sehr mit ihm über die weltberühmte Biersorte sprechen will, die er übrigens von Kanada bis Malaysia mit großen Niederlassungen vertreibt, sondern mehr über Privates. Es freut ihn sichtlich, daß ich von seinem Haus begeistert bin. Er ist es nämlich auch.

»Immer noch, nach 20 Jahren«, gibt er fast entschuldigend zu. »Das meiste an Mobiliar, englisches, französisches, holländisches oder irisches, ist ausschließlich aus dem 19. Jahrhundert. Manches habe ich restaurieren lassen, aber im Grunde hat sich seit meines Großvaters Zeiten hier nichts geändert. Abgesehen von einer supermodernen Bodenheizung, ohne die man in dem fast 200 Jahre alten Haus erfrieren würde. Übrigens, Ihr Außenminister Genscher war

anläßlich eines EG-Gipfels schon mal Hausgast bei mir«, sagt er.
Was sein Wohlverständnis betrifft, meint er plötzlich sehr bestimmt, »da mache ich keine Kompromisse. Entweder das Beste oder gar nichts.« Daß hier modernes Design fehl am Platz wäre, ist einzusehen. Trotzdem meint der Lord: »Ich finde die neuen Sachen durchaus schick, sie haben ihren eigenen Zauber. Aber ich könnte mich nicht in einer Umgebung wohlfühlen, wo einem der Plastikplafond über dem Kopf hängt und die messingblitzenden Lampen und Tische jedes zweite Jahr ausgewechselt werden müssen, weil sie nicht mehr ›in‹ sind.« Und er beschließt dieses Kapitel lachend: »Da ist mir mein altmodisches Wohnmuseum ehrlich lieber.«
Ehrlich: wer so wohnt, hat leicht lachen. Der Landsitz Farmleigh hat viele Räume. Trotzdem ›lebt‹ der Hausherr, wie er sagt, am liebsten in seiner Bibliothek. »Ich fliege im Jahr 100 000 Kilometer, bin ständig in Hotels. Da braucht man einen Ort der Besinnung. Und das ist für mich der Platz, wo meine Bücher stehen.« Daß es diese Sammlung mit jeder Bibliothek der Welt aufnehmen kann und seine Agenten darauf dressiert sind, vor allem irische Literatur für ihn vom Weltmarkt ›aufzukaufen‹, glaube ich ihm aufs Wort. Er grinst wie ein Schüler.
Auch über sein Faible für französische Maler aus dem 18. Jahrhundert begeistert er sich. »Ich gäbe viel für einen Watteau oder Lancret«, kleine Kunstpause, tiefes Durchatmen, »aber die kann ich nicht bezahlen.« Als ich jetzt schallend loslache, meint er, ich könnte getrost mal die Wände absuchen. Tatsächlich hängen hier, abgesehen von den Ahnen, nur einheimische Maler. Und daß er die geliebten Franzosen womöglich im Keller versteckt hält, amüsiert ihn, als ich auf diese Möglichkeit tippe.

Benjamin Guinness, Lord Iveagh, Businessman und Kunstfan in Personalunion, hat auch was für frische Luft übrig. »Es ist Sommer«, sagt er unvermittelt, »jetzt könnte man draußen im Park die Fontäne mal aufdrehen.« Der herbeieilende Bedienstete versteht sich nicht schnell genug drauf. Da greift der Lord rasch selbst zum Schlüssel, und schon zischt es meterhoch.
Übrigens: der jugendliche Chef eines Riesenimperiums ist Vater von vier Kindern. Die lange Zeit als glücklich geltende Ehe mit Lady Miranda wurde Ende 1984 in aller Stille geschieden.
Trotzdem werden die Schornsteine in Dublin und dem Rest der Welt auch in den nächsten Jahren kräftig weiterrauchen, auch wird der künftige Erbe bereits auf einem exklusiven Internat ›eingeübt‹. Der jetzige Earl auf Iveagh meint allerdings, daß er keinen seiner beiden Söhne zwingen würde, ins Geschäft einzusteigen. Und vorderhand ist da auch noch gar nicht dran zu denken. Denn so angenehm konziliant er ist, eines ist klar: hinter dem Musenmann steht ein knallharter Boß, der ganz schnell die ›Hähne‹ zudreht, sollte ihm etwas mißfallen.
Auf dem Heimweg später kann ich über den sympathischen Herrn Benjamin Guinness nachdenken. Und dabei fällt mir ein, daß man James Joyce lesen soll, wenn man aus den Iren schlau werden will. Offengestanden: aus Joyce bin ich leider nicht schlau geworden. Aber die Begegnung mit dem berühmten Bierkönig, einem echten Irländer voll Nationalstolz und Weltläufigkeit, hat mir das Land der ›Heiligen und Gelehrten‹ sehr nahegebracht. Glück gehabt!
Das war das eine, worüber ich sinniert habe. Das andere: daß zum Glück eben auch gehört, daß man sich die richtige Familie aussucht. Und darüber kann der adelige Gentleman, mit dem ich während unseres Gespräches zunächst Tee

trinke, später einen Lunch mit irischen Spezialitäten einnehme, wirklich nicht klagen.
»Wir haben mal ziemlich klein angefangen«, erfahre ich von ihm. »Einer meiner Vorfahren, Arthur Guinness aus Celbridge, war 25 Jahre alt, als er durch den Tod eines Bischofs zu Geld kam. Das war 1759. Das Erbe betrug 100 Pfund. Das ›Vermögen‹ legte er gut an: er kaufte in Dublin eine kleine Brauerei und ein Dutzend Pferde.«
Seitdem der erste Guinness vor mehr als 225 Jahren sein Glück mit einer Biersorte machte, die nicht nur bis auf den heutigen Tag seinen Namen trägt, sondern sich durch ihren besonderen Geschmack von allen anderen Biersorten der Welt abhebt, ging es von Generation zu Generation immer steiler nach oben. Der Bierfluß ergoß sich über die ganze Welt. Heute wird in 140 Ländern auf allen Erdteilen Guinness getrunken. 16 Länder haben eine Guinness-Tochter-Brauerei. Und auch bei uns gilt Guinness als eine Spezialität für Spezialisten. Nicht billig, aber exklusiv. Guinness-Gebräu und Guinness-Gebräuche werden bewußt in aller Stille ›vermarktet‹. Unter dem heutigen Chairman, der als sechster direkter Nachkomme auf dem Thron sitzt, stehen immerhin 20 000 Angestellte in ›Brot und Bier‹. Aber auch Branchenfremdes hat Lord Iveagh erfolgreich in den zwanzig Jahren seiner ›Regentschaft‹ in die Hand genommen: 165 Motorschiffe kreuzen unter dem Namen der »Emerald-Star«-Linie für Feriensuchende auf dem Shannon. In der Autoindustrie ist er mit einem Bein drin, und bei 120 Ladenketten, die Pharmazeutisches und Kosmetika, aber auch Handfestes, wie Wurst und Fleischwaren, unter die Leute bringen, hat er die Hand drauf. In Canada gehören ihm Banken und Brükken. Da laufen zwei Plastikfabriken eher unbeachtet neben dem Knüller schlechthin: dem ›Guinness Book of Records‹. Mit 42 Millionen verkauften Exemplaren, übersetzt in 23

Sprachen, ist es ein Weltrekord für sich. Neben der Bibel steht es auf dem Buchmarkt an einsamer erster Stelle.
Die Kapitalkraft des derzeitigen Chefs des Hauses am Dubliner St. James's Gate wird inoffiziell mit der des Hauses Rothschild gemessen. Und wieviel dort dahintersteckt, weiß sicher nur er. Von Geld spricht man nicht, das hat man!
Auch darüber habe ich nachgedacht, als Lord Iveagh mich nach herzlichem Goodbye von seinem Chauffeur ins Hotel zurückbringen ließ. Peinlich nur für mich, daß meine Handschuhe im Schloß liegengeblieben waren. In irgendeinem Raum wohl, den ich im Vorübergehen eilig neugierig inspiziert hatte. Unerlaubterweise! Sie wurden natürlich nie mehr gefunden. Klar! Bei ›Adels‹ hat man auch die kleinste Indiskretion einfach nicht gerne.

Brigitte Fassbaender

Frau Kammersängerin und ihre Hosen

Hosen sind in. Aus dem Kleiderschrank der modernen Frau sind sie längst nicht mehr wegzudenken. Wenn man einer allerdings nachsagt, sie habe die Hosen an, dann verkehrt sich der schicke Modetrend nicht selten ins Gegenteil. Die Dame, die sich weder um das eine noch das andere schert und beides souverän zu einer Art Weltanschauung für sich gemacht hat, ist die Sängerin Brigitte Fassbaender, Tochter des bekannten Baritons Willy Domgraf-Fassbaender und der Schauspielerin Sabine Peters. Mit und ohne Beinkleider hat sie es inzwischen zu Weltruhm gebracht.
Daß sie auch zu Hause ihre Rolle fröhlich in Jeans weiterzelebriert und mich damit auch zum Interview empfängt, »weil der latschige, legere Look einfach besser zu mir paßt, als die feinen Plünnen«, wissen nur ihre Freunde. Daß sie ihre Karriere 1967 als Octavian im ›Rosenkavalier‹ am Münchner Nationaltheater begann, wissen inzwischen einige mehr. Seither hat sie diese Partie mehr als hundertmal von Japan bis zum Nordpol gesungen und sich von einem begeisterten Publikum feiern lassen. Die gebürtige Berlinerin hat längst für eine ganze Sängerinnen-Generation Maßstäbe gesetzt. Und längst hat sie sich auch daran gewöhnt, daß sie – obgleich mit Spreewasser getauft – weltweit als ›Münchner Kindl‹ gilt.
»Der Erfolg fiel mir zwar auch nicht gerade in den Schoß«, meint sie – und bietet Kaffee und Kuchen an –, »aber

vorprogrammiert war er allemal.« Denn was ihr an Begabung in die Wiege gelegt worden war, blieb nicht im seichten Pflichtübungsprogramm der arienträllernden Tochter aus Künstlerkreisen stecken. Am Nürnberger Konservatorium wurde ihre Stimme vier Jahre lang unter des Vaters gestrenger Aufsicht geschult. Die schlanke Mezzosopranistin mit dem idealen Bühnengesicht und den großen braunen Augen erklärt mir dazu bestimmt:
»Meine Ambition war es durchaus, die Sterne vom Himmel zu holen. Wenn man so aufgewachsen ist wie ich, muß man bis an die Spitze, sonst ist des Leidens kein Ende. Denn: Auf einer drittklassigen Provinzbühne zu versanden, das hatte ich mir für mich nie vorstellen können.«
Brigitte Fassbaender, die sich im privaten Gespräch als reservierte Intellektuelle gibt, bricht aber immer wieder schnell aus diesem Korsett aus und meint burschikos:
»Jeder Auftritt bedeutet, daß man seine Haut zu Markte trägt. Aber deswegen bin ich längst keine Primadonna, schon gar nicht eine von der Sorte, die den Fuß auf die Souffleurskiste stellt und ins Publikum schmettert. Genausowenig übrigens, wie ich aus dem Stand in eine fertige Inszenierung springen mag. Ich brauche das Teamwork, den Ensemblegeist. So ist es mir auch immer lieber, wenn die ganze Aufführung stimmt und ich den Lorbeer nicht allein aufs Haupt kriege.«
Sie sagt das ohne Pathos, sachlich, wohldurchdacht. Wie überhaupt alles, was sie von sich gibt, Disziplin und Abwägen der Wirkung reflektiert. Dahin gehört sicher auch ihre Bemerkung, sie wolle für die Zukunft mehr und mehr die Konzertkarriere pflegen.
»Ich nenne das meine Einsamkeitsarbeit, weil ich Zurückgezogenheit und Konzentration auf Wesentliches mehr brauche als den großen Apparat.« Damit man aber ja nicht zu Fehlschlüssen gelangt, fügt sie rasch ergänzend an: »Ich will

natürlich auch immer wieder auf die Bühne, denn im Grunde bin und bleibe ich ein Theaterpferd.«
Daß sie keine ist, die den heutigen Konkurrenzkampf – samt Intrigen und Ellenbogen – mitzumachen gedenkt, läßt sie beiläufig wissen. »Ich finde, daß es genügend Platz auf der Welt für alle guten Sänger gibt, kein Grund, daß man sich gegenseitig die Butter vom Brot nimmt.«
Auch das sagt sie ohne Emotion. Leben kommt bei ihr erst wieder rein, wenn von der sogenannten großen weiten Welt die Rede ist; angeblich ist sie an der immer weniger interessiert. Am liebsten hält sie die Achse Wien/München und singt dort regelmäßig ihre Lieblingsrollen: Dorabella, Sextus, Amneris. Mozart und Verdi also. Auch an Wagner geht sie längst ohne Scheu heran, als Brangäne etwa bei den Bayreuther Festspielen. Und wenn es – wie bei einer Wiener ›Ring‹-Aufführung einmal geschehen – zum Total-Verriß kommt und für sie nur persönliche Elogen abfallen, nimmt sie es auch gelassen. An Wechselbäder ist sie gewöhnt, auch daran, daß der ungeliebte Trubel durch die Welt nicht von ihr alleine gesteuert werden kann.
Als ich sie treffe, ist sie bis Frühjahr 1986 ausgebucht. Kein Wunder, daß da nur wenig Zeit für ein Privatleben bleibt. Darauf angesprochen, meint sie nur lakonisch, in ihrem Terminkalender blätternd:
»Eigentlich habe ich überhaupt keines. Aber wenn ich mal nicht aus dem Koffer leben und in Hotels herumgammeln muß, dann genieße ich am allerliebsten mein kleines Häuschen am Stadtrand Münchens. – Wohnen«, sagt sie gleichsam in Klammern, »ist für mich beinahe so wichtig wie mein Beruf. Ich hab' mich nicht beirren lassen und das Ding, Baujahr 1931, vor dem seinerzeit schon die Planierraupe zum Einebnen stand, schnurstracks gekauft.«
Heute, darauf ist sie nicht zu Unrecht stolz, ist es ein beson-

ders schönes, wie sie es nennt, nostalgisches Häuschen geworden. Sie liefert auch prompt die Erklärung: »Mein Wohnstil liegt zwischen Sehnsucht nach Perfektion und absoluter Improvisation. So wird es immer bleiben.«

Neben dem ›Handwerkszeug‹, wie sie ihren Flügel und die vielen Bücher und Partituren nennt, leistet sie sich, »weil die Gage sowieso weitgehend das Finanzamt frißt«, gelegentlich Dinge von bleibendem Wert. Genauer: Bilder deutscher Expressionisten. »Wenn ich an die Wände schaue, dann weiß ich wenigstens, wo mein Geld hingekommen ist.« Was ich so gesehen habe, heißt die Barschaft vor allem Erich Heckel.

Daß Brigitte Fassbaender sich vor Jahren von einem Ehemann getrennt hat – ohne Aufhebens –, läßt sie nur kurz anklingen. Zwei Hunde und eine Katze sind ihr mittlerweile als Hausgenossen lieber. Wenn das Gespräch aufs Private kommt, weicht sie gern ins Philosophisch-Sentimentale aus. Da sagt sie dann etwa: »Man muß mit unerfüllten Träumen leben. Und weil es die in rauhen Mengen gibt, muß man einfach danach streben, sie sich zu erfüllen.« Was ganz konkret damit gemeint ist, bleibt offen.

Die handfesten Aussagen passen in vieler Hinsicht besser zu ihr. So verheimlicht sie nicht, daß sie zwar all ihre Partien problemlos in italienischer Sprache singt, aber gewaltige Probleme hat, sich vom italienischen Essen zurückzuhalten. Womit sie geschickt die Kurve in Richtung ›ganz Privates‹ geschlagen hat.

»Ich könnte ausschließlich von Spaghetti und Sugo leben, wenn alles herrlich im Öl herumschwimmt«, strahlt sie, »aber wegen meiner Fräcke und Hosen ist da leider selten was drin.«

Ganz vom ›Öligen‹ mochte sie sich allerdings nicht trennen. Die ›Fastenkünstlerin‹ Fassbaender malt nämlich. Dazu verzieht sie sich dann in ihren Keller vor die Staffelei, »wie ein

Maulwurf, zur Abreaktion. So eine Malphase überfällt mich ganz eruptiv, das ist nichts Kalkulierbares und ernst zu nehmen ist das auch nicht.« Leicht kokettierend fügt sie noch hinzu: »Weil ich jede Art von Dilettantismus hasse, mache ich einfach aus jedem Bild drei kleine, gehe da brutal mit der Laubsäge ran. Und die sind dann meistens so, daß man sie vorzeigen kann.«

Die Synthese Musik und Malerei, so meint sie, passe im übrigen gut. Ihr Edelhobby verteidigt sie mit der vorbeugenden Bemerkung: »Ich gebe nichts her. Auch wenn Freunde mal was mit nach Hause nehmen, muß ich es ganz schnell wiederhaben. Leider bin ich da arg kleinlich und pingelig.«

Die Heimwerkerin Fassbaender weiß, daß man bei aller Gewissenhaftigkeit von Hobbys nicht leben kann. Hier wieder großzügig, hatte sie schon lange vor dem Termin bekanntgegeben, daß sie 1983 den ›Orpheus‹ von Gluck singen würde – wieder eine Hosenrolle und wieder in ihrem angestammten Hause, dem Münchner Nationaltheater. Und wieder geriet ihr das zur Sternstunde.

Lieblingsdirigenten? Die Frage beantwortet sie rasch und ohne Zögern: Carlos Kleiber, Wolfgang Sawallisch, Raphael Kubelík; bei den Ausländern halten Carlo Maria Giulini und Riccardo Muti die Spitze in ihrer Gunst. Kein Geheimnis macht sie daraus, daß sie seit geraumer Zeit zu dem schon längst verliehenen Titel Kammersängerin den der Professorin trägt. Die jugendliche Karrierefrau leitet eine Meisterklasse an der Münchener Musikhochschule.

Was sollte ihr jetzt zu ihrem Glück, mit höheren Weihen reich gesegnet, noch fehlen? Brigitte Fassbaender zieht sich auch hier unverbindlich aus der Affäre: »Alles fließt, das Leben setzt sich aus Bemühungen zusammen.«

Als ich damit nicht zufrieden bin und noch einmal kräftig nachfasse, ob sie vielleicht doch noch eines Tages für eine

Verbindung mit einem zweiten Ehemann offen sei, kontert die sympathische Weltklassesängerin: »Weiß nicht, aber stellen Sie sich vor, es käme womöglich ein Asthmatiker, der die Katzenhaare von meiner Fanny nicht verträgt... Doch wohl nicht auszudenken, oder?«

Mark Helprin

Ein halber Reinhold Messner und ein ganzer Thomas Mann

»Die Anonymität von Hotelfoyers wirkt sich im allgemeinen günstig auf Interviews aus«. So Norman Mailer, der König unter den amerikanischen Schriftstellern, als er sich 1983 für eine knappe Stunde in meine New Yorker Herberge an der Fifth Avenue bemühte.
Sein Kollege, der Schriftsteller Mark Helprin, 38 Jahre alt, und seit geraumer Zeit an der heimatlichen und internationalen Literaturbörse als absoluter Senkrechtstarter gehandelt, mag ähnliches gedacht haben. Jedenfalls setzte er sich zum freundlichen Small-talk auch lieber in einen Hotelsessel als auf die häusliche Couch. Ich traf ihn 1984 am selben Ort und gleichen Platz. Der diskrete Hinweis, daß hier auch schon mal Herr Mailer geplaudert habe, beeindruckte den drahtigen blonden Aufsteiger, Typ Naturbursche, wenig. Wie er sich überhaupt um Formelles kaum scherte. In die polierte Hotelhalle des renommierten St. Regis kam er im Alpinistenlook: Khakishorts, genagelte Schnürstiefel, Tennissocken, über dem blauen T-Shirt einen nato-olivgrünen Umhängebeutel geschultert.
»Da ist alles drin, was der Mensch so braucht«, begrüßte er mich salopp. Plötzlich ein verlegenes Lächeln. Ich hatte ihn ebenso salopp gefragt, ob er diesen praktischen Brotbeutel nicht vielleicht an mich abtreten könnte. Bevor noch ein Gespräch in Gang kam, kramte er den gesamten Inhalt

seiner Wandertasche auf den fein lackierten Tisch. Da war obenauf sein gewichtiges Opus »Wintermärchen« (viele Monate lang auf der amerikanischen Bestenliste), da kamen die letzten Korrekturfahnen für einen Leitartikel in der New York Times zum Vorschein. Schließlich ein kompaktes Fahrtenmesser und Verbandzeug. Die beiden letzten Gegenstände hatte er aus dem Vorrat der israelischen Armee requiriert. Der junge Erfolgsdichter hatte hier als Fallschirmspringer gedient. Helprin, im Zweitberuf passionierter Sportler und Bergsteiger, wie er mir bald erzählte, hat sich im übrigen in allen drei militärischen Disziplinen verdient gemacht. Auch flog er, ein gehorsamer Bürger seines Landes, als Pilot bei der US-Airforce, und als Weltenbummler genehmigte er sich die Christliche Seefahrt bei der Handelsmarine Ihrer Britischen Majestät.

Einer, der auf so vielen Hochzeiten tanzt, hat sicher auch mal Hunger. So überlegte ich und gab dem vorbeieilenden Ober eine Bestellung auf. Falsch! Helprin eröffnete mir höflich, aber bestimmt, daß Schickeria-Essen nicht nach seinem Gusto sei, ihm würden ein Glas Mineralwasser und ein Stück Brot genügen. Und entschuldigend fügte er noch an: »Das hat mit meiner Jugend zu tun. Heute esse ich am liebsten nur noch Würstchen von MacDonalds oder Army-, Flieger- oder Krankenhauskost«! Ganz schön meschugge, dachte ich mir, aber sonst ungeheuer sympathisch der Junge. Ich konnte ja nicht wissen, daß der Sohn eines ehemaligen bedeutenden Hollywoodmanagers und einer Schauspielerin vom französischen Hauskoch jahrelang randvoll überfüttert worden war. Während wir dann wider Erwarten doch etwas aus der hoteleigenen Küche verzehrten, was übrigens der von Helprin so sehr geschätzten Krankenhauskost nicht unähnlich war, kamen wir auf das Messer und die Erste-Hilfe-Utensilien, die vor uns herumlagen.

»Das ist ganz einfach«, kommentierte er meine Frage. »Aus Vorsicht. Hier in New York kann man nicht anders herumlaufen. Ich muß das leider sagen, auch wenn ich hier geboren bin, diese Stadt liebe. Da ich grundsätzlich nur U-Bahn fahre, könnte ich das Zeug fast täglich gebrauchen.«
Ich bin gottlob kein Literaturkritiker, brauche also nicht das Werk des Künstlers zu sezieren. Aber beim Stichwort New York kamen wir an seinem Erfolgsroman »Wintermärchen« nun nicht mehr vorbei. Nach der Kür nun kurz die Pflicht. Diesen Part allerdings wollte Helprin schnell über die Bühne bringen. Zuviel war er dem Vernehmen nach schon darüber befragt worden.
»Mein Roman beginnt mit dem berühmten Satz ›Es war einmal...‹, sagte Helprin knapp. »Und so habe ich ein Märchen meiner Phantasie gebaut, eine geträumte Vision, ein mixtum compositum aus Realität und metaphysischer Spekulation. Nicht zuletzt ist es neben vielem anderen eine Liebeserklärung geworden an die grandiose Metropolis New York, mit allem was dazugehört. Reichtum, Armut, Mord und Vitalität«, Helprin machte eine Pause, nahm einen Kartoffelchip. »Die 700 Seiten wollen nicht nur geschrieben, sondern auch gelesen sein. Aber eine mögliche Antwort, warum der Roman ›Wintermärchen‹ heißt – und ich habe dabei durchaus an Shakespeare gedacht – ist auf Seite 477 zu finden: Zu Beginn des 3. Jahrtausends, in einer Zeit unbarmherziger Winter, tritt der gerechte Mensch endlich hervor. Da ist es auf einen Punkt gebracht: Der Winter, das Jahr 3000, der Mensch. Ein dreidimensionales Leitmotiv.«
Und dann klappt Helprin dieses Kapitel abrupt zu. Mit einer letzten bündigen Bemerkung: »Ich kann und will dieses Buch nicht intensiver erläutern. Das wäre genauso, als müßte ich mit drei Sätzen den Ozean beschreiben oder Amerika.«
Der moderne Mensch hatte gesprochen. Und während er

das sehr vehement tat, gestattete ich mir, heimlich und nicht von ungefähr Parallelen zu Mailer zu finden. Und siehe da: es gab sie. Zwar kennt ›man‹ sich nur flüchtig, hat in den schriftstellerischen Ambitionen kaum Berührungspunkte. Befehdet sich daher (noch!) nicht. Aber man ist Nachbar. Man lebt im einzig feinen Viertel von Brooklyn. Tür an Tür quasi. Zufall auch, daß beide Herren in Harvard studiert haben (Helprin noch zusätzlich in Princeton und Oxford/England), beide jüdischer Abstammung sind und mindestens eine zweite Ehefrau haben (Mailer derzeit schon die sechste). Zufall sicher auch, daß ihnen beiden großer Intellekt und kleine Statur angeboren sind. Beides kompensieren beide – sicher nicht zufällig – geschickt und nach gleichem Muster: ihre ehelich Angetrauten sind nicht nur Schönheiten. Sie haben auch annähernd Gardemaß.

Als hätte Helprin meine abweichenden Gedanken erraten, sagt er, bevor er noch etwas in die Privatschatulle greift: »Als Schriftsteller sehe ich mich nicht in irgendeiner eingebundenen Tradition. Melville vielleicht«, kommt es zögernd, »am ehesten noch Dante«. Als mir dieser Zeitsprung etwas gewagt erscheint, sagt er heiter: »Tja, ich war schon in der Schule der beste Geschichtenerzähler. Aber wenn ich etwas als wirkliches Lebensziel anstreben sollte, dann möchte ich ein halber Reinhold Messner und ein ganzer Thomas Mann werden.«

Weil mir darauf schnell genug nichts einfällt, nutzt er die Pause, um ganz vom Literarischen wegzukommen. Denn eine andere Berufsform hätte er sich ohnehin nicht vorstellen können. Das hatte er mir mit ernster Miene zu meinem Dessert mitserviert. Auch daß er ursprünglich Arzt hatte werden wollen, aber schon nach den ersten Semestern aufgegeben hat. »Es war mir sehr schnell klar, daß ich hier nichts werden würde«, kommentiert er die Vergangenheit.

»Ich bin dann lieber auf der Universität gleich auf Geschichte, politische Wissenschaften, englische und italienische Literatur umgestiegen.« In den beiden letzten Fächern hatte er gerade seine Doktorarbeit eingereicht.
Es hat sich für ihn ausgezahlt. Nach den ersten Bucherfolgen, ist er heute nicht nur als Schreiber für ein halbes Dutzend amerikanischen Renommierzeitungen gefragt. Auch der Film hat sich schon die Rechte für sein »Wintermärchen« gesichert. Und noch ehe demnächst der neue Roman in die Buchläden kommen wird, läßt sein amerikanischer Verleger die zweite Million Taschenbücher von der Märchenidylle Manhattan auf die Ladentische schneien. Da kann man nur hoffen, daß auch in Amerika ein paar Flöckchen vom Himmel kommen, damit die Freunde drüben das Buch auch unter dem richtigen Aspekt kaufen. »Es ist gut für einen langen, langen Winter«, so wurde es nämlich – wohl in hellseherischer Ahnung – hierorts aus berufener Feder begeistert empfohlen.
Erfolg hin, Erfolg her. Am Kommerz, sprich Geld, liegt dem Sohn aus feudalem Hause übrigens angeblich gar nichts. Den Wechsel vom Vater gab es nur während der Studienjahre. Darauf ist Helprin besonders stolz. Auch daß er sich seitdem die Brötchen immer alleine verdient hat. Als es mit dem Dichten noch nicht so lief, mit Tellerwaschen, Babysitten, auch mal als Detektiv oder Sporttrainer. Inzwischen muß sich ein bißchen was geändert haben. Denn die zweite Mrs. Helprin, eine rassige Brünette, die einer rassigen blonden Italienerin folgte, ist Juristin und Vize-Präsidentin an der New Yorker Chase Manhattan Bank. Daß sie aus Boston stammt und eine geborene Kennedy ist, hat angeblich nichts mit lebenden oder toten Personen zu tun. Helprin tut es kommentarlos ab. »Wir sind einfach seit Jahren sehr glücklich miteinander«, sagt er nur.

Bevor er aufbricht, sucht er noch einmal in seiner Tasche. »Hier habe ich ein Bild, das Sie vielleicht interessieren wird«, kommt es etwas scheu. »Meine Mutter zusammen mit Thomas Mann. Er war öfter Gast in meinem Elternhaus.« Dann verschwindet er plötzlich und kommt – ich traue meinen Augen kaum – stadtfein, im sportlichen Straßenanzug zurück, die Schnürstiefel nach wie vor an den Füßen.
»Ich hatte diese Ausgehgarderobe im Plastikbeutel an der Rezeption hinterlassen. Ich mußte mich schnell umziehen, weil meine Frau und ich nachher zu einem offiziellen Empfang müssen.« Als ich vorsichtig frage, ob man da so hingehen kann, und was »sie wohl anhat«, kommt es so fröhlich wie nie: »Mein einziger Smoking ist leider in der Reinigung, sonst habe ich nichts Passendes. Meine Frau wird eines ihrer vielen Modellabendkleider tragen. Und in diesen sieht sie noch schöner aus als in ihrer Bergkluft, wenn wir auf die Dreitausender gehen. Das muß ich leider zugeben.«
Das war's. Klang alles wie ein Märchen – Winter – Sommer – egal! Amerikanischer Erfolgsautor sollte man sein...

Oriana Fallaci

Im Clinch mit Gott und der Welt

Meine erste Begegnung mit Oriana Fallaci liegt 9 Jahre zurück. Als sie mir damals die Tür zu ihrem Haus in der Toskana öffnete, war ich auf alles gefaßt. Nur nicht auf Elegisch-Sentimentales, das sich so anhörte:
»Sie sind zu einem Interview hierhergekommen. Heute am 1. Oktober 1976. Sie wollen ein Gespräch mit einer Frau, die Journalistin ist und Schriftstellerin. Wenn Sie die suchen, die gibt es nicht mehr. Die ist gestorben. Heute vor fünf Monaten, am 1. Mai 1976.«
Was mir Italiens Star-Reporterin und erfolgreichste Interviewerin der Welt seinerzeit als Begrüßungs-Schocker servierte, mobilisierte nicht von ungefähr totales Hellwachsein in mir. Als ich den Fuß über ihre Schwelle setzte, war mir klar, daß ich zwar mit einigem Glück in die ›Höhle der Löwin‹ vorgedrungen war, aber gleichsam heiligen Boden betreten hatte. Immerhin ist nicht unbekannt, daß die Fallaci mit Interviews zur eigenen Person mehr als knauserig verfährt. Daß draußen ein heftiges Gewitter tobte, schien mir daher eher ein schlechtes Omen. Aber ich irrte. Mit mir hatte sie nichts von der Art im Sinne, wie mit ihren weltberühmten Interviewpartnern, die sie zumeist auseinandernimmt wie ein Klempner eine kaputte Rohrleitung. Mit mir wollte sie anscheinend nur über Alekos Panagoulis sprechen. Den jugendlichen griechischen Widerstandskämpfer, der 37jährig

am 1. Mai 1976 in der Nähe Athens bei einem Autounfall ums Leben gekommen war. Unweit der Stelle, an dem er Jahre vorher vergeblich versucht hatte, den Juntaführer Papadopoulos mit einer Bombe hochgehen zu lassen. Alekos Panagoulis war 1973 nach der Entlassung aus mehrjähriger Kerkerhaft die letzten drei Jahre seines Lebens Oriana Fallacis Lebensgefährte. Daß er 12 Jahre jünger war als sie, störte beide nicht.

Als wir uns setzen, gibt es nicht das berühmte Frage-Antwort-Spiel. Auch kein Interview im herkömmlichen Sinne. Oriana Fallaci will in dieser Stunde Dinge an eine andere Journalistin loswerden, die sie als Frau zutiefst bewegen. Ungewöhnlich genug. Sie spricht. Ich höre zu.

»Alles was ich in den nächsten Monaten, ja vielleicht Jahren tun muß, soll dem Gedenken an Alekos dienen. Mag es Ihnen auch unverständlich klingen, wir waren Gefährten im besten Sinne des Wortes. Größere, wichtigere Dinge als eine banale Liebesgeschichte waren die tragenden Elemente unserer Verbindung. Wären wir zwei Männer gewesen, der Zusammenhalt hätte nicht stärker sein können. Als sie ihn umbrachten – und es war Mord und kein Unfall, davon laß ich mich nie und nimmer abbringen – habe ich nicht nur den Geliebten verloren. Mir starb der Bruder, der Kamerad. So gesehen waren wir wie zwei Soldaten, die an die gleiche Sache glaubten, für die gleiche Sache kämpften. Wir waren nicht verheiratet. Gleichwohl lebten wir zusammen wie Mann und Frau. Hier in diesen paar Metern Raum, in die ich mich zurückgezogen habe, um seine und meine Geschichte zu schreiben. Hier war auch er am glücklichsten.«

Die Fallaci spricht ohne Pause, ohne Emotionen in der Stimme, ohne Pause greift sie auch zu den Zigaretten. Meine Zwischenfrage, ob sie nicht doch bald wieder an ein Interview dächte, blockt sie kategorisch ab. »Ich kann nicht nach

Beirut, nicht zu Jimmy Carter, nicht einmal zum lieben Gott könnte ich. Später. Später wieder.«
»Panagoulis war Politiker?«, sage ich, um bei der Sache zu bleiben und nicht Unmut bei ihr hochkommen zu lassen. »Hat er Sie nie motiviert, aktiv in die Politik einzusteigen?«
Die Antwort kommt wie ein Pistolenschuß.
»Natürlich hat er das. Alekos war sogar fest überzeugt, daß ich ganz ernsthaft Politik machen sollte. Aber ich selbst hatte immer das Gefühl, nicht recht dafür zu taugen. Ich kann zwar gut mit denen umgehen, die Politik machen. Ich sehe in die Dinge hinein, sehe sie voraus. Aber ein Politiker mit Haut und Haaren bin ich nicht. Nach meinem Lebensgrundsatz, was immer ich tue, tue ich ganz oder gar nicht, hätte ich den Journalismus an den Nagel hängen müssen. Außerdem habe ich Angst vor der Zukunft. Meiner Meinung nach stehen wir am Vorabend des Endes. Ich bin zutiefst pessimistisch. Ob es noch 30 Jahre gehen wird, wage ich zu bezweifeln. Im Klartext wird das wohl heißen: Kommunismus oder Faschismus. Angst beschleicht mich, das sage ich Ihnen ehrlich, und ich hoffe nur, daß ich Unrecht habe. Wer solche Gedanken hat, taugt nicht zum Politiker.«
Draußen blitzt und donnert es weiter. Das paßt wie bestellt zur Morbidezza-Stimmung, die über dem Raum lastet. Was ist das für eine Fallaci, denke ich, die mir einen wärmenden Schal von sich bringt, weil die Heizung im Haus nicht funktioniert und es ungemütlich kühl wird. Die Frau, die sich mit der gesamten Weltprominenz im Clinch befindet und sich eher ihr Bein abhacken ließe, als es aus den Türen zu entfernen, in die man sie nicht freiwillig eintreten läßt. Sie ist nicht aggressiv, brüllt nicht und wirft auch nicht mit Gegenständen um sich. Sie formuliert ihre Gedanken druckreif und repariert hilfreich an meinem Recorder, als er plötzlich streikt. Ich denke, daß sie jetzt genug hat, denn meine Kassetten tun's

nicht mehr. Irrtum! Jene, die spöttelnd behauptet, daß nur noch Nixon mehr von Tonbändern verstünde als sie, ist sofort mit Ersatz bei der Hand. Es geht also weiter. Vorher stellt sie weißen Landwein auf den Tisch, dazu selbstgezogene Tomaten, Schinken, Salami und Käse. Ich komme mir vor, wie zu Besuch bei guten Freunden. Nicht wie bei jener, die zwar weltweit von den Lesern seit Jahren als exzellente Schreiberin gefeiert, von den meisten ihrer ›Opfer‹ aber als unerträgliche, kaltschnäuzige, aufmüpfige Weibsperson gefürchtet wird.

»Ich mache Szenen, ich tobe, ich riskiere mein Leben, um eine Story zu kriegen«, das sagt sie jedem, der es hören will. Beiläufig auch mir.

Die Porträts, die sie von den Großen und Mächtigen dieser Welt gezeichnet hat, lassen an Aggression und Bissigkeit nicht zu wünschen übrig. Nur wenige hat sie geschont. Golda Meir und Ingrid Bergman, natürlich auch Panagoulis gehören zu denen, die ihre schreiberische Gnadensonne genießen durften. Die meisten anderen hat sie erbarmungslos in ihren verbalen Rundschlag laufen lassen. Einen rülpsenden Cassius Clay hat sie binnen fünf Minuten genauso sitzengelassen, wie einen dummes Zeug faselnden italienischen Spitzenpolitiker. Mit Mujib Rahman, dem einstigen Helden von Bangladesh, kam es sogar zu Handgreiflichkeiten. Denn wenn die Fallaci nicht will, dann nützt es nichts, ob ein Boxer Schaum vor dem Mund hat, ein Politiker grün wird wie ein Gummibaum oder ein Scheich nach Palastwachen schreit. Sie hat sich um all das nie geschert. Sie kann es sich – bis zur Stunde – leisten, ihre Interviews zu schreiben oder in den Papierkorb zu schmeißen. Ihr ist es egal, ob der italienische Filmemacher Fellini ihr erklärter Intimfeind ist oder nicht, und ob er die Radieschen von unten oder von oben sieht. So wie sie – wie ebenso überall nachlesbar – auch gnadenlos an

Henry Kissinger herummäkelt (Originalton Kissinger: »Es war das gräßlichste Interview meines Lebens.«), daß seine ganze ›Größe‹ vielleicht nur darin besteht, weil er ein Mädchen geheiratet hat, das zweimal so lang ist wie er. Die Fallaci kennt aber ebenso keinen Pardon für sich. So ist sie auch überall dort gewesen, wo Bomben gefallen sind, Revolutionen die Länder schüttelten.

In Mexiko stritt sie 1968 Seite an Seite mit der rebellierenden Jugend. Mit der US-Luftwaffe flog sie Kampfeinsätze nach Vietnam. Da mutet es wie ein schlechter Witz an, wenn sie mir sagt, daß sie Angst vorm Autofahren hat, es auch nicht mehr lernen will, aber tollkühn mit dem Fallschirm abgesprungen ist, und dabei gar nichts findet. Jene andere Fallaci, der ich gegenübersitze, deren Gedanken ständig um das Thema Panagoulis kreisen, der entfährt es in einer Gesprächspause, daß sie zu Hause immer lange Flatterkleider trägt, »aber auch manchmal Juwelen mit Jeans, weil ich Sinn für Schönes und Extravagantes habe.«

Es ›menschelt‹ mir schon zu lange fast. Wann kommt der berühmte Umschmiß? Als sie plötzlich, keinen Widerspruch in der Stimme duldend, feststellt, »Sie sind wohl keine Feministin, das merkt man«, denke ich, daß sie jetzt zum Kampf ruft. Sofort stelle ich das Weinglas ab. Aber Oriana verhält sich weiterhin wie ein sattes Raubtier, sie greift nicht an, spricht nur wieder von sich. Von der, die voller Überzeugung Feministin ist.

»Ich glaube an die Frauenbewegung ohne Kompromiß, ohne Zögern.« Und mit rauher Stimme fährt sie fort: »Das habe ich auch Alekos immer wieder eingehämmert, so lange, bis er schließlich davon überzeugt war, daß sich dafür die einzige wahre Revolution unserer Zeit lohnt. Das ist auch der Grund, warum ich der Ehe gegenüber eine ablehnende Haltung einnehme.«

Den Eindruck, als eine Art Bannerträgerin der Frauenbewegung zu gelten, will sie aber schnell vom Tisch haben. Sie schlägt rasch wieder die sanften Töne an. In Sachen Panagoulis darf ich noch hören, daß die revolutionäre und wunderbare Seite dieser Liebesgeschichte darin bestand, daß sie es geschafft hat, immer sie selbst zu bleiben. Wie hart es dabei oft genug herging, erfährt man erst Jahre später. Sie selbst hat es niedergeschrieben, daß das Leben mit dem jugendlichen Rebellen nicht nur Honiglecken war. Die berühmte Geliebte hielt er gewaltig in Trab. Mit ihrer Hilfe wollte er die Akropolis sprengen und Geheimdokumente schmuggeln. Liebe und Fanatismus lagen eng beieinander unter dem Dach, das die beiden für eine kurze Zeitspanne miteinander teilten.

Die Oriana Fallaci, die Gefürchtete, damals 45jährige, zarte, kaum 100 Pfund schwere Person, war gerade wohl deswegen wild entschlossen, alles hinter sich zu lassen. Als mahnendes Credo mag sie die großen Fotos des Helden in Kampfpose verstanden haben, die die weißen Wände ihres Arbeitszimmers schmückten und auf die sie Tag und Nacht geschaut hat. Mit einem ›unsterblichen Opus‹ wollte sie dem Toten ein ewiges Denkmal setzen. Ob sie damals schon ins Kalkül gezogen hatte, es zur noch größeren Ehre für sich selbst auszumarkten, war nicht erkennbar.

An jenem 1. Oktober 1976 ließ sie sich mühsam, nur noch als Zugabe, etwas über den inzwischen verstorbenen italienischen Kommunistenführer Berlinguer entlocken. »Er ist ein aufrechter Kerl, den kenne ich, ein liberaler Mann, ein Demokrat. Ich habe ihm gesagt: ›Hören Sie Berlinguer, Ihnen glaube ich, an die Kommunistische Partei kann ich nicht glauben. Sie, Berlinguer, sind ein echter Sozialist, Sie glauben an die Demokratie. Und weil ich auch Demokratin bin, glaube ich Ihnen. An die Demokratie glaube ich blind. Nicht

weil es so eine gute Sache ist, sondern weil ich nichts Besseres habe‹.«
Als wir uns endlich verabschieden – ich ziemlich kreuzlahm, denn die letzten Stunden lagen wir einträchtig auf dem Boden und wühlten in ihren Fotos –, packt sie mir einen Gedichtband von Panagoulis und eine Flasche Chianti von ihren eigenen Hügeln in die Tasche. Tags drauf schickt sie mir einen Brief ins Florentiner Hotel hinterher: »Sie erschienen mir mit meinen ›Geschenken‹ etwas ratlos. Zum Wein: Trinken Sie ihn mitten im Restaurant oder sonstwo. Trinken Sie ihn, wann immer und wo immer Sie dazu Lust haben. Scheren Sie sich nicht um das, was üblich ist. Die Freiheit beginnt damit, daß man tut, was man will. Denn Ungehorsam ist in gewissem Sinne die schönste Tugend, die der Mensch besitzt. Das gilt für die großen Dinge des Lebens genauso wie für die kleinen. Und es gibt sogar Menschen, die bei einem sogenannten ›Autounfall‹ sterben mußten, nur weil man sie für ungehorsam hielt...«
Ich habe Oriana Fallaci vier Jahre später wiedergetroffen. Drei Jahre davon war sie für die Außenwelt verschollen. Der Rückzug in die ›toskanische Zelle‹, sie nannte es Einzelhaft, hatte sich gelohnt. Als sie wieder auftauchte, war sie mit dem von ihr zu einem furiosen Requiem für den toten Geliebten komponierten Buch »Ein Mann« zur spektakulärsten Autorin Italiens geworden. Und zum größten Verkaufsschlager für ihren Verleger. Fast eine Million Exemplare gingen in wenigen Monaten über die Ladentische. Ihre Vorläufer »Briefe an ein nie geborenes Kind«, »Penelope auf dem Kriegspfad« oder »Die Unsympathischen« erreichten nicht von fern solche Verkaufszahlen. Die Fallaci, die mit ihrem Märtyrer-Epos mitten ins Herz ihrer Nation getroffen hatte, sah sich plötzlich einer Dauerverfolgung ausgesetzt.
»Solange ich an diesem Buch geschrieben habe«, erklärte sie

mir im Hause von Mailänder Freunden, »da konnte ich meine Gedanken Tag und Nacht nicht mehr unter Kontrolle bringen. Es war, als wenn man eine Tür verriegeln will und das Schloß klemmt. Ich habe nachts davon geträumt, kaum mehr gegessen und habe mich wohl nie in meinem Leben so todmüde gefühlt. Aber das mußte so sein. Ich war es Alekos schuldig, stellvertretend auch für andere, die wie er als einsame Kämpfer täglich irgendwo auf der Welt verrecken. Aber jetzt muß Schluß sein. Ich hasse dieses Buch, es hat mich drei Jahre meines Lebens gekostet.«

Die Fallaci, die nach der selbstauferlegten toskanischen Zwangspause jetzt hauptsächlich in ihrem New Yorker Wolkenkratzerapartment lebt, hält nun nichts mehr von Waffenstillstand. Mit ungebrochener Zähigkeit jagt sie wieder hinter der Weltprominenz her. So fehlte es in letzter Zeit nicht an Brisantem. Von Khomeini, dem sie den Shador ›vor die Füße warf‹, über Ghadaffi, den sie einen Vollidioten nannte, bis zu Lech Walesa, der sich nur mühsam mit Kopfschmerzen über die Runden retten konnte, um ihre bohrenden Fragen auszuhalten, ließ sie keinen aus. Wer im großen Weltroulette wieder mal auf der Kippe stand oder noch fleißig mitmischt, der mußte dran glauben. Kurz bevor er stürzte, brachte sie auch Argentiniens Diktator Galtieri zum Sprechen.

Auf die Frage, wie sie ihre Interviews schafft, reagierte sie diesmal kühl. »Ich bin oft danach gefragt worden. Aber das ist mein Rezept, das geht keinen etwas an. Auch interessiert es mich nicht, in welcher Verfassung meine Gesprächspartner sind. Sie haben sich danach zu richten, in welcher Verfassung ich bin.«

Daß es auch für Oriana Fallaci immer noch Interviews gibt, die zäh rangeholt werden müssen, gibt sie, jetzt etwas verbindlicher, zu. »Als ich noch unbekannter war, so vor zehn Jahren etwa«, erklärt sie, »da lief es wesentlich ein-

facher. Heute haben die meisten einfach Angst, mit mir zu sprechen. Was rund um den Erdball von mir publiziert wird, kann leicht zur Staatsaffäre werden.«
Warum sie es dann nicht endlich lassen kann, frage ich. Und warte auf einen bühnenreifen Auftritt. Aber auch diesmal kippt die Fallaci nicht aus der Rolle. Sie erklärt mir, daß sie es – angeblich – nicht um des Erfolgs Willen tut.
»Erfolg«, sagt sie, »das ist wie eine love-affair. Wenn man darauf wartet kommt nichts. Da kann man sich den ganzen Tag einreden: ich bin allein, ich bin allein, ich brauche Liebe, ich brauche ein großes Thema zum Schreiben! Dann passiert überhaupt nichts. Ich weiß ein Lied davon zu singen. Und jeder, der mich heute beneidet, dem biete ich gerne an, meinen Erfolgskrempel zu machen. Bis jetzt hat sich keiner gefunden. Wer sagt mir, ob ich nicht längst auf der Liste derer stehe, die abgeknallt werden sollen. Alle sehen in mir nur die weltreisende Berühmtheit. Daß ich stündlich mit meinem Leben spiele, sieht keiner.«
Ich sehe, daß ich diesmal eine andere Fallaci vor mir habe, keine mehr mit dem Witwenschleier, sondern die, die zum Kämpfen gemacht ist. Daß sie trotzdem nochmal in die Melodram-Kiste greift, wundert mich. Sie sagt unvermittelt:
»Ich habe mit sechzehn zu schreiben angefangen. Ich habe damals nicht das Leben der Reichen geführt. Ich habe hart gearbeitet, um zu existieren, weil ich nämlich Hunger hatte. Und weil ich nie mehr hungern will, darum arbeite ich weiter, bis zum Umfallen. Das ist die Wahrheit.«
Weil das so ist, ist der Oriana Fallaci jedes Mittel recht. Daß sie von sich behauptet, ein tragisches Etwas zu sein und nur auf dem Papier eine Erfolgsfrau, ist die andere Seite der Medaille. Wir sind sicher aus zweierlei Holz gemacht, die Oriana Fallaci und ich. In vieler Hinsicht. Aber ich kann sie gut verstehen. Ich würde ihr gern ein drittes Mal begegnen,

auch wenn alle behaupten, daß dort, wo sie hintritt, mehr und mehr nur noch ein bitterer Nachgeschmack zurückbleibt. Ich habe sie anders kennengelernt.

Maharadscha von Jaipur

Am Golde hängt, zum Golde drängt doch alles

Einmal im Leben wie ein Fürst residieren, den Luxus genießen – ich hatte nichts dagegen. Mir flatterte eine Einladung nach Indien ins Haus. Der Maharadscha von Jaipur ließ bitten! Einflußreiche Freunde hatten ermöglicht, was sonst nur die Hoheiten dieser Welt unter sich ausmachen – Besuch in den Privatgemächern, Lunch, Cocktail, Dinner, Poloturnier. Was würde mich erwarten? Diese etwas bange Frage beschlich mich schließlich, als der Jumbo in Richtung Delhi abhob. Immerhin, man weiß es inzwischen: unter den Reichen seines Landes gehört der 51jährige Maharadscha von Jaipur, von Freunden sportlich »Bubbles«, sonst Hoheit, genannt, zu den Ärmsten nicht. Im internationalen Prunk- und Prachtkarussell kann er es leicht mit all jenen aufnehmen, die bei ihm ein- und ausgehen: so Prinz Charles von England, der König von Spanien, der König von Belgien und andere gekrönte und ungekrönte Häupter mehr. Mit König Hussein von Jordanien verbindet ihn eine lange Jugendfreundschaft. Man besuchte viele Jahre das gleiche englische Internat.

Wie reich der Maharadscha von Jaipur wirklich ist, wird schließlich nur er alleine wissen – vielleicht noch die schöne 38jährige Maharani, seine Frau. Jedenfalls munkelt man in einschlägigen Kreisen ziemlich offen, daß 1975 beim Tod seines Vaters nicht nur sieben Paläste und unzählige

Millionen als Erbmasse frei wurden, sondern zusätzlich noch eine ›Kleinigkeit‹ Schmuck. Die festen Immobilien nicht mitgerechnet. Wie aus einem sündteuren Hollywood-Film erfunden, ging es mir durch den Kopf. Auch die Frage, ob sich für mich das wohlbekannte Märchen aus Tausendundeinernacht leibhaftig darstellen würde: mit Palästen, die in Gold- und Edelsteinpracht funkeln, Prinzessinnen, die in brillantbesetzten Seidengewändern durch tropische Gärten spazieren, Diener, die lautlos schwersilbernes Tafelgeschirr herumreichen. Ich hatte für alle Fälle das ›kleine Schwarze‹ im Reisegepäck. Das schien mir immer richtig. Realistischer jedenfalls, als zunächst allen möglichen Träumen nachzuhängen. Zumal es bekanntlich schon lange keine Besonderheit mehr ist, daß zahlungskräftige Touristen Gäste in Maharadscha-Palästen sein können. Denn: was aus Steuerersparnisgründen inzwischen die meisten indischen Fürstlichkeiten mit großem Erfolg praktizieren, wurde 1956 vom Vater des jetzigen Maharadschas von Jaipur ›erfunden‹. Er ließ Teile seiner Paläste in Luxushotels umfunktionieren. Die Rechnung geht seit langem auf. Wenn die einen zahlen, die anderen ihr Vermögen erhalten, haben schließlich alle etwas von der Pracht.

Als ich in Jaipur ankam, einer der beliebtesten Touristenstädte Indiens, lernte ich schnell, was die wahre Pracht ist. Ein Chauffeur seiner Hoheit nahm mich am Flughafen in Empfang. In meinem legeren Reisedress, die kleine Flugtasche in der Hand, kam ich mir im großräumigen, seidengepolsterten Herrschaftswagen, Marke Bentley, wie der einzige falsche Exote unter lauter echten vor. Eine persönliche Einladungskarte wurde mir bei der Ankunft im Privatgästehaus des Maharadschas (Zimmergröße – kleine Hotelhalle, wo ich auch ständig meine wenigen Reiseutensilien verzweifelt suchte), auf goldenem Tablett zugereicht. Sie signalisierte

eindeutig, daß ich für achtundvierzig Stunden zum auserwählten Kreise gehörte. Das hieß Cocktail im Privatsalon der Jaipurs. Sitte des Hauses: Stehen verboten. Man ›lagert‹ auf Samtbrokatkissen und – ohne Schuhe. Die Spitze der Bequemlichkeit und höchst exklusiv. Auch zwei Nobelgäste, die mit von der Partie waren, eine ägyptische und eine türkische Fürstin, zeigten Strumpf statt Pumps. Später wurde, streng nach Protokoll – Schuhwerk wieder an den Füßen – ein großes Abendessen mit noch größerem Dieneraufwand, gegeben.
Am nächsten Tag endlich Marscherleichterung: kleiner Lunch in gelockerter Form. Nun endlich wurde nicht nur über Aktien gesprochen, Ölquellen, Pferderennen oder wo man im nächsten Winter zum Eisstockschießen ›hinjettet‹. Ich konnte wieder bescheiden mitreden. Im Kreise der ›Upper ten‹ war ich so total untergegangen, daß der sympathische Maharadscha nur schwer von seiner illustren Gästeschar zu einem Gespräch ›unter vier Augen‹ loszueisen war. Als wir uns schließlich doch gemütlich in seinem von Blattgold und Halbedelsteinen blitzenden Empfangssalon (Größe: mittleres Fußballstadion) in einer der mindestens zehn Sitzgruppen niederließen, sagte er ganz selbstverständlich:
»Das hier habe ich geerbt, dafür kann ich nichts. Mein Bestreben und meine Pflicht sind, daß ich es so gut wie möglich erhalte. Und damit viele Menschen etwas davon haben, ist ein großer Teil meines Privatpalastes, er wurde übrigens vor 200 Jahren erbaut, heute öffentliches Museum. Teile hat auch die Stadtverwaltung übernommen.«
Daß die Maharadschas bis 1971, als sie von Indira Ghandi aller Privilegien enthoben wurden, kleine Könige in ihren großen Palästen waren und auch in der Region, in der sie schalten und walten konnten, trifft »Bubbles« Jaipur nicht sonderlich. Er meint: »Ich war hauptsächlich Offizier, jetzt bin

ich hauptsächlich Poloteam-Chef. Ich fliege mit meiner Mannschaft zu wichtigen Spielen überall auf der Welt, damit diene ich meinem Lande auch. Sollte mich der neue Premier für eine diplomatische Aufgabe brauchen, ich stehe zur Verfügung.«

»Bubbles« Jaipur, Seine Hoheit, der zwei Seelen, so habe ich den Eindruck, in seiner Brust hat, eine orientalische und eine europäische, ist für mich schwer zu fassen. Menschliches versteckt er geschickt durch ständiges Lächeln, pragmatische, unverbindliche Sätze sind ihm lieber. Aber welcher Fürst läßt sich schon gern in die Karten schauen?

Daß er mit seiner Frau, einer ehemaligen Prinzessin aus den Himalaischen Bergen glücklich verheiratet ist – auch wenn sie ihm nur eine Tochter geschenkt hat –, erzählt er bitter-süß schmunzelnd. Töchter sind in Indien, was die Erbfolge angeht, immer noch zweite Wahl. So wird nach dem jetzigen Maharadscha nicht die Prinzessin eines Tages Herrin im indischen Goldkäfig sein, sondern der jüngere Bruder ihres Vaters.

»Die Ehe ist eine Sache des Arrangements«, seine Hoheit sagt das in diesem Zusammenhang mit besonderer Betonung auf Arrangement. »In unseren Kreisen gibt es hauptsächlich programmierte Ehen, das hält besser. Die Liebe vergeht, das Arrangement bleibt.«

Der Maharadscha wird wissen, wovon er spricht; ich nehme seine Ausführungen aufmerksam zur Kenntnis.

Als wir später noch einen kleinen Rundgang durch den üppig blühenden Park unternehmen, vorbei an salutierenden Wachen, gesellen sich die Maharani und die 15jährige Tochter zu uns. Daß sie sich als ›komplette Familie‹ fotografieren lassen, gehört genauso zu den Ausnahmen, wie das kurze Gespräch, das ich mit ihrer Hoheit noch unter vier Augen führe. Und da sagt diese ganz ungeniert: »Man muß Parties,

Empfänge, gesellschaftliche Verpflichtungen absolvieren, wenn man königlichen Geblüts ist, so wie wir. Aber wenn ich nicht das wäre, was ich bin, dann wäre ich am liebsten Stewardeß.« Und dabei spielt sie lässig mit einem riesigen Glitzer-Ohrring, der nicht nur echt aussah!
Da bin ich am nächsten Tag, mein ›Schicksal‹ überdenkend, aus dem Märchenpalast von Jaipur zum nächsten Fürsten geflogen. Die Einladung war ›unter der Hand‹ (wie es sich gehört) arrangiert worden. Nun, das schwor ich mir, sollte mich nichts mehr erschüttern. Auch wenn der nächste Palast aus einem einzigen riesigen Goldklumpen geformt wäre. Auf dem Wege dahin allerdings wurde ich wieder einigermaßen nüchtern. Denn Indien ist leider nicht nur eine Märchenidylle aus 1001-Nacht, vielmehr ein Land von undurchsichtiger Problematik.

Herbert von Karajan

Nur ein paar Takte zwischen Bruckner und Haydn

Wunder lassen sich nicht herbeibeten. Mit den Wünschen ist es nicht unähnlich. Man trägt sie oft ein Leben lang mit sich herum, eines Tages trägt man sie zu Grabe. Es sei denn, man hat Fortune, glaubt an die gute Fee oder, wenn es sein muß, sogar an den Teufel und seine Großmutter. In meiner Branche, in der es bekanntlich nicht gerade wie im Kindermärchen zugeht, glaube ich neuerdings auch an die Segnungen, mit denen häufig erstklassige Telefonvermittlungen in ebenso erstklassigen Hotels ausgestattet sind. Von da kam das Wunder. Der Rest war schierer Zufall! Ich wollte beileibe kein Zimmer buchen. Ich wollte etwas viel Einfacheres. Ich wollte ›lediglich‹ Herbert von Karajan sprechen, den berühmtesten Dirigenten.

Wie das funktionieren sollte, war mir damals im Mai 1981 ebenso unklar wie jenen, die mich damit beauftragt hatten. Ich probierte also erst dies, dann das, dann fand ich heraus, daß der Meister in einem Berliner Hotel sei, aber keinesfalls sprechen wollte, geschweige denn mich sehen – man riet mir, zunächst dort vorsichtig anzurufen. Daß ich innerhalb von achtundvierzig Stunden schließlich vor Ort und ihm persönlich gegenübersaß, hatte ich einer angenehmen anonymen Telefonstimme des Berliner Kempinski-Hotels zu danken. Sie kannte das ›Problem‹ und hielt mich in Abständen von mehreren Stunden auf dem laufenden. Und in

Atem. Sie diktierte strikte Bedingungen: nur ohne Tonband dürfte ich erscheinen, nachmittags um drei zur Orchesterprobe an einem Montag in der Philharmonie müßte es sein. Und nur eine halbe Stunde könnte das Ganze dauern. Oder gar nicht. Kurz – kein Manager der Welt hätte mich besser im Griff gehabt.
Als nach dem aberdutzendsten Telefonat alle Unklarheiten beseitigt waren, wäre es fast noch danebengegangen. Alle Berlin-Flüge waren ausgebucht. Warum, wußte niemand. Wollten sie alle dorthin, wo ich mich mühsam über Draht hingeschmuggelt hatte? Irgendein Passagier hatte ein Einsehen, er kam nicht, der Platz war frei. Am Ort meiner Wünsche angekommen, fuhr ich mit einem rasenden Taxi in die Konzerthalle. Zur Probe durfte ich kommen, hatte es geheißen, nicht mehr. So wie ein Kind seinen Geburtstagsvers auswendig herunterleiert, spielte ich meine wenigen Möglichkeiten gedanklich immer wieder durch.
Das berühmte Haus betrat ich durch den Bühneneingang. Der Pförtner war freundlich. Na, Gott sei Dank! Forsch sagte ich mein Sprüchlein. Darauf er: »Na, dann jehn Se mal ruff, junge Frau.« Gut durchatmen jetzt, vielleicht begegnet er dir auf dem Gang, dachte ich. Blöd! So jemand geht nicht über den Gang, mischt sich nicht auf Hintertreppen unters Volk. An irgendeiner Tür, es gibt Dutzende dort, zu denen mich der Pförtner freundlich hingeschickt hatte, mußte ich jetzt wohl oder übel klopfen. Keine Antwort. Ich wollte schon wieder umkehren, das ganze Unternehmen sausen lassen. Da sah ich einen Herrn mit Geige kommen, einen Musiker also, der sich wohl auch wunderte, warum ich so zaghaft an die Türen klopfte. Auf freundliche Aufforderung trug ich mein Anliegen vor, da meinte er nur ganz trocken:
»Also, da kommen Sie ja gerade richtig. Wir fliegen morgen nach London, können Sie nicht ein andermal vorbeisehen?«

»Nein, das geht nicht!« Ich muß wohl letztes Selbstbewußtsein in der Stimme gehabt haben, jedenfalls meinte er: »Soso, na dann kommen Sie mal mit in die Kantine und trinken erst mal was Warmes. Nachher nimmt Sie schon der Richtige in Empfang.«

Langsam kriegte ich wieder Mut. Auch eine sogenannte Klappstulle mit einer Tasse Tee aus dem Pappbecher kam über die Theke. So, wo jetzt hin? Die Kantine füllte sich mehr und mehr – das müssen ja Hunderte sein, überlegte ich, und vielleicht gehst du am besten doch rasch wieder, ehe es ernst wird. Nur, um – so wie es aussah – gar kein Wort mit dem Meister sprechen zu können. Plötzlich tippte mich ein Herr an.

»Sind Sie die Dame, die mit bei der Probe ist? Ihr Name bitte?« Artig gab ich Auskunft. »Nachher können Sie für ein paar Minuten ins Dirigentenzimmer kommen.« »Danke vielmals«, sagte ich, »aber was mache ich jetzt?« »Ich sag Ihnen das gleich, irgendwo Platz nehmen im Saal. Und übrigens – wir spielen Bruckner, die Fünfte, nachher noch von Haydn ›Die Uhr‹.«

Ich kam mir vor wie jemand vor der Operation, der dem Doktor nicht mehr von der Bahre springen kann. Also denn! Außer mir waren nur noch drei oder vier Personen im riesigen Konzertsaal, das Podium war inzwischen vom Orchester in großer Besetzung gefüllt. Endlich: Herbert von Karajan erschien! So, wie ihn die Welt auch kennt, in einem schicken Rollkragenpulli anstelle des Fracks, den Blick geradeaus gerichtet. Dann hob er den Stock. Die Fünfte von Bruckner – und für mich ganz alleine? Ich traute mich schier nicht zu atmen, hatte total vergessen, was ich ihn fragen wollte, (wenn er mich überhaupt ließe...), hörte einfach nur zu, und war – wie es so schön heißt – in das Werk und den Meister versunken. Gelegentliches Abklopfen vom Pult, leise

knappe Anweisungen. Irgendwann ein furioser Schluß. Wunder lassen sich eben doch planen!
Aus meinem Traum schreckte mich der reizende Herr von vorhin. »Wenn Sie jetzt bitte kommen wollen.« Ach je, jetzt gab es also kein Zurück mehr.
Herbert von Karajan empfing mich liebenswürdig an der Tür zu seinem Dirigentenzimmer. Ich nahm Platz, er fragte zunächst nicht nach meinen Wünschen, überließ mir die Partie. Von Musik, erinnere ich mich, haben wir nur sehr peripher gesprochen. Es war ihm angenehm, wie mir schien. Ein paar Sätze fielen über gewisse mediokre Zustände unserer Zeit, den damals gerade auf dem Höhepunkt befindlichen Terrorismus. Es kam mir trotzdem vor, als würde ich ihn schon Jahre kennen, den Mann, den man rund um den Globus mit uneingeschränkter Bewunderung als den ›Jahrhundertdirigenten‹ feiert. Von diesem und jenem, von seinen zukünftigen Schallplattenaufnahmen, bevorstehenden Tourneen, von seinem strikten Tagesablauf war auch noch die Rede.
Plötzlich ein diskretes Pochen an der Tür. »Wir müssen bitte weitermachen, Herr von Karajan«, sagte eine Stimme höflich. Das hieß für mich aufhören, das hieß, ich hatte zwar ein Ziel erreicht, ihn nämlich kurz kennengelernt. Aber ein richtiges Interview? Verpaßt, dachte ich nur!
»Also, Sie wollen doch sicher was von mir«, sagte Herbert von Karajan so ganz nebenbei und zückte sein Notizbuch. Ich dachte, jetzt fällt die Philharmonie ein. »Jaja, natürlich«, sagte ich schnell, »aber Sie hatten nicht zu erkennen gegeben...« Weiter kam ich nicht.
»Ich lasse immer sofort erkennen«, kam es heiter, aber bestimmt, »und wenn es mir nicht gepaßt hätte, dann wären Sie hier jetzt nicht 15,5 Minuten (genau gestoppt, du liebe Güte), sondern höchstens eine halbe gesessen. Also was soll

es sein und wann? Denn eigentlich gibt es von mir überhaupt nichts mehr zu berichten. Und Sie wären seit Jahren die erste wieder, mit der ich so ein, wie haben Sie das genannt, also so ein Psychogramm machen würde.« Ich dachte, wenn sie bisher gehalten hat, die Philharmonie, dann fällt sie bestimmt jetzt ein. Aber Hans Scharoun hatte wohl gut gebaut.

»Rufen Sie meine Mitarbeiterin in Salzburg an«, sagte Herr von Karajan, »sie arrangiert das übrige. Sie können ein paar Tage zu den Proben von Falstaff kommen, nur zuhören und sich informieren. Dann zur Generalprobe. Dann machen wir das Interview. Macht unterm Strich eine knappe Woche, reicht Ihnen das?«

Du lieber Gott, das Haus stand immer noch. Aber die Musiker durften nun nicht mehr warten. Meine Uhr tickte anscheinend richtig, im Saal sollte diejenige von Haydn gespielt werden. Ich ließ Mantel, Tasche, Schirm, Notizblock im Büro Karajan zurück und stürzte noch einmal auf meinen schon angestammten Platz. Danach ging alles ganz schnell. Rasches Händeschütteln! Es war ja auch alles abgemacht. Auf Wiedersehen in Salzburg! Halt, eine Schallplatte hatte ich mir noch signieren lassen – damit ich nicht später zu Hause womöglich das Gefühl gehabt hätte, diese Begegnung in einer Art Trance erlebt zu haben.

Daß ich Herbert von Karajan dann nicht mehr gesprochen habe, gehört zu jenen tragischen Umständen, die man als Journalist auch verkraften muß. Dritte höhere Gewalten hatten es verhindert. Wohlverschlossen neben der signierten Schallplatte liegt seitdem ein Schreiben vom Büro des Maestros. Für die kleine Rose, die ich ihm als Zeichen meiner Bewunderung geschickt hatte, ließ er herzlich danken. Und er ließ mich auch wissen, daß man das Interview vielleicht später doch noch einmal und bei passenderer Gelegenheit

nachholen könnte. Oft habe ich gedacht: Welch ein Riesenglück, daß du ihn wenigstens damals in Berlin auf so ungewöhnliche Weise erwischt hast! Das Später habe ich dann nicht mehr probiert!
Aber traurig bin ich bis auf den Tag, daß unsere zweite Begegnung nicht zustande kam. Denn Herbert von Karajan, den ich beinahe privat erleben durfte, ist mir in Erinnerung als ein Mensch, der keineswegs ›überirdisch‹ ist. Oder mich mit seiner Genialität erdrückt hätte. Vielmehr ist er ein fast scheu wirkender, introvertierter Herr alter Schule, neben dem ich mich einfach wohl gefühlt habe. Was man ihm sonst gelegentlich an unangenehmen Eigenschaften ans Revers heftet, habe ich nicht zu spüren bekommen.

Leonor Fini

Westfälischer Schinken für die Katz'

Die schöne Extravagante hatte schwer zu tragen: Aus aktuellem Anlaß in den Blickpunkt der Öffentlichkeit gerückt, von der deutschen Kunstkritik mehr mißachtet, denn beachtet, hätschelte sie ihr zutiefst gestörtes Verhältnis zu all jenen gründlich, die sie immer noch nicht für voll nahmen. Und das nach Jahren effektheischender Werkelei. Fast neigte man dazu, mit ihr zu schmollen. Doch dazu war kein Grund: Im Klimmzugverfahren wurde ihre lange Mühe längst reichlich belohnt. Leonor Fini, Wahlfranzösin ohne Alter, in Argentinien geboren und in Triest aufgewachsen, ist längst wer.
Zwar entzog sie sich trotzig sowohl menschlicher wie künstlerischer Etikettierung, auch jedem sachlichen Gespräch über Kunst, Kultur und über ihre Malerei im besonderen. Denn zu der Zeit – man berücksichtige – war sie ja beleidigt. Ich bat die Malerin trotzdem um ein Interview.
»Lesen Sie alles über mich in meinem neuen Buch, dann brauchen Sie mich nicht mehr zu fragen. Sie können alles abschreiben, denn Interviews sind mir genauso verhaßt wie die Polizei.« Solches empfiehlt sie über Draht mit nicht überhörbarem Biß auf Schreiberlinge aller Provenienzen jenseits des Rheins.
In der Tat, das »Große Bilderbuch der Leonor Fini« ist das beste Aushängeschild zu Person und Werk dieser, wie es scheint, letzten originellen Malerin unserer Tage. Auf mehr

als 200 Seiten in bester Ausstattung ist es ein Spiegelbild aus der Welt einer schillernden, bis fast zum Grotesken hinreichenden Persönlichkeit, deren Kunst häufig nur eine gefährliche Nuance vom Kitsch entfernt scheint, in deren konsequenter Durchführung aber ungemein viel betörende, ja atemberaubende Faszination liegt. Mit brillanter Technik hat sie ihre Motive allesamt im Reich des Phantastischen, des Märchenhaften angesiedelt. Ihre Figuren, zumeist nackte Feen, Sirenen, Kindweiber, Sphingen und Tiermenschen, tragen nur selten diesseitige Züge; vielmehr sind es Ausgeburten einer nimmermüden Phantasie, die trotz aller Laszivität und zuckriger Schönheit im Ausdruck, den Hauch von bitter-süßer Morbidezza nicht vertuschen können.

Leonor Fini, die Lust und Ekel, Liebe und Tod gleichermaßen verkraftet und in ihren Werken zur Perfektion getrieben hat, reflektiert sich zweifellos in vielen ihrer Bilder. Eine Traumtänzerin also, die ihre eigenen Wünsche, Hoffnungen, Sehnsüchte, Enttäuschungen in einem Rausch von Farben und Formen abzureagieren wünscht? Womöglich im Bereich ihrer künstlerischen Ausdrucksmöglichkeiten eine Männerfeindin obendrein oder zumindest ein Geschöpf, das männliche Elemente nur als schmückendes, sprich notwendiges Beiwerk vermarktet? In ihrem Œuvre nämlich läßt sie diese Spezies höchst kärglich wegkommen, dann aber haut sie mit zierlichem Strich kräftig auf die ›erotische Pauke‹. Man möchte ihr wünschen, daß sie dem aus Fleisch und Blut gebastelten anderen Geschlecht realistischer gegenübersteht. Nun, die Fini, zwischen Surrealismus und Symbolismus pendelnd, ihrer ungezähmten Grundstimmung entsprechend auch als Neo-Manieristin zu deuten, lächelt huldvoll anscheinend nur für ihre berühmten Freunde. Auch läßt sie bei sich nur eintreten, wer die Gnade hat, nicht als ›unterbelichteter Kulturgänger‹ zu gelten. Während ihre Bilder in

Galerien von New York bis Mailand zu finden sind – die Nobel-Salons der internationalen Society nicht zu vergessen –, wird sie bei uns vorwiegend nur von Liebhabern gesammelt. Das wahre Feeling für die deutsche Kunstszene und ihre Mächtigen konnte sie wohl bisher noch nicht erahnen. Allerdings: Not muß die Grande Dame der Malerei deshalb nicht leiden. Stolze Preise zwischen 80 000,– bis 100 000,– DM sind – wie man hört – im Gespräch, wenn ein Original den Besitzer wechselt. Daß im Laufe der Jahre etliches von Hand zu Hand ging und nicht Unerkleckliches abwarf, sollte die große Meisterin eher gnädig, denn gereizt stimmen. Dachte ich mir.

Indes, das Arrangement einer persönlichen Begegnung mit ihr hat eher etwas mit hochdiplomatischem Verwirrspiel auf höchster Ebene zu tun, das im Zweifelsfalle genauso endet. Denn, offenkundig schon mit dem Hang zur großen Allüre geboren, treibt sie die elitäre Verweigerung, sich von Angesicht zu Angesicht sympathisch finden zu lassen, auch in ausgewachsenem Zustand mit Vergnügen bis zum Exzess. Ihr liegt nichts daran, die gierig vom gesamten ›Blätterwald‹ ausgeschlachteten Hymnen ihrer französischen Dichterfreunde Genet und Eluard zu entkräften, die einmal ihre Kunst als ›wollüstig und mit Arsenik gepudert‹, zum anderen sie selbst als ›schöne Schwester des Narziß‹ besungen haben. Schwarz auf weiß gedruckt empfindet sie solches eher als Zumutung und hält es für Formulierungen, die nicht etwa von ihr anerkannten Geistern, sondern den gänzlich unbedeutenden Gehirnen anonymer Zeitungsleute entsprungen sein müßten.

Wie interessant oder kapriziös sie tatsächlich ist, wie sie in ihrer Welt lebt, davon wollte ich mir ein eigenes Bild machen. Madame gab die Zusage zu einem Termin. Nicht allerdings ohne vorher in Telefonaten und handgeschriebenen Briefen,

Bedingungen zu stellen, sie wiederum zu verwerfen, ungehalten, dann wieder voller Charme und Witz zu sein. Sie fing an, mich mehr und mehr neugierig zu machen.
Leonor Fini, unverheiratet, mit 17 Katzen und einem Sekretär ›bestückt‹, wie sie es nennt, residiert in der Pariser Rue de la Vriellère und neigt zu preziöser Selbstdarstellung. Ihr Bilderbuch läßt ein gewaltiges Lied davon singen. Üppige Gewänder, die Sucht, sich super-dekorativ herauszuputzen, dabei aber nie die Pose der katzenhaften Dämonin außer acht zu lassen, müssen keine negativen Kriterien sein. Im Gegenteil. Wer es sich heute noch leisten kann, sich wie eine verruchte Halbgöttin aus antikischen Verfallzeiten zu gebärden und dennoch gut dabei zu leben, verdient eher Bewunderung.
Wenn es die Fini in Paris nicht mehr hält, zieht sie sich in ihr Landhaus an der Loire zurück. Mit allen Katzen selbstverständlich. Und auch in ihrem Kloster auf Korsika, wo sie alljährlich ein großes Kostümfest nach der Art der venezianischen Prunkbälle veranstaltet, sind die exotischen Hausgenossen allesamt dabei.
»Rufen Sie mich vom Hotel aus an«, hatte sie mir empfohlen, »vielleicht können wir dann ein bißchen plaudern. Und wenn Sie mir gerne etwas mitbringen wollen (was ich artig angeboten hatte), dann vielleicht einen westfälischen Schinken und Kopfschmerztabletten.«
Das klang zu normal, um wahr zu sein. Schnell überflog ich noch einmal die Zeilen, die sie mir vor unserer Verabredung ins Haus geschickt hatte. »Gnädige Frau«, liest sich's da unter anderem wörtlich, »die Interviews finde ich unausstehlich, und ich muß Ihnen im stillen verraten: Ich hasse am meisten die Magazine. Wollen Sie zu mir drei Minuten kommen? Ich glaube, es genügt: Sie werden sehen, ich trage keinen Bart – sogar Schnurrbart nicht – ich hab' keine Glatze – bin nicht

pucklig – ich bin 1 m 75 hoch – ich lasse selten meine Zunge am Boden schläppen... Was wollen Sie, Liebchen, noch mehr?«
Madames witzige Phase hielt nicht lange vor. Daran gewöhnt, wie eine Zirkusdompteuse die Puppen launisch nach ihrer Pfeife tanzen zu lassen, ließ sie den Termin kurz nach meiner Ankunft in Paris platzen. Als ich sie wie verabredet anrief, sie nur noch kommentarlos den Hörer hinknallte, blieb mir nicht etwa das Herz stehen. Ich disponierte um und genoß Paris für ein paar Stunden, frei von Strapazen. Die Hoffnung, daß die Dame sich doch noch eines Besseren besinnen würde, ließ mich später noch einmal zum Telefon greifen. Der Sekretär, oder wer auch immer, zumindest ein Mann, vermeldete die unvorhergesehene plötzliche Abreise der Meisterin nach Italien.
Auf meine Frage, wann sie wohl wiederkäme, wußte er nichts zu sagen, mir schien eher, daß er sich nicht traute. Was mich wiederum wunderte, denn nach allem, was man liest, umgibt sich Leonor Fini wenn, dann nur mit Männern, die ihr ebenbürtig sind!
Zu Hause angekommen war ich zwar um eine attraktive Begegnung ärmer, aber um einen herrlichen westfälischen Schinken reicher. Ich habe ihn mit großem Genuß verspeist. Und bei jedem Bissen, wovon mir keiner im Halse stecken blieb, an die wunderbare Leonor Fini gedacht. Was willst du Liebchen noch mehr?

Wanda Ferragamo

Zeigt her eure Füßchen, zeigt her eure Schuh

Seit mehr als 50 Jahren steht, wenn es um Füße geht, für gekrönte Häupter der obersten Kategorie, für Filmstars der ersten Güteklasse und für eine Vielzahl anonymer Großbürgerlicher ein Name ganz oben: Salvatore Ferragamo. Die schönsten, die bequemsten, die modischsten Schuhe kamen und kommen bis auf den Tag aus seiner ›Werkstatt‹ in Florenz. Und was vor einem halben Jahrhundert einmal klein begann, ist heute weltweit zum Begriff geworden. Und auch der Normalsterbliche legt lieber ein paar Mark zu, um sicher zu sein, daß ihn der Schuh hier wirklich nicht drückt.
Am 4. Mai 1985 feierte man im Stammhaus des Familienunternehmens Ferragamo, im ehrwürdigen Palazzo Feroni ein Fest besonderer Art: den 25. Todestag des Begründers. Prominenz aus aller Welt war zusammengeströmt, um der heutigen Konzernchefin Wanda Ferragamo und ihren sechs Kindern dafür Reverenz zu erweisen, daß es im Sinne ihres Mannes, einem der ›berühmtesten Schuhmacher der Welt‹ nicht nur weiter –, sondern immer steiler nach oben gegangen war. Und was einerseits zur glanzvollen Familienfete wurde, gelang auch zum Kulturereignis an einem Platz, der normalerweise nur den klassischen Künstlern vorbehalten ist. Der Palazzo Strozzi öffnete einige seiner Säle und stellte Ferragamos ›Schuhwerk aus 50 Jahren‹ aus. Was der Herzog von Windsor bevorzugte war ebenso zu sehen, wie das, was

die einheimischen Leinwandgrößen Sophia Loren, Gina Lollobrigida oder Hollywoodstars wie Marilyn Monroe, Ava Gardner, Paulette Godard am liebsten an den schlanken Fesseln trugen. Ganz zu schweigen davon, womit einst die ›Göttliche Garbo‹ ganz irdisch herumlief und auch, was Marlene Dietrich für die ›berühmtesten Beine‹ der Welt ›mit Kopf für Fuß‹ von Salvatore Ferragamo entwerfen ließ.

Ich traf Wanda Ferragamo lange schon vor dieser Kunst- und Glamourparade zum ersten Mal in ihrem Haus in Fiesole, unweit Florenz. Ich erwartete eine knallharte Business-Frau und traf eine Dame, die in erster Linie eines ausstrahlt: Mütterlichkeit total! Nichts Mondänes umgibt sie. Nicht Eitelkeit auf (sicher unschätzbaren) Reichtum. Sie ist schlicht ein Mensch mit der noch immer vordringlichsten Sorge um die inzwischen längst erwachsenen und im Betrieb mitarbeitenden Kinder, genau wie um die Enkel. Auch darum, daß ich schnell einen wärmenden Kaffee bekomme, und mich in ihrem mit großem Geschmack eingerichteten Haus wohlfühle. Ich mochte Wanda Ferragamo von der ersten Sekunde an. Sie imponiert mir. Und ich höre fasziniert zu, als sie erzählt, daß sie bis zum Tode ihres Mannes nie etwas mit seinen internationalen Geschäften zu tun hatte. Nur für die Kinder und ihn da war.

»Als er plötzlich starb, da blieb mir gar nichts anderes übrig, als einfach hineinzuspringen«, sagt sie heute ganz selbstverständlich. »Wir waren eine glückliche Familie, Salvatore hat mich zu Lebzeiten auf Händen getragen«, und dann sagt sie ganz still, »es war meine Pflicht, sein Vermächtnis zu erfüllen.« Die heute 60jährige Arzttochter, die aus dem gleichen süditalienischen Dorf wie ihr Mann stammt, nahm die Geschicke des Hauses ab 1960 resolut alleine in die Hand. »Seitdem«, so erzählt sie ruhig weiter, »haben meine Kinder und ich auch noch die Produktion von Ferragamo-Taschen

und einer gewissen sportlich-eleganten Mode ins Programm mit aufgenommen.«
Wanda Ferragamo, mehr als 20 Jahre jünger als ihr verstorbener Mann, hat die Energie von mindestens zwanzig Männern. Das attestieren ihr respektvoll sämtliche Mitarbeiter. Auch die drei Söhne und drei Töchter, die alle führende Positionen im Konzern einnehmen, lieben die patente Mutter. Aber sie lassen auch keine Zweifel aufkommen, daß die letzte Entscheidung noch immer sie hat. Als Unternehmerin, das mußten Wanda Ferragamo sogar die geschäftstüchtigen Amerikaner bestätigen, ist sie nicht nur für ihr Heimatland Italien, sondern ganz allgemein eine Ausnahmeerscheinung. Sie hat es geschafft, sich in einer von Männern regierten Welt mit Leistung an die Spitze zu bringen.
»Handwerk hat goldenen Boden«, hat mein Mann immer gesagt.
Wanda Ferragamo erwähnt es beiläufig während unserer Unterhaltung. Sehr goldenen, dachte ich mir, nun mittlerweile geradezu geadelten. Denn eine der Töchter hat einen Marquese zum Mann, die zweite einen Herrn Visconti aus der ersten Florentiner Gesellschaft.
Wie ihr Tagesablauf ausschaut? Wanda Ferragamo lacht mich an. »Ganz normal, ich frühstücke, lese Zeitung, drehe eine Runde im Swimmingpool und dann fahre ich ins Büro. Dann wird alles mit meinen Kindern und den leitenden Angestellten durchgesprochen. Gelegentlich fliege ich entweder mal nach Amerika in unser größtes außereuropäisches Geschäft oder mal nach Paris oder nach Fernost, um überall nach dem Rechten zu sehen. Das muß sein. Ach, und dann habe ich jetzt angefangen, in der Nähe meines Hauses ein kleines Museum einzurichten.« »Für Kunst?« »Nein, nein«, Wanda wehrt fast verlegen ab. »Handwerkliches ist es, das unsere Bauern hier für die Ernte und den Wein früher ver-

wendet haben. Ich finde es wichtig, daß diese Dinge nicht vergessen werden!«
Nur abends manchmal, da fühlt sich die Wanda Ferragamo oft einsam im großen Haus. Ein Eingeständnis, das ich ihr nicht abpressen muß, sie sagt es von alleine. »Sie sind alle ausgeflogen, meine Kinder, auch die Enkel studieren bereits in England oder Amerika.« Ein bißchen wehmütig klingt es. »Und immer wenn ich weiß, daß einer von ihnen irgendwo unterwegs ist, habe ich Angst, es könnte ihm etwas zustoßen. Ich bin halt noch immer so eine Art Familienglucke geblieben. Das Wohl und Weh meiner Kinder ist mir mehr wert als die phänomenalste Geschäftsbilanz!« Sie seufzt, aber schon lacht sie wieder und meint: »Einfacher wäre es schon, wenn der Salvatore noch leben würde. Dann hätte ich jemand, mit dem man über alles reden könnte, so über das, was die Kinder eben nicht interessiert.« Sie führt mich in die Bibliothek, greift ein Buch heraus und sagt: »Da steht alles über uns drin, nehmen Sie es bitte.«
Der Titel klingt zu schön, um wahr zu sein: »Shoemaker of Dreams« – »Schuhmacher der Träume«. Das Bilderbuch-Business-Leben der Wanda Ferragamo und ihrer Familie, so kommt es mir vor, ist sicherlich ein ziemlich echtes. Hier wird zwar hart für den Erfolg gearbeitet, aber, und da scheiden sich die Geister gewaltig gegenüber manch anderen Industriellenfamilien, die menschlichen Belange sind davon nicht zerschlagen worden. Wanda Ferragamo und ihr Clan wurden von fixen amerikanischen Reportern schon mit den Dallas- und Denver-Leuten verglichen, zumindest, was die Umsätze betrifft; doch sie scheinen mir innerlich nicht sehr miteinander verwandt. Bei allem Geschäftssinn: die Ferragamos halten in erster Linie viel von Humanität. Und Wanda im besonderen von ihrem Lebensprinzip: »Ich mache es mit Herz, wo die anderen unnötig ihren Verstand strapazieren.«

Interviewer müssen zu ihren Gesprächspartnern angemessene Distanz halten. Egal, ob sie ihnen unangenehm sind oder besonders sympathisch. Bei der Wanda Ferragamo kam ich, offengestanden, gelegentlich ins Schleudern. In einer Zeit, da nur noch vom Kommerz die Rede ist, und ob man sich gegenseitig nützlich sein kann oder nicht, ist sie wie eine Frau aus einer anderen Welt.

Der Palast, in dem vor 50 Jahren für Wanda und Salvatore alles angefangen hat, steht in Florenz in der Via Tornabuoni – auf deutsch – in der Straße der »Glücklichen Wiederkehr«. So eine Wiederkehr wünscht man sich öfters. Einfach dieser vortrefflichen Dame wegen. Das dachte ich, als ich sie verlassen hatte. Sie muß es geahnt haben. Kaum war ich weg, schickte sie mir eine kurze Mitteilung ins Hotel. Der amerikanische Weltstar Gregory Peck wurde von ihr zum Dinner erwartet. Und was im allgemeinen nur mit größtem Reporterglück gelingt oder nie, hatte Wanda Ferragamo so ganz einfach arrangiert. Der ›Filmtraummann‹ von Generationen diesseits und jenseits des Teiches saß neben mir gemütlich beim Abendessen. Wir plauderten angeregt und verabredeten beiläufig einen richtigen Arbeitstermin für später. »Damit sich unsere Begegnung auch gelohnt hat für Sie«, meinte Wanda nur, als ich strahlend ihr Haus verließ. Wandas gibt es leider nicht sehr viele...

Riccardo Muti

Träumt von Toscanini und Tagliatelle

Als der Italiener Riccardo Muti 1983 in Salzburg am 28. Juli die Neuinszenierung von Mozarts ›Cosi fan tutte‹ dirigierte, feierte er auf den Tag genau seinen 42. Geburtstag. Und den elften Jahrestag seines ersten Auftretens bei den Salzburger Festspielen. Ein Jahr später wiederholte er den Triumph vom Vorjahr mit der Wiederaufnahme dieser allzu lange unterschätzten Opera buffa. Als aber Muti zwei Jahre vorher 40 wurde, erfüllte sich für den damals jüngsten unter den Weltklasse-Dirigenten ein Wunsch, der ihm genauso lieb gewesen sein dürfte wie die enthusiastischen Kritiken, mit denen er seit Jahren lebt, und die hohen Gagen, von denen er aber diskreterweise nicht spricht. »Diesen runden Geburtstag« verkündete er mir strahlend, »konnte ich im eigenen Haus in Ravenna feiern – und im eigenen Bett schlafen.« Riccardo Muti hatte mich zu sich nach Hause eingeladen.
Berühmtsein kostet seinen Preis. Das hat der gutaussehende Neapolitaner längst begriffen – nicht erst, seitdem er, nun schon ein Jahrzehntlang, zu jener Minigruppe südländischer Großtalente gehört, die den etablierten Taktstockvirtuosen nördlich der Alpen und in der übrigen Welt längst die Schau gestohlen haben. Insider kennen Mutis Stellenwert seit langem. Mittlerweile hat es sich aber auch bei Normalverbrauchern in Sachen Kunstbetrieb herumgesprochen, daß Muti immer wieder als einer der heißesten Tips auf der Karajan-

Nachfolger-Börse gehandelt wird. Eine Spekulation, die er – als ich ihn direkt darauf anspreche – übrigens barsch und unwillig vom Tisch wischt.

Daß Gerüchte nicht von ungefähr entstehen, weiß er natürlich am besten. Immerhin war Muti bis vor kurzem der einzige Dirigent der Welt, dem gleich drei berühmte Orchester unterstanden. Eine Folge dieses Phänomens: Er war ständig auf Achse. Präziser: Seit Jahren wechselte er die Düsenjets wie Normalbürger ihre Hemden. Für einen, der ohne Anhang ist, mag solch ein ›Schleuderdasein‹ allemal noch funktionieren. Aber Muti, seit 18 Jahren glücklich verheiratet und Vater von drei Kindern, bastelt zusammen mit seiner 38jährigen Frau Christine verbissen an einem Patentrezept herum, um Privates und Karriere einigermaßen im Lot zu halten.

Weil dies zunehmend schwieriger wurde und Muti, wie er offen zugibt, ohne die ›familiäre Korsettstange‹ im Rücken seine Mammutprogramme auf Dauer wohl nicht geschafft hätte, hatte er sich kurzentschlossen als Chefdirigent von zweien seiner Orchester abgeseilt. Das Londoner New Philharmonia Orchestra, das er seit 1973 als Nachfolger Otto Klemperers leitete, dirigiert er nur noch gastweise. Das Florentiner Teatro Musicale hat er, auch aus anderen Gründen, verlassen.

»Wenn man ein bestimmtes Parteibuch zum Dirigieren braucht, bin ich nicht mehr zu haben«, kommentiert er diesen Entschluß lakonisch. Daß man ihm postwendend den Londoner Covent Garden antrug, hat ihn zwar sehr gefreut, wäre auch sicher eine reizvolle Aufgabe gewesen, wie er meint. »Aber dann hätte ich gleich alles beim alten lassen können.«

Behalten hat Muti nun nur noch eines der bedeutendsten Orchester der Welt, das Philadelphia Orchestra. Als Nachfol-

ger von Leopold Stokowski und des kürzlich verstorbenen Eugene Ormandy macht sich sein Name hier nicht schlecht. Trotzdem: bis 1986 ist der junge Maestro – er kann es drehen und wenden wie er will – ausgebucht. Neben den Berliner und Wiener Philharmonikern stehen für die nächsten Jahre immer wieder Aufführungen bei den Salzburger Festspielen und Gastspiele in München, Edinburgh und an der Mailänder Scala in seinem Managerkalender. Von den Plattenaufnahmen ganz zu schweigen. Da kann man verstehen, wenn er mal kräftig durchseufzt und sagt:
»Wenn ich mir diesen Terminsalat so beschaue, komme ich mir manchmal wirklich nicht wie ein Dirigent, sondern eher wie einer vor, den sie versehentlich auf die Abschußrampe von Cape Canaveral gestellt haben.« Und sehr deutlich fährt er fort: »Wenn ich nicht wüßte, daß es hier mein geregeltes Zuhause gibt, daß meine Frau Christine, sooft sie kann, allein oder mit den Kindern, die Unbequemlichkeit auf sich nimmt, in die Hotelsuiten von New York, Tokio, London oder Paris mitzuziehen, damit wir den Familienzusammenhalt nicht verlieren, dann hätte ich sicher schon durchgedreht.«
Er selbst scheut auch keine Strapazen, von wo auch immer, an den heimischen Herd einzufliegen. Auch wenn dabei manchmal nur zwei oder drei Tage herausspringen. Plausibel erklärt er mir den Grund: »Meine Frau hat meinetwegen ihr Gesangsstudium aufgegeben. Sie war der Meinung, daß *ein* Verrückter in der Familie reicht. Und auch die Kinder haben sich daran gewöhnt, daß ich kein Exote bin, sondern ein ganz normaler Vater. Wie andere Väter auch, die mit vielen Menschen zu tun haben, wie Ärzte oder Flugkapitäne. Christine hat ihnen das beigebracht.« Und die attraktive Christine muß auch dafür herhalten, wenn der Vielgefeierte behauptet: »Mir hat sie meine Flausen recht schnell ausgetrieben. Von ihr höre ich ungeschminkt, wann ich gut und

wann ich schlecht dirigiere. Sie ist in diesem Sinne mein einziger ganz ehrlicher Kritiker.« Daß sie den gutaussehenden ›Senkrechtstarter‹ auch aus anderen Gründen immer im Auge hat, erwähnt er wohlweislich nicht!
Riccardo Muti, dem die gestrengen professionellen Kritiker einhellig bescheinigen, er sei ein zum Dirigieren Berufener, ein Mann der musikalischen Leidenschaft ebenso wie des musikalischen Ordnungssinns, ein beinahe preußischer Pedant, dem Werktreue über alles geht, sagt über sich selbst: »Meine Karriere ist im Prinzip gelaufen. Das Problem der nächsten Jahre wird sein, mich ganz mit der Musik auseinanderzusetzen.« Ohne Zögern greift er das Reizthema selbst auf: »Karajan ist da mein großes Vorbild. Bei ihm sind Musik, Dirigieren und Orchester längst eins geworden. Er ist zweifellos der bedeutendste Dirigent, den wir derzeit haben. Und natürlich träume ich wie alle Italiener von Toscanini.«
Daß ich in Muti alles andere als einen Traumtänzer vor mir habe, und Südländer auch ganz schön eisig sein können, wird mir klar, als ich auf die Streicheleinheiten zu sprechen komme, mit denen er seine Sänger und Musiker nicht nur kurz hält, sondern sich auch von den größten Stars keine Allüren bieten läßt. Knapp und forsch sagt er: »Ja, das ist so. Wenn es keinen Grund gibt, kann ich nicht lächeln und nicht loben. Wer das nicht mitmachen will, kann sich gerne einen anderen Dirigenten suchen.« Als es mir spontan entfährt, daß ich nicht unbedingt Musiker unter seiner Fuchtel sein möchte, pariert Muti prompt und lacht schallend: »Das müssen Sie ja nicht, sprechen wir von anderen Dingen.«
Und flugs verwandelt sich der Musikantendompteur in einen Privatmann, der begeistert in der Privatschatulle kramt. Erleichtert registriere ich, daß einer, den seine Fans weltweit als eine Art ›Savonarola des Taktstocks‹ feiern, auch nur ein ganz normaler Mensch ist. Und weil ich es mit einem

waschechten Italiener zu tun habe, kommen wir von der hohen Kunst unmittelbar auf die Spaghettis.
»Ich könnte ohne Spaghetti nicht existieren, geschweige dirigieren, da fiele mir glatt der Taktstock aus der Hand«, beginnt Muti unser Gespräch über Kulinarisches und Kalorien. »Vor jeder Aufführung brauche ich eine Riesenportion Pasta mit Sugo, egal, wo immer ich auf der Welt bin.« Als ich zweifelnd anmerke, daß mir das zwar sehr italienisch aber doch ziemlich ›spanisch‹ vorkommt, weil er bei aller Spaghetti-Leidenschaft schlank und rank ist, weiß es Muti besser.
»Daß Spaghettis dickmachen, ist eine Legende. Richtig zubereitet gibt es nie Probleme.« Daß der Maestro diesbezüglich allerdings keine allzu glückliche Hand hat, erfahre ich unmittelbar darauf:
»Die teuersten und schlechtesten Spaghettis habe ich neulich in meinem Appartement in Philadelphia gegessen. Ich habe mich selbst an den Herd gestellt und versucht, etwas Genießbares auf den Tisch zu bringen. Leider lief da gar nichts. Ich hatte keine Ahnung, wie der Sugo gemacht wird, wie lange die Dinger kochen mußten. Kurz: ich habe mehrmals mit meiner Frau telefoniert und mir über Tausende von Kilometern Kochanleitungen geben lassen. Schließlich war ich Hunderte von Dollars fürs Telefon los, im Teller lag Ungenießbares, und ich legte mich hungrig ins Bett. – Wenn ich daheim bin, dann leben wir wie eine ganz normale Familie. Meine Frau und ich sind beide ausgesprochene Partymuffel«, erzählt Riccardo Muti weiter. »Ich treffe mich außer im Konzertsaal auch nie mit Kollegen. Denn bekanntlich wird dann nur übereinander hergezogen. Ich höre mir auch nur selten die Platten von anderen an. Die Beatles«, er grinst, »ja, die finde ich für mich entspannend, auch mal ein Buch lesen oder ins Museum gehen. Und außer Radeln und Skifahren,

wenn wir es uns zeitlich leisten können, treiben wir in der Familie keinerlei Modesport. Am liebsten«, so entfährt es ihm schließlich, »würde ich gar nichts tun oder spätestens mit 45 in Pension gehen.«

Riccardo Muti, der eigentlich Pianist werden wollte, der auf den Dirigenten-Sessel per Zufall kam, als er 20jährig ein Studenten-Orchester aushilfsweise dirigieren mußte, verrät mir nachdenklich, daß es für ihn einige Hürden zu nehmen gab, um überhaupt aufs Konservatorium zu dürfen.

»Brotlose Kunst hat mein Vater, der Arzt ist, die Musikmacherei genannt und darauf bestanden, daß ich noch was ›Anständiges‹ studiere. Pflichtgemäß habe ich mich für Philologie entschlossen.«

Den skeptischen Vater mittlerweile eines Besseren zu belehren, hatte der Sohn ausreichend Gelegenheit. Auch gewissermaßen dazu, den ersten Stein für sein eigenes zukünftiges historisches Denkmal zu setzen. Ab 1986 wird er die Leitung der Mailänder Scala übernehmen. Dann ist er knapp 45 und hat mit diesem Karrieresprung genau dasselbe erreicht, wie seine großen Vorbilder Toscanini und Karajan, die das berühmte Haus vor vielen Jahren geleitet haben.

»Künstler sind besessen, sie klagen nicht.« Für Riccardo Muti hätte Beethoven dieses bekannte Zitat gleichsam noch zusätzlich niederschreiben müssen, hätte er es nicht Bettina Brentano zugedacht. Denn besessen ist Muti allemal. Keineswegs übrigens nur, was die Musik seiner heimatlichen ›Hausgötter‹ Verdi und Puccini betrifft. Außer Beethoven, Mozart, Schubert, Schumann geht er mit Vorliebe an die Modernen heran wie Penderecki, Schönberg, Strawinsky. Nach dem Grundsatz: »Wir Dirigenten sind fürs Publikum da, nicht umgekehrt!«

So betrachte auch ich die Lage, wenn mich der jugendliche Maestro herzlich begrüßt, wo immer man sich zufällig begegnet! Oder mag es vielleicht daran liegen, daß uns sein vierjähriger Sohn Domenico, Nesthäkchen der Familie, zum Ende des Interviews noch anständig auf Trab brachte und ein bühnenreifes Meisterstück lieferte? Domenico Muti wollte plötzlich absolut nicht mehr bei Eltern und Geschwistern bleiben. Er wollte mit mir nach München fliegen. Brüllkonzert hier – Schweißausbrüche bei mir – Ratlosigkeit bei der Familie – das Kind blieb stur! Domenico packte eisern sein Köfferchen. Bis zu meinem Hotel spielte der Vater die Familienoper noch geduldig mit. Dann: schneller dramatischer Schluß, der Knabe wurde mir entrissen. Fluchtakt brutal beendet. Ich fiel erschöpft ins Bett!

Norman Mailer

Philosoph oder Sex-Magier?

»Nicht kleckern, nur klotzen« – das hat einer auf seine Fahne geschrieben, der es wissen muß, wie man erstens seinen Namen und zweitens seine Preise am besten in die Höhe jubelt: der amerikanische Erfolgsschriftsteller Norman Mailer. Seit seinem vor 25 Jahren geschriebenen Roman »Die Nackten und die Toten« gehört er zur Topklasse im internationalen Buchgewerbe – von Kritikern und Publikum gleichermaßen gehätschelt und gehaßt. Mit Skandalen, vornehmlich ausgelöst durch die von ihm bevorzugte Thematik Sex, lebt der 60jährige genauso selbstverständlich, wie mit den zwei Pulitzer-Preisen, die er im Laufe der Jahre abkassierte. Und wenn eines Tages auf ihn endlich auch der Nobelpreis herunterfallen sollte, dann nähme er ihn – eigener Aussage zufolge – natürlich gerne mit.

Als ich ihn traf, im Herbst 1983, hatte ihn bedauerlicherweise gerade zwar wieder einmal ein anderer erhalten, aber dafür hatte Norman Mailer, der von sich selbst sagt »einerseits bin ich Philosoph, andererseits ein perverser Typ«, was er übrigens bei Voltaire abgeschaut hat, soeben einen Vertrag unterschrieben, der ihn vorübergehend über die entgangene hohe Ehre hinweggetröstet haben dürfte: knapp 4 Millionen Dollar zahlte ihm sein amerikanischer Verleger für die Lieferung von drei Romanen. Das erste Opus aus dieser Trilogie, monatelang in den Staaten ein Renner, hat Mailer zwar zehn

Jahre Schufterei gekostet, dafür aber hat er alles in achthundert Seiten hineingepackt, was der Normalbürger gerade noch verkraften kann. Aufgehängt an der 4000 Jahre alten ägyptischen Geschichte, hat er hier zum Rundschlag in Sachen Erotik in allen Spielarten ausgeholt, dabei nichts ausgelassen und auch nicht vergessen, im besonderen eines klarzurücken: das Weib ist nichts, der Mann alles!
Naja, dachte ich, das kann ja heiter werden. Denn daß Herr Norman Mailer nicht nur kräftig – zumindest in diesem Werk – auf die Damen eintrommelt, sondern auch sonst nicht gerade sehr zugänglich ist, davon können alle die ein Lied singen, die den »Sex-Magier« interviewen wollen. Seit Jahren verweigert er sich. Von seltensten Ausnahmen abgesehen. Daß ich ihn – in einer Art ›Überraschungsangriff‹ innerhalb von 24 Stunden für genau eine Stunde vors Tonbandgerät bekam, gehört sicher in die Abteilung, »eine blinde Henne findet auch einmal ein Korn«. Und dabei begegnete ich einem Mann, der alles andere als ein Frauenvergewaltiger ist, vielmehr ist er eher jemand – einem intellektuellen Teddybären ähnlich –, der brav Rede und Antwort stand. Und der sich mit einem charmanten Augenzwinkern nach einigen Tonics wieder aus der New Yorker Hotelhalle empfahl, wo unser Gespräch stattfand.
»Ich sehe mich in der Tradition der Schriftsteller am nächsten bei Hemingway beheimatet«, eröffnete er unser Gespräch, »und gelernt habe ich vieles für diesen neuesten, meinen sicher besten Roman von Thomas Mann.« Das sagt er so selbstverständlich, daß es keine Debatte gibt. »Das ist mein bisher bestes Buch, meine Dame, keine Frage«, hakt er rasch laut noch einmal nach, damit ich es auch deutlich höre. »Wenn dem nicht so wäre, dann wäre ich nämlich elf Jahre mit der falschen Frau verheiratet.« Daß er vorher schon fünf andere Damen durch Eheschließung beglückt hat: eine Ärz-

tin, eine Journalistin, eine Jazz-Sängerin, eine Schauspielerin und eine Malerin (seine jetzige geht diesem ›Gewerbe‹ auch nach), womit er beim halben Dutzend angelangt und Vater von 9 Sprößlingen ist, erzählt er nicht ohne Stolz. Aber mit jenem Unterton des professionellen ›Ladykillers‹, der genau weiß, daß man in seinen Jahren anfangen muß, gelegentlich auch mal einen schönen Traum zu beerdigen. Aber Mailer ist vor allem auch ein Intellektueller. So will er mir zuerst klarmachen, daß er auf jeden Fall ein Sendungsbewußtsein als Schreiber hat:
»Ich will keine Gewalt über meine Leser haben«, sagt er, »nur Einfluß soll es sein. Gewalt bedeutet, daß man die Menschen manipuliert. Einfluß geben heißt, daß sie z. B. mit den Gedanken des Norman Mailer leben, ihre Probleme überdenken, aber trotzdem ihre eigenen Wege gehen. Schön die Idee«, und er nimmt genüßlich einen großen Schluck Gin, »wenn in 200 Jahren die Leute von mir noch sprechen als *dem Mailer*. Diese Illusion hat leider jeder Schriftsteller. Wenn man allerdings in meine Jahre kommt«, er seufzt leise, »dann ist es nicht mehr so wie in der Jugend, wenn man den Frauen imponieren will. Dann wird es schon wichtig, daß man seinen festen Platz im Karussell der anerkannten Schriftsteller hat.« Und mit lautem Lachen fügt er an: »Wir zeitgenössischen Schreiberlinge bekämpfen uns bekanntlich wie die Tiger, das ist nun mal so. Und was den Inhalt meines neuen Buches betrifft, Sex hin, Sex her, ich habe es weder wegen des Erfolgs, noch wegen des Geldes geschrieben [was ich ihm natürlich bedenkenlos glaube!]. Ich habe das Thema der alten Ägypter wegen interessant gefunden. Für mich ist Bücherschreiben wie eine Ehe. Wenn man etwas anfängt, wozu man keine Lust hat, dann ist das so, als ob man eine reiche Tante heiratet, an der man im Grunde kein Interesse hat.«

Woraus ich schließe, daß er derzeit glücklich und mit der Richtigen verheiratet ist! Und ungefragt läßt mich Mr. Mailer wissen, daß seine »Frühen Nächte« (Ancient Evenings), die er sozusagen mit der größten ›Wollust‹ seines Lebens geschrieben hat, und wo es jeder mit jedem treibt, ursprünglich den Sinn haben sollten: »Die Wiedergeburt nach dem Tod!« Was, nebenbei bemerkt, beiläufig auch vorkommt. Mailer, der während unseres Gesprächs temperamentvoll gestikuliert, die Sätze wie aus dem Schnellfeuergewehr schleudert, sagt plötzlich sehr ruhig und besonnen:
»Für mich stirbt und lebt jeder Mensch zweimal. Ich bin auch überzeugt, daß unsere Seelen unsterblich sind.« Und jetzt wieder ganz der große Charmeur: »Wenn *ich* wiederkomme, bin ich bestimmt ein Mönch.« Bevor wir den Privatmann Mailer abhandeln, erklärt er mir, warum er normalerweise weder TV- noch Zeitungsinterviews leiden kann.
»Das hat nichts damit zu tun, daß ich arrogant bin oder keine Lust habe. Aber wenn man immer wieder dasselbe sagen muß, dann tötet das die Intelligenz. Wiederholungen sind einfach schwachsinnig. Und wenn man dann wirklich einmal etwas Neues von sich gibt, bringt man entweder sich oder die anderen in Schwierigkeiten. Also sage ich im allgemeinen überhaupt nichts mehr.«
Warum er (gerade jetzt mal wieder im Kreuzfeuer der Presse), nicht zur gerade anlaufenden Frankfurter Buchmesse erscheint, fragte ich ihn: »Einfach, meine Liebe. Ich hasse solche Veranstaltungen. Jeder stellt seine geistigen Ergüsse zur Schau, natürlich sind meine auch dort. Aber was mich am meisten stört, ist, daß man ›abgelichtet‹ wird wie ein Politiker. Ständig 50 Blitzlichter im Gesicht hat. Zum Schauidioten wird. Das ist übrigens auch der Grund, warum die meisten Politiker so dusselig sind, wenn sie nicht schon von Haus so geboren werden.«

Und dann sagt Mr. Mailer ›cheers‹, hebt das Glas und erzählt – denn eitel ist er auch –, daß er jetzt leider ein bißchen Gewicht zugelegt hat. Der Dauerstreß des Schreibens hat ihn öfter zum Essen hingetrieben, als ihm lieb war. »Wenn ich arbeite«, sagt er, »dann tue ich das in meinem Brooklyner Studio ohne Pause. Das war in den letzten Jahren immer so. Normalerweise schreibe ich ein Buch am liebsten in Windeseile. Das ist dann so eine Situation, wie sie oft Filmregisseure erleben, die dann an nichts anderes als an ihren Film denken. Dann kann man keine sinnlichen Freuden genießen«, er lacht laut, »keine anderen Interessen pflegen, keine Hobbys.«
Daß Mr. Mailer normalerweise ein schneidiger Skifahrer und Surfer ist, sieht man ihm derzeit nicht unbedingt an. Auch nicht, daß er kürzlich zum letzten Mal im Boxring stand.
»Hin und wieder hat es in der letzten Zeit gerade noch dafür gereicht, mit den Kindern Squash zu spielen. Und anstatt mich um meine Frau zu ›kümmern‹, habe ich zur Entspannung abends Patience gelegt«, das sagt er und blinzelt mich unmißverständlich an. »Für sie, und sie ist wirklich eine gute Malerin und eine schöne Rothaarige ist sie außerdem«, seine blauen Augen strahlen jetzt, »muß ich in den letzten zwei, drei Jahren der langweiligste Bursche der Welt gewesen sein. Wer hält das schon aus, wenn der Kerl abends müde nach Hause kommt, Computer-Jazz spielt und darüber einschläft?«
Mailer nimmt noch einen letzten Gin und holt ein letztes Mal groß aus in Sachen Literatur und zwischenmenschlicher Beziehungen. Ich allerdings brauche jetzt auch etwas ›Hartes‹. Denn nun darf ich aus seiner privaten ›Erfahrungskiste‹ lernen; das ist zwar nicht unbedingt zur Nachahmung empfehlenswert, aber es klingt trotzdem nicht übel:
»Jedes Buch, das ich bisher geschrieben habe«, sagt er,

»stand in Zusammenhang mit einer Frau. Es gab auch mehrere Bücher, wo ich nur eine Frau hatte. Ich habe schon erwähnt, mit einer Frau verheiratet zu sein, heißt, in einem fremden Kulturkreis leben. Das ist auch mein ständiger ›fight‹ mit den Feministinnen, die nicht glauben wollen, daß die Beziehungen zwischen Mann und Frau tiefer sitzen, als die es wahrhaben wollen. Männer schauen in gewissem Sinne zu einer Frau als Kultfigur auf. Denn ein Mann beginnt sein Leben mit einer Mutter. Ein Mann kann nie Mutter sein. Und so traue ich auch denen nicht über den Weg, die behaupten, daß sie die Frauen lieben. Warum? Jeder, der mit Frauen schläft, ist im Sex gefangen, weiß, daß er von ihr als den Gegenstand seiner Begierde abhängig wird. Sie sind zwar eine Dame, pardon, aber ich sage es deutlich, jeder Mann, der Liebe macht, fliegt am Ende doch immer wieder auf den Hintern! Die Frau bleibt Siegerin.«

Ich nicke artig, zeige keinerlei Schwächen, was bleibt mir übrig? Er setzt zu seinem letzten Bekenntnis aus der Intimschublade an.

Das Glas mit ungebrochenem Charme in der Hand und so, als ging es um die neuesten Butterpreise, entblättert er seine Affäre mit einer 300 Pfund schweren schwarzen Dame. Mit ihr hatte er – Originalton Mailer: »Einmal und nie wieder bin ich mit ihr ins Bett gegangen« – ein offenkundig unvergeßliches Erlebnis. Es stammte noch aus der frühen Jugend. Er wollte es unbedingt an mich loswerden. Ich habe es einigermaßen geschickt verhindert, daß er mir Details offerierte.

Daß Norman Mailer trotz allem Narzißmus, den er zur Schau stellt, ein sensibler Zeitgenosse ist, das merkt man erst, wenn man ihm gegenübersitzt. Und dann wird auch schnell klar, daß es einfach zu Mailers Pflicht gehört, sein Image möglichst ›unmöglich‹ zu halten und viel Wind zu machen.

Denn die ›Kür‹ ist weltweit nicht gefragt, wenn sie einen rundum angenehmen Menschen zutage fördert.
Vier Wochen später ein neues Wunder. Amerikas ›Enfant terrible‹ lud zu sich nach Hause ein. Was er mit mir locker in der Hotellobby besprochen hatte, ließ Mailer nun auch noch mal – der größeren Wirkung wegen natürlich – als Interview fürs ZDF zu. Aber auch wenn Kameras im Spiel sind, das durfte ich rasch lernen, gibt es kein Pardon! Eine Stunde ließ er sich aufs Zelluloid nehmen. Dann ließ er uns einpacken. Zwei mal sechzig Minuten, sekundengenau gestoppt, hatte ich die Ehre Norman Mailer freiwillig und total. Das hält der Mensch nur mühsam aus. Ich brauchte damals einen doppelten Gin und auch noch einen Whisky obendrauf...

Marcia Haydée

Vollendete Grazie mit eisernem Rückgrat

Das Tanzwunder der Nation, geschaffen aus Arbeit und Disziplin, dafür geboren, nur mit Lust und ohne Frust den einsamen Höhenflug in Bereiche anzutreten, von denen die meisten gar nicht zu träumen wagen, ist gebürtige Brasilianerin, lebt in Stuttgart und heißt Marcia Haydée. Ich bin ihr zweimal begegnet, 1976, dann vier Jahre später noch einmal. Ihrer Faszination konnte ich mich genausowenig entziehen wie jene, die sie nur von der Bühne kennen. Seit Jahren setzt sie Zeichen, stürmisch gefeiert von einem begeisterten Publikum in aller Welt. Für ihre Darstellungskunst als ›Julia‹, ›Giselle‹, ›Kameliendame‹, die ›Odile-Odette‹ aus dem Schwanensee oder auch nur einen kleinen Pas de deux. Wer sie tanzen sieht, kann die Frage vergessen, wie so ein Wunder zustande kommt. Eine bündige Antwort steht da für alle Mutmaßungen: es ist die Selbstverständlichkeit ihres Könnens, die Mühelosigkeit, mit der sie fast überhaupt alles bewältigt, Hingabe und Trotz, Liebe und Tristesse. Eine Geste ist es oft nur, der Hauch einer Bewegung neben der totalen Beherrschung des Körpers. Ein verwehtes Lächeln. Ein mit vollendeter Grazie gestelltes Bein. Eine Handbewegung, die bezaubert. In solchen Augenblicken erkennt man das Geheimnis der Marcia Haydée, die schon lange im gleichen Atemzug genannt wird mit der Fonteyn, der Ulanowa.

Für die heute 45jährige Primaballerina Assoluta begann die Karriere, als John Cranko sie 1961 entdeckte. Fünfzehn Jahre später wurde sie überraschend auch zur Erbhüterin dieses, ihres 1973 verstorbenen, Prinzipals bestellt. Sie wurde Ballettdirektorin des berühmten Stuttgarter Ensembles.
Marcia Haydée, so zart und gebrechlich sie wirkt, ist trotz ihrer verwegensten Hochsprünge keine, die sich, einem überirdischen Vogelwesen gleich, nach Wolkenkuckucksheim verflogen hätte. Denn die selten Begnadete, die all die Jahre konkurrenzlos von Erfolg zu Erfolg tanzte, weiß, was sie will. Das zierliche, knapp 47 Kilogramm schwere Leichtgewicht schaut glasklar in die Zukunft. Mit wunderschönen braunen Augen übrigens, die das ganze Gesicht beherrschen. Als ihr persönliches Vermächtnis hat sie von Anfang an die Fortsetzung der von Cranko zu Weltruhm geführten Truppe gesehen. »Solange ich das Gefühl habe, daß mich die Compagnie braucht, würde ich nie aus Stuttgart fortgehen«, sagt sie, »nicht die verlockendsten Angebote der Welt können daran etwas ändern.«
Ihre Fünfzimmerwohnung, ein paar Minuten nur vom Theater entfernt, sieht die Haydée seit ihrer Berufung als Direktorin allerdings zumeist nur noch zum Schlafen und Frühstükken. Und gelegentlich an Wochenenden, wenn sie nicht irgendwo auf Gastspielreise ist. »Mein Zuhause ist nun einmal der Ballettsaal und der Direktorenstuhl. Da bin ich zwölf Stunden des Tages. Trotzdem bin ich glücklich, daß ich seit acht Jahren diese Wohnung habe«, erzählt sie mir, als wir uns dort zwischen zwei Proben auf ein Stündchen treffen. Daß sie seit einem Jahr hier allein lebt, ohne Richard Cragun, dem langjährigen Lebensgefährten, Startänzer des Ensembles und Partner vieler Traumrollen, erwähnt sie ganz selbstverständlich.
»Zwei Männer waren für mein Leben und meine Karriere

ausschlaggebend«, kommt es ohne Zögern. »John Cranko war mir geistiges und künstlerisches Vorbild. Richard Cragun habe ich einfach geliebt. Aber man muß weitermachen. Mit den Problemen, dem Leid wachsen die Kräfte. Man kann, man muß versuchen, das zu überwinden. Wenn ich daran nicht glauben könnte, wäre ich vielleicht schon untergegangen.«
Die Haydée spricht leise. Und so, als wollte sie den Eindruck verwischen, ihr Leben fortan nur noch auf dem Altar der Terpsichore zu opfern, fügt sie spontan lachend an:
»Alles hier in dieser Wohnung haben Richard und ich gemeinsam eingerichtet. Ein Architekt ist uns nie ins Haus gekommen. Richard spielt gern Klavier, deshalb bekam er eines Tages einen Flügel geschenkt. Das große Holzbett mit dem geschnitzten Baldachin in meinem Boudoir habe ich irgendwann bei einer Versteigerung in Norddeutschland erstanden, ehe es mir ein Museum weggeschnappt hätte. Übrigens, Richard und ich sind die besten Freunde geblieben. Und künstlerisch sind wir seit unserer Trennung eher noch besser geworden.«
Marcia Haydée, die in ihrer Wohnung auf alle modischen Extravaganzen verzichtet, und nur da und dort sparsam eine Antiquität placiert hat, zeigt mit besonderem Stolz ihren Wintergarten vor.
»Den habe ich nachträglich anbauen lassen, das war architektonisch in der dreistöckigen Jugendstilvilla gut möglich. Auf diese Weise habe ich ein bißchen Tropen um mich herum. Seit Jahren züchte ich hier in großen und kleinen Kübeln Blattpflanzen, die schon fast bis zu Baumhöhe herangewachsen sind. Ich brauche viel Grün um mich, ich spreche mit jedem Blatt, wenn es abfallen will«, erklärt sie mir, »man muß mit seinen Pflanzen reden, wenn sie gedeihen sollen. Sie sind genauso sensibel wie die Menschen.«

Die wenigen Stunden, die der Haydée für zu Hause verbleiben, verbringt sie am liebsten hier. Auf einer geschickt unter den Fenstern angebrachten umlaufenden Sitzbank, die mit großen Kissen bestückt ist, entspannt sie. »Hier lese ich ein Buch oder lege meine Puzzles, meine Lieblingsbeschäftigung, außer dem Tanzen natürlich«, sagt sie und strahlt mich an. »Ach, und weil ich eine bin, die ein Leben mit Problemen viel interessanter findet als ohne, habe ich meine eigene Therapie, um damit fertig zu werden. Ich genehmige mir von Zeit zu Zeit ein paar Stunden Tiefschlaf, dann bin ich wieder voll da.«

Wer die Haydée bei ihrer täglichen Arbeit erlebt, begreift, daß es so sein muß. Wie eine Vorarbeiterin ihrer Truppe im wahrsten Sinne des Wortes, trainiert sie täglich eisern zwei Stunden mit ihren Mädchen an der Stange. Weder der russische Ballettmeister Ursuliac, noch der Brite Beale, die abwechselnd die Compagnie schulen, lassen ihren ›göttlichen Füßen‹ etwas durchgehen, so sie eine Schwäche entdecken. Denn erstes Gebot lautet: Die Primaballerina muß Vorbild sein. Nach den Worten Crankos ist sie sogar nichts anderes als die Putzfrau der Truppe, die allen dienen muß. Nicht nur dem Ansehen nach draußen, den Rollen, in die sie Abend für Abend schlüpft.

Daß die Götter vor den Erfolg den Schweiß gesetzt haben, und daß nur aus knochenharter Arbeit die Wunder erwachsen, exerziert die Haydée ihren Kollegen Tag für Tag vor. Das Beispiel ihrer eigenen Besessenheit, der Wunsch sich immer noch mehr zu steigern, den Gipfel zu halten, wirkt auf ihre Umgebung, so hat man den Eindruck, wie eine Droge. Die Rechnung John Crankos, dessen Geschöpf sie war und dessen Geist sie fortträgt, ist aufgegangen. Auch was ihre privaten Interessen anbelangt.

»Ich habe Crankos Begeisterung zur alten griechischen Kultur

und den Philosophen genauso übernommen wie seine Freude am modernen Sirtaki-Tanz und der griechischen Küche.« Marcia Haydée blinzelt mich an. »Was das Essen betrifft, gibt's für mich aus Gewichtsgründen natürlich da Grenzen.« Daß sie manchmal im Jahr die ganze Truppe und viele Freunde in den eigenen vier Wänden zu selbstgemachten Menüs einlädt, verrät sie beiläufig. »Das hängt mit der Tradition meines Elternhauses zusammen«, sagt sie. »Bis heute bin ich übrigens auch sehr eng mit meiner in Rio lebenden Familie verbunden. Gastlichkeit schreiben wir daheim ganz groß. So halte ich es hier auch, wenn es sich zeitlich einigermaßen einrichten läßt.«
Die Haydée, eine Tochter aus begütertem Hause, wurde – ohne erkennbare Begabung – dreijährig in die Ballettschule geschickt. Als sich Talent abzeichnete, wechselte sie nach London in die Königliche Ballettschule über. Hier lernte sie schnell, daß alles, was man ihr bis dahin beigebracht hatte, falsch war. Das hieß von vorne beginnen. Das hieß auch Kummer. Und Kummer macht häufig dick. Sechzehn Kilo Übergewicht brachte die blutjunge Tänzerin damals auf die Waage und nur mittelmäßige Leistungen auf die Theaterbretter.
Als sie von Crankos Verpflichtung nach Stuttgart hörte, hungerte sie allen überflüssigen Speck ab, stellte sich einfach bei ihm vor und wurde prompt engagiert. Cranko später: »Marcia tanzte vor – ich weiß nicht, warum ich sie genommen habe, es muß wohl eher eine Ahnung gewesen sein.«
Heute erinnert sie sich: »So etwas vergißt man nicht, nie! Abend für Abend stand er in den Kulissen und sah mir zu. Tadelte, lobte, stachelte an, half mir. Er hatte recht, daß er mich bis zur Erschöpfung trainieren ließ. Das ist auch der Grund warum ich mich hier zu Hause fühle. Der Mensch kann nur eine Heimat haben. Dank Cranko habe ich sie hier

gefunden.« Daß sie für die späteren ›alten Tage‹ allerdings doch wieder am liebsten in der Geburtsstadt Rio sein möchte, verschweigt sie keineswegs. Schon seit Jahren besitzt sie dort ein Haus, in das sie sich irgendwann einmal zurückziehen wird.
»Wenn es so weit ist«, räumt sie ein. »Wenn es nach mir ginge, will ich noch viele Jahre hier arbeiten. Vielleicht kann ich eines Tages auch Crankos Traumidee verwirklichen und die ›Madame Bovary‹ von Flaubert tanzen. Aber jetzt müssen wir schnell weg, die warten im Theater auf mich.« Die Haydée drängt zur Eile. Unten steht schon ein Taxi.
Ehe wir das Haus verlassen, geht Parterre eine Tür auf. Ein Herr reicht zwei große Blumensträuße heraus. »Die sind vorhin abgegeben worden, wir wollten nicht stören«, sagt er und verschwindet diskret. Die Haydée lacht und sagt:
»Das ist fast jeden Tag so. Das kommt von Bekannten und Unbekannten.« Als wir schließlich im Auto sitzen, gesteht sie mir wie ein Schulmädchen und fast als ob sie sich dafür geniere: »Mich freut das immer wieder, komisch, wie? Jeder braucht eben so seine kleinen, wie sagt man, Streicheleinheiten. Ich auch.«

Alberto Moravia

Schreiben für die Ewigkeit

Unangenehm, sagen sie, sei er, der Italiener Moravia, ein launischer alter Mann, dem man bitte nicht zu nahe kommen soll. Ich besuchte ihn im Sommer 1980, zwei Jahre vor seinem 75. Geburtstag. Er empfing mich besonders höflich. Der international bekannte Schriftsteller, den man schon jahrelang als »ungekrönten Literaturpapst der Apeninnenhalbinsel« feiert und der auch seit Jahren immer wieder für den Nobelpreis nominiert wird, ist angeblich dem ›einfachen Leben‹ zugetan. Äußeren Aufwand habe er nie gebraucht, sagt der Herr mit dem markanten Denkerkopf, der eigentlich Alberto Pincherle heißt und seit mehr als fünfzig Jahren schreibt. Mindestens sechzig Bücher sind mittlerweile in Millionenauflagen von ihm in aller Welt in Umlauf. Dabei hat er seine Feder nicht nur an gesellschaftlichen und politischen Themen, sondern mit Vorliebe an denen der Erotik gewetzt. Geld und Wohlstand brachte ihm das Schreiben erst in den letzten zwanzig Jahren. Allerdings auch ständigen Ärger mit Kadi und Kirche. Aber Moravia, Sohn eines jüdischen Architekten, ist Kummer gewöhnt.
Seine Kindheit mußte er wegen einer Knochentuberkulose jahrelang im Bett verbringen. (»Da habe ich mit Lesen von Hunderten von Büchern alles verdrängt, was junge Menschen heute so unter Sex verstehen.«) Im Bett wurde er auch von einem Privatlehrer unterrichtet. Das hatte auch sein

Gutes: Moravia spricht außer seiner Muttersprache noch fließend Englisch, Französisch und Deutsch. Der berühmte Romancier, dessen etwas schleppender Gang lediglich noch an die Kindheit erinnert, empfängt mich in seiner römischen Wohnung. Er ist gut gelaunt und gesprächig, was mir nur recht ist.

»Mein Domizil«, sagt er gleich zu Anfang, »ist eigentlich gar keines. Denn dafür gebe ich keine Lira aus. Mich langweilt das alles.« Und während er mir sein Arbeitszimmer vorführt, wo sich Hunderte von Manuskripten und Büchern chaotisch stapeln, meint er, dem sonst nur selten die Starre aus Gesicht und Haltung weichen, schmunzelnd: »Sehen Sie hier, das ist mein sogenanntes ›Fantasiemilieu‹. Am liebsten würde ich diese ganze Literatur aus dem Fenster schmeißen und nur im Hotel schreiben. Mir reicht ein Tisch und ein Stück Papier. Kahl und anonym ist es mir am liebsten, ohne modischen Firlefanz.«

So ganz nehme ich ihm das nicht ab, denn immerhin besitzt der ›Asket‹ ein Haus am Meer, direkt neben dem Haus seines Lebensfreundes, dem verstorbenen Pier Paolo Pasolini. Außerdem nennt er noch ein Haus auf dem Lande und eine ›Ausweiche‹ in Venedig sein eigen. Damit das Ganze mehr an ein ›historisches Vorbild‹ heranreicht, erzählt er mir schnell von Beethovens Wohn-Vorliebe. »Der hat alle zwei Monate sein möbliertes Zimmer gewechselt.«

Ich frage Moravia ohne Umschweife, ob er, jetzt doch einigermaßen betagt, nicht Angst vor dem Tode habe.

»Nein«, sagt er, ohne Zögern. »Früher ja, da habe ich sehr am Leben gehangen, da gab es auch so etwas wie Angst vor dem Ende. Heute kann ich nur sagen: Ich lebe zwar, aber nicht mit großer Begeisterung.« Und wieder lächelt er verschmitzt. »Wissen Sie, ich schreibe für die Ewigkeit! Da bin ich ganz einfach eitel. Damit ist eigentlich die Frage mit

dem Tod, und was danach kommt, schon beantwortet. Und wenn ich ›Ewigkeit‹ sage, dann meine ich damit den Augenblick, in dem man etwas Ordentliches zu Papier bringt. Dieser Augenblick also zählt, nicht, was in den nächsten zwei oder zweihundert Jahren ist. Das ist meine Philosophie.« Und was für ihn noch dazugehört, das will er mir auch nicht vorenthalten: »Schreiben bedeutet für mich, daß man im richtigen Moment das richtige Thema hat, so sehe ich ein Werk, einen poetischen Höhepunkt. Und vor allem, wenn man sagen kann, daß das, was da steht, schön ist.« Mit den Lebensweisheiten Verstorbener nicht geizend, setzt er das Zitat seines englischen ›Kollegen‹ Keats noch drauf, der es genau definierte: »Schönheit ist Freude für alle Ewigkeit.«
Von Moravia etwas Privates zu erfahren, gelingt erst nach einigen Anläufen. Seit Jahren, das ist auch kein Geheimnis, lebt der Erfolgsschreiber (angeblich mit Trauschein) mit einer überzeugten Feministin zusammen. Sie ist vierzig Jahre jünger als er. Er findet das gut. Auch wenn es im gemeinsamen Heim – denn die Dame, die gleichfalls als Schriftstellerin unter dem Namen Dacia Mariaini erfolgreich tätig ist – nur gelegentlich etwas zu essen gibt. Und auch sonst nur noch wenig Gemeinsames.
»Ich brauche nicht viel. Meine paar Nudeln oder einen Tee koche ich mir jederzeit alleine. Mein Tagesablauf ist so eingerichtet, daß ich das Essen oft vergesse. Von acht bis zwölf sitze ich jeden Tag am Schreibtisch, nachmittags gehe ich ins Kino, abends früh schlafen.« Moravia ›berichtet‹. Mit abgehackten Sätzen, Eintönigkeit in der Stimme.
Daß seine zweite Frau zur Revolte neigt und keineswegs ein Hausmütterchen ist, gefällt ihm schon deshalb, weil er die Frau im allgemeinen – und nicht nur in seinen Büchern – als Revoluzzerin sieht. Auch nicht erst seit heute übrigens, wo es Mode geworden ist, auf die Barrikaden zu gehen. An die Ehe

im allgemeinen glaubt er nicht. Seine erste Bindung mit der auch nicht unbedeutenden Schriftstellerin Elsa Morante hat er zwar widerwillig vor vielen Jahren vom Pfarrer in der Kirche absegnen lassen. »Aber nur weil sie es wollte.« Daß das auch nichts nützt, wenn man sich nicht mehr versteht, sich satt hat, meinte er wohl, aber verzichtete diskret auf diese deutliche Formulierung, beurteilt er so:
»Die Institution der Ehe als solche scheint mir im Verfall, auf jeden Fall in einer Krise. Mit anderen Worten: Mann und Frau leben heute zusammen, nicht, weil sie nur mit dem Ring am Finger glücklich sein können, sondern schlicht, weil sie sich lieben.« Und überdeutlich fügt er an: »Ich liebe die Liebe auch.« Aber damit ich nicht womöglich auf seine ›leichten Mädchen‹ zu sprechen komme, die er zu gerne in seinen Büchern beschreibt, kommt er mir schnell zuvor und sagt: »Ich bin ein Mann wie jeder andere, habe nicht mehr und nicht weniger Erfahrungen mit Frauen als andere auch. Damit da keine Zweifel aufkommen! Sicher, als Schriftsteller habe ich mich oft dieser Thematik zugewandt, habe auch meine Phantasie spielen lassen, bin mal brutaler, mal dünnhäutiger im Formulieren – da bin ich dann denen gegenüber im Vorteil, die nicht künstlerisch tätig sind. Ansonsten betrachte ich meine Schreiberei auch nur als einen Job, wie ein Arzt, der Zähne zieht.«
Moravia, an dem sich schon mancher die Zähne ausgebissen hat, vergißt nicht, auch noch die alten Griechen und Römer zu bemühen. »Sie sind«, und damit will er endlich ganz deutlich von sich ablenken, »die einzigen, die überhaupt etwas von Sex verstanden. Wenn die darüber geschrieben haben, dann haben sie gewußt, was sie meinen.« Und so, als ob ich taub wäre, wird er auf einmal überlaut und sagt heftig gestikulierend: »Sex sollte nicht als Metapher begriffen werden, verstehen Sie, sondern als Realität. Und über reale

Dinge zu schreiben, ist ungeheuer schwer. Dazu muß man sehr alt werden, so alt wie ich. Wenn man jung ist, meint man, daß Sex irgend etwas Ungeheuerliches ist. Sex ist gar nichts. Basta!«
Der lange Exkurs über Zwischenmenschliches hat ihn jetzt etwas erschöpft. Eigentlich will er nicht mehr weitermachen. Da spricht er plötzlich sein Lieblingsthema, die Langeweile, an. Titel eines seiner bedeutendsten Bücher. Und so als wollte er es unbedingt noch an mich loswerden, sagt er: »Den Ausdruck ›Langeweile‹ habe ich damals im Sinne von Angst benutzt. Und heute ist das übrigens nicht anders. Noch immer quälen mich Ängste, nicht nur mal hin und wieder. Täglich. Um nicht überheblich zu sein, nenne ich es einfach ›noia‹, Langeweile, ja so ist das.« Der Meister seufzt einmal tief durch. »Wenn ich nicht Schriftsteller geworden wäre«, sagt er unvermittelt, »dann hätte es für mich nur noch die Malerei oder die Archäologie gegeben.« »Warum?« »Maler können unpolitisch sein, und Archäologen sind ständig an der frischen Luft.«
Zum Malen hat's bei ihm nicht gereicht, politisch betätigt er sich zwar nicht öffentlich, aber seine Meinungen sind nicht unbekannt. Zu mir sagt er in diesem Zusammenhang nur: »Wenn sich die Großmächte nicht bald arrangieren, dann kann es durchaus sein, daß irgendsoeiner mal ›versehentlich‹ einen dritten Weltkrieg auslöst. Für mich sieht das ganze Theater, das derzeit aufgeführt wird, nicht sonderlich positiv aus.«
Da fährt er dann lieber schnell noch in die Welt hinaus, meint er. Möglichst bald nach Kenia, in die Sahara oder sonstwohin. Reisen gehört zu den wenigen Dingen, die ihn nicht langweilen. »Ich bin schon fast überall auf der Welt gewesen, und wenn mir noch genug Zeit bleibt, dann möchte ich am liebsten überall noch einmal hin.«

Wie wäre es noch einmal mit China? denke ich plötzlich. Als Moravia das ›Reich der Mitte‹ einmal besuchte, hat er in seinen Tagebucherinnerungen vermerkt, wie wohltuend er es doch empfand, hier endlich einmal keine Reichen sehen zu müssen.
Dieses Bekenntnis haben ihm die Chinesen allerdings ebensowenig gedankt wie die Russen. In China ist nicht eines seiner Bücher gedruckt worden, in Rußland genau zwei. Ein drittes ruht seit Jahren bei einem sowjetischen Verleger, der damals nur eine kleine, ihm zu schlüpfrig erschienene Passage ändern wollte. Auf diese Korrektur wartet Alberto Moravia noch bis heute.
Moravia, der mit seinem letzten Buch »1934« vordergründig zwar ein politisches Thema aufgegriffen hat, konnte es natürlich nicht lassen, trotzdem eine Lovestory, diesmal mit tragischem Hintergrund, einzubauen. Selbstmord ist das Thema. Daß er sich mit seinem berühmten französischen Kollegen Albert Camus diesbezüglich nicht auf gleicher Wellenlänge befindet, stört ihn wenig. Camus, der den Selbstmord als rein philosophische Frage behandelt, wird von Moravia realistisch ›bearbeitet‹.
»Mein Buch soll eine Art Botschaft sein. Niemand hat das Recht, sich zu töten. Man muß das Leben so nehmen wie es ist, damit fertig werden. Der Tod kommt von selbst, man kann sich den Zeitpunkt nicht aussuchen. Genausowenig, wie man danach gefragt wird, ob man geboren sein will oder nicht.«
Und wohl in Erinnerung an sein eigenes schweres Los als Kind beschließt er unser Gespräch, jetzt Härte in der Stimme und Überblässe im plötzlich fast zur Grimasse erstarrten Gesicht: »Besser, ohne Hoffnung zu leben und an die Wahrheit zu glauben, als sich umzubringen.«
Ob er vielleicht doch Angst vorm Sterben hat? Mit dieser

Frage im Kopf, verlasse ich diesen nicht unumstrittenen letzten Grandseigneur ›alter Schreibschule‹.
Als ich ihn zwei Jahre später in seinem Haus am Meer wiedersehe, hat er seine Meinung nicht geändert. Aber die Lebensgefährtin hat einer noch Jüngeren Platz gemacht.

Ruth Leuwerik

Dame ohne Skandal und Tadel

Als ich Ruth Leuwerik im Herbst 1973 zum ersten Interview traf, kam ich als jemand, dem sie sich nur sehr zurückhaltend offenbarte. Ich erinnere mich gut: sie hatte mich zum hausgemachten Zwetschgendatschi eingeladen, geworden ist daraus im Laufe der Jahre eine Art Freundschaft. Mit gemeinsamen kleinen Reisen (oft ohne die Ehemänner!), Spaziergängen durch die Museen, Gesprächen zur weltpolitischen Lage, aber auch über Alltägliches wie Kleider, Kosmetik, Frisurprobleme.
Ruth Leuwerik, das wußte in den fünfziger Jahren bald jedes Kind, war Leitbild und Idolfigur einer ganzen Nation. Die Leuwerik, das war eine sympathische, junge Frau, die trotz Zartheit entschlossene Tatkraft und (hartnäckigen) Optimismus ausstrahlte.
So wenigstens war das Bild, das man der Öffentlichkeit von ihr präsentierte, dem Filmbild gemäß. Die ›neue deutsche Frau‹, ohne Furcht und Tadel – kreiert vom unerschütterlichen deutschen Willen nach Wiedereinkehr in die Idylle –, ein Seelchen wohl auch.
Als Traumpartner blieb an der Seite der grazilen Zelluloidkönigin in der Erinnerung ein für allemal einer hängen: O. W. Fischer. Daß er tatsächlich nur zweimal diesen Platz neben ihr besetzte, nämlich in ›Ein Herz spielt falsch‹ und ›Bildnis einer Unbekannten‹ spricht nicht eigentlich gegen dieses

Gespann. Schließlich hat es bis auf den Tag ausgereicht, sie zum idealen Filmliebespaar einer Epoche zu stempeln.
Die Deutschen liebten diese Leuwerik. Auch für ihre anderen Lichtspielstücke, wie ›Geliebtes Leben‹ (dafür erhielt Ruth Leuwerik 1954 den Bundesfilmpreis), ›Königliche Hoheit‹, ›Ludwig II.‹, ›Rosen im Herbst‹, und, und, und...
Die damals Vielgefeierte, die in den heute wehmütig gepriesenen ›goldenen Fünfzigern‹ von Erfolg zu Erfolg eilte, ist 1985 selbst eine Dame, die die Fünfziger gerade hinter sich hat. Eilig hat sie es nicht mehr. Denn aus dem Filmgeschäft ist sie längst so gut wie ausgestiegen. Als sie 1959 auf dem Höhepunkt war, rollte die Halbstarkenwelle an.
»Das war nicht meine Sache. Ins Klischee der Aufbegehrenden hätte ich mich nie drängen lassen!« Sie zog sich langsam zurück: »Wenn etwas vorbei ist, soll man nicht versuchen, es zurückzuholen oder zu wiederholen.« Kein Hauch von Bedauern, von Wehleidigkeit. »Wenn man alles gehabt hat, kann man auch mit Ruhe aufhören. ›I'm tired...‹ – ›Von Herzen müde des Lebens, krank durch Vergnügungen, müde des Schreibens... fühlte ich die dringende Notwendigkeit, dem Gang meiner Ideen eine neue Richtung zu geben...‹«
War es dieser Satz von Lord Byron, den sie schnell und ernst in englischer Sprache anfügte, und den ich so manchesmal, wenn von ihrer Karriere die Rede war, immer mal wieder von ihr gehört habe, und der, so wie nebenbei zitiert, überhaupt nicht nach Bildungsprotzerei schmeckt? Dann spricht sie begeistert und kenntnisreich über diesen Byron, einen ihrer Vorzugspoeten. Über ihn, aus dessen Mund auch als einer seiner letzten Sätze vor dem Tode dieser überliefert ist: ›Meinen Sie denn, daß ich Angst um mein Leben habe...? Warum sollte ich es beklagen? Kann es mir noch irgendeine Freude bringen? Habe ich nicht im Übermaß genossen?

Wenige Menschen können schneller leben, als ich es getan habe...‹ Byron war 36 Jahre alt geworden.
Schnell merkt man als Gesprächspartner der Leuwerik, daß sie nicht nur über Literatur ›plappert‹, sondern weiß, wovon sie spricht. So ist auch Thomas Mann nicht von ungefähr einer ihrer Favoriten. In der zehnteiligen Fernsehserie »Die Buddenbrocks« war sie vor einigen Jahren erfolgreich die Konsulin. Wenn man mit ihr über die toten Dichter und Denker spricht, kann es sein, daß sie nachdenklich sagt:
»Wenn man mit etwas Schluß gemacht hat, dann kommt es sehr darauf an, was dessen Stelle einnimmt. Mein Leben heute füllt mich aus, so wie es ist. Ich vermisse nichts.«
Die Leuwerik von heute ist seit 1969 mit dem Augenarzt Dr. Purper verheiratet. Das Häuschen in München, mit erlesenem Geschmack eingerichtet, ist Refugium für beide. Und die Leuwerik von heute ist auch keine, die unter Ruhmesentzug leidet.
Im Gegenteil: noch immer von mädchenhaftem Zauber und zurückhaltender Eleganz, ist sie für ihre immer noch große Fangemeinde nicht weniger attraktiv als jene, deren Name einst in Überlettern von den Kinotheatern herunterprangte. Die Zeiten, zu denen man ihr, wo immer sie auftrat, den roten Teppich ausrollte, vermißt sie nicht.
»Mir ist es am liebsten, wenn ich auf meinen eigenen Teppichen, und möglichst unbehelligt vom Filmgeschäft heutiger Machart, herumlaufen kann«, sagt sie ohne Frust, wenn man auf ein Comeback zu sprechen kommt. An Angeboten fehlt es nämlich nicht. »Für ein anstrengendes Filmleben bliebe mir heute keine Zeit. Mein Mann und ich haben so viele gemeinsame Interessen wie Reisen, Literatur, die schönen Künste. Nein, danke.«
Ihre kurze Ehe mit dem weltberühmten Bariton Fischer-Dieskau ist auch kein Thema. Da es Skandale im Leben der

Ruth Leuwerik nicht gibt, endete diese Verbindung auch ohne Schlagzeilen.
»Wir haben keineswegs was gegeneinander, der ›FD‹ (wie sie ihn nennt) und ich. Wenn wir uns gelegentlich begegnen, ist das problemlos. Unter erwachsenen Menschen kann es doch auch gar nicht anders sein.« Ruth Leuwerik lächelt bei solchen ›Aussagen‹ sehr souverän. Dabei fiel mir ein, was ich seinerzeit in einem Nachschlagewerk über sie, die blutjunge, gelernte Bühnenschauspielerin, so schön ›menschelnd‹ nachgelesen hatte: »Die zugleich sanfte und beseelte Kraft ihrer Persönlichkeit lieh sie allen Figuren.«
Daß sie heute die gelackte Fassade des Films meidet, gehört bei aller Popularität, die sie noch immer genießt, zu den Grundsätzen, die ihre Persönlichkeit ausmachen. Ganz aus dem Rampenlicht konnte sie sich jedoch bis auf den heutigen Tag nicht zurückziehen. Seit Jahren entscheidet sie aktiv in der Jury über bayerische Subventions- und Preisvergaben an Filmemacher mit und bleibt so immer auf dem laufenden. Von den jungen Regisseuren schätzt sie besonders Wim Wenders. Ein Film mit ihm? Sie lacht.
Ein Gespräch mit Ruth Leuwerik? Warum nicht, habe ich mir damals couragiert gedacht. Und seitdem all die Jahre gerade diese Begegnung als eine besondere Bereicherung gesehen. Auch wenn ich bis heute eigentlich nicht so recht verstehen kann, warum sie sich so hartnäckig als Schauspielerin und Interviewpartnerin verweigert. Und das Ganze mit der so schön variierbaren Formulierung begründet:
»Es ist alles gesagt, und ich habe unserer geschwätzigen Zeit nichts hinzuzufügen.«

Marcello Mastroianni

Il bello gallo oder der Amore-Macher der Nation

»Mit 50 kommt der Knick. Der Lack ist ab. Und wenn ich ehrlich bin, fühle ich mich wie einer, der ungeduldig auf einen Zug wartet und heimlich betet, daß er nicht kommt.« Der Mann, der nichts dabei findet, sich gleich bei der Begrüßung selbst so kritisch unter die Lupe zu nehmen, ist inzwischen fast 61. Daß er immer noch im Wartesaal steht, will ich nicht hoffen! Der vor Jahren schon zum Prototyp des internationalen Frauenhelden avancierte Mime macht es mir zunächst nicht leicht, daran zu glauben, daß er im ›höheren Alter‹ mehr mit Zurückhaltung, denn mit Verve ans süße Leben ranzugehen gedenkt. »Il bello Marcello« – seit mehr als einem Vierteljahrhundert als einer der wenigen krisenfesten Markenartikel seines italienischen Heimatlandes gehandelt, ist heute wie damals – bei aller verdrängten Angst um Potenz und Existenz, die er mir als sein größtes Problem ›verkauft‹ – attraktiver denn je. Mir war sofort klar, daß ihm das auch klar war. Genauso, wie er auch gut kalkuliert, wenn er immer noch mit dem von ihm begeistertem Publikum in aller Welt rechnet.

Nach dem Motto: willst du gelten, mach dich selten, verlief auch der Einstieg in seine Feudalvilla im Nobelviertel an der Via Appia in Rom. Das hatte etwas vom Anstrich einer hochdiplomatischen Staatsvisite. Bis ich Herrn Mastroianni in voller Schönheit endlich vor mir hatte, mußte ich nicht nur die Aurelianische Festungsmauer überwinden, hinter der er sich vor Jahren angekauft hat und damit automatisch unter Denkmalschutz gestellt wurde; auch das zahlenmäßig kaum überschaubare Aufgebot an dienstbaren Geistern, (sprich Agenten, Hausdiener, usw.) war zu ›knacken‹: und sie sind gut gedrillt. Je nach eigener Laune oder der ihres Herrn, verleugnen sie ihn oder lassen persönlich über Draht mit ihm verkehren.

Hat man allerdings endlich den Fuß zwischen der Tür, kommt das Gefühl überhaupt nicht auf, etwa geweihtes Territorium betreten zu haben. Auch ich kam mir sofort wie eine gute Bekannte des Hauses vor. Marcello Mastroianni empfing mich ohne viel Aufhebens, ein bißchen scheu, sehr zuvorkommend, bedächtig abwartend. Was für ein sympathischer Typ denke ich mir, noch ehe wir richtig miteinander warm werden. Komisch: er, der längst zum ›Amore-Macher der Nation‹ gekürt worden ist, hat so gar nichts von jener großen feurigen Casanova-Allüre an sich, auf die ich sehr wohl gefaßt war, und die man ihm nach Heimwerkermanier so stimmig umgehängt hat. Womit er's macht, vermochte ich auf die Schnelle nicht zu ergründen! Doch sein treuer Dackelblick, sein hilflos-rührendes Lächeln, seine verhaltene Art, verfehlten ihre Wirkung auch auf mich nicht. Ich muß es gestehen! Erinnert man sich an seine Welterfolge wie »Scheidung auf italienisch«, »Achteinhalb« oder »La dolce vita«, weiß man, warum er schon zu Lebzeiten in die Filmgeschichte eingegangen ist. Kein Zweifel: der Mann hat ein geheimes Klingelspiel.

Während unseres Gesprächs serviert ein äthiopischer Livrierter Espresso in goldenen Täßchen. Ich versuche zu ergründen, warum Marcellos berühmte ehemalige Gefährtinnen ihm einstimmig das Verhalten eines unberechenbaren Löwen attestiert haben und schiebe diesen Aspekt schließlich

auf sein sicher angeborenes Phlegma. Ich bekomme es auch zu spüren. Ohne Lockerungsübungen, zu denen ich mich zwar nicht gerade auf den Kopf stellen mußte (aber viel fehlte nicht), lief auf Anhieb nicht viel mit ihm. Daß man davon hört, er sei auch ein Knicker und beglücke die Damen seines Herzens gelegentlich bestenfalls mit einem ausrangierten antiken Möbelstück aus seinen diversen Besitzungen, muß nicht wahr sein. Und berührte mich nicht. Für mich verbindet sich dieses umlaufende Gerücht lediglich mit der unauslöschlichen Erinnerung an ein Fingerhütchen voll Mokka, das pro Kopf und Kehle im Verlauf unseres längeren Beisammenseins gereicht wurde. Aber das hatte sicher nichts mit seiner oder italienischer Sparsamkeit zu tun (oder doch?). Marcello wollte mich gewiß nicht verdursten lassen. Er hatte vermutlich nur vom teutonischen Wohlverhalten abrücken wollen, wonach es da wiederum bekanntlich als unfein gilt, wenn der Kaffee nicht literweise auf den Tisch kommt.
Es war Ende November. In Rom frühherbstlich warm. Die Sonne schien, wir konnten zunächst noch im Freien auf der überdachten Terrasse sitzen. Der parkähnliche Garten, den die antike kaiserliche Mauer umschließt, hat viel von gepflegter Wildnis. Der Besitz, nach unseren Sprachregeln in die Kategorie ›gedämpft hochherrschaftlich‹ einzustufen, ist – o Wunder – gänzlich ohne Protz. Hier ist nichts Neureiches, nichts Stilvoll-Aufgepfropftes. Mastroianni, Sohn eines Schreiners, der ursprünglich Architekt werden wollte, hat spürbar Hand angelegt.
»Manches«, so erzählt er mir, »hätte ich gerne noch ein bißchen pfiffiger, noch mehr Holz, noch mehr Glas – aber ich darf leider nicht wie ich will, die Denkmalpfleger machen sonst Schwierigkeiten!«
Er stöhnt hörbar auf. Seitdem er vor 35 Jahren vom Filmemacher Visconti fürs Theater entdeckt wurde und den Archi-

tekten zu Grabe trug, gab es für ihn indessen kaum mehr ernsthaft Anlaß zu stöhnen. Es sei denn, vor der Kamera für Geld. Viel Geld!

»Mit meinen Filmen habe ich mir dann auch den Traum verwirklicht, zumindest so eine Art Amateurarchitekt zu werden, auch wenn ich ein schlechter Verwalter meines Vermögens bin«, sagt er mit leidender Stimme. Immerhin – das ist beruhigend – hat es für dieses Stadthaus gereicht, für einen (wie man weiß) schloßähnlichen Besitz am Meer und einen Landsitz in der Toskana.

»Überall habe ich mit dem Geld, das ich verdiente, ein paar künstlerische Ideen mehr umsetzen können. Als ich neulich fast über Nacht ein Gemälde von Max Ernst verkaufen mußte, da habe ich mich schier selbst verkauft«, sagte er beinahe weinerlich. »Das kam knapp in die Nähe der Prostitution.«

Als ich auf einen ›Riesenschinken‹ des italienischen Malers Renato Guttuso deute (der noch am Platz hängt) und den lebensgroßen etruskischen Sarkophag in der Diele erwähne, von den anderen kleineren und größeren Kostbarkeiten, die herumstehen und -hängen ganz zu schweigen, schweigt Mastroianni auch. Der Gedanke an weitere Kahlschläge durch Steuereinnehmer hat ihm sichtlich die Sprache verschlagen.

Daß er den schönen Künsten ebenso zugetan ist wie den schönen Frauen, gibt er ohne Verzierungen preis (Mastroianni original: »Sie sind für mich genauso lebensnotwendig, wie der Sprit für meine diversen Sportwagen«). Ich finde diesen Vergleich allerdings für meine Spezies nicht sehr schmeichelhaft. Und sage ihm das. Er grinst nur dazu.

»Eigentlich habe ich immer etwas gegen dieses verdammte Lover-Etikett gehabt«, fährt er fort. »In erster Linie bin ich Schauspieler.« Und wie zur Entschuldigung dafür, daß er nun mal mit diesem attraktiven Brandmal herumläuft und auch leben muß, weist er bescheiden auch auf seine vielen Charakterrollen hin, die er gespielt hat.

»Aber es ist hoffnungslos, ich kann machen was ich will«, kommt es resigniert aus ihm heraus, »Für die meisten bin und bleibe ich der typische Italiener, dem man einfach zujubelt, wenn er liebt. Was sagen Sie?«

Ja, was soll ich sagen. Eigentlich kann ich nur zustimmen. Und im übrigen mit ihm hoffen, daß sein damals gerade in Italien angelaufener neuer Film »Todo moro« ihn zumindest kurzfristig vom Liebhaber-Trauma freistellen würde. Durch die Rolle vorgegeben, durfte er nämlich in die Priesterkutte steigen und sich kräftig mit Politikern und Industriebossen anlegen.

Der gläubige Sozialist Mastroianni, der für alle Bereiche des Lebens den Kompromiß ganz groß auf seine Fahne geheftet hat, handelt im übrigen die allgemeinen politischen Zustände höchst gelangweilt ab: »Hätten die alle besser regiert, gäbe es nicht dauernd diese Krisen. Ich lebe von meiner Arbeit«, sagt er, jetzt mit ungewohnter Emotion in der Stimme. Damit ist das Thema für ihn abgeschlossen.

Als ich mich bei ihm so umschaute, kamen mir allerdings gewisse Zweifel, ob es wohl auch unter anderen Voraussetzungen so flott bei ihm weiterginge: Die Vorstellung, den millionenschweren Schwerenöter womöglich eines Tages im Siedlerhäuschen wiederzufinden und in der Nachbarschaft von verpönten kulturellen Kleingärtnern statt vergoldeter Antiquitäten grüne Tomaten abstauben zu sehen, schien mir reichlich absurd. Die Sorge, daß es dahin kommen könnte, muß man zum Glück nicht haben. Schon kurz nach unserer Begegnung ging Mastroianni wieder vor die Kamera. Um jedes Risiko auszuschließen, nahm er dafür wieder mal seine Lieblingspartnerin Sophia Loren ins Schlepptau.

»Ein Schauspieler, der die Fünfzig hinter sich hat, muß Rollen spielen, die auch sein Alter reflektieren! Den Filmregisseur, den ich in Fellinis ›Achteinhalb‹ vor 15 Jahren gespielt habe, der war mir auf den Leib geschneidert. Die Figur paßte auch in die Zeit: sensibel, intelligent, impotent.«
Wie bitte? Und Mastroianni, nun fast vor Temperament sprühend: »Für jetzt und alle Zukunft wünsche ich mir lauter solche Rollen: Männertypen, die in die heutigen Verhältnisse passen.«
Der Schauspieler Mastroianni ist in vieler Hinsicht dem Manne Mastroianni ähnlich: er ist sensibel und intelligent. Impotent wohl nicht, das würde er sicher auch nicht besonders passend finden. Immerhin ist er noch ein spätes Mal Vater geworden. Die Tochter Chiara stammt aus der Verbindung mit der französischen Aktrice Catherine Deneuve. Seitdem, so gibt er offen zu, hätte er Geschmack daran gefunden, ›laufende Meter‹ Kinder in die Welt zu setzen.
»Ich bin hoffnungslos sentimental«, sinniert er vor sich hin, »und es ist beinahe ein Jammer, daß ich nicht von jeder Frau, die ich mal geliebt habe, ein Kind habe.« Ach du lieber Gott, denke ich leise, und er laut: »Noch ist nicht aller Tage Abend.«
Mastroianni, der mit Altersneurosen kokettierende Weltstar wechselte damals immer häufiger seine Herzensdamen. Waren es kurzfristig die Schauspielerinnen Jacqueline Bisset und Faye Dunaway, denen er seine Gunst schenkte, ist es zum Zeitpunkt unseres Gespräches eine dreißigjährige Römerin, mit der er im siebten Monat und wohl auch im siebten Himmel ist. Mit der Branche hatte sie nur insofern zu tun, als sie eine schauspielernde Schwester hat. Die Brötchen verdiente sie als Presseagentin.
Daß es neben den aushäusigen Amouren des Marcello Mastroianni auch noch eine legale Ehefrau gibt, weiß man.

Doch das Paar macht seit Jahren nur noch auf dem Papier
voneinander Gebrauch. Philosophiert Mastroianni:
»Jeder Bankangestellte an der Ecke ist ein besserer Liebhaber
als ich. Wissen Sie, im Grunde glaube ich, daß es nur eine
große Liebe im Leben gibt. Auch für die eheliche Treue bin
ich absolut. Ich kann nur bedauern, daß es bei mir nicht
geklappt hat. Ich bewundere alle, denen es nichts ausmacht,
wie siamesische Zwillinge aneinandergekettet zusammen alt
zu werden.«
Flora Carabella, Schauspielerin wie der berühmte Gatte, ist
die Frau, die Mastroianni vor 30 Jahren geheiratet hat. Aus
dieser Ehe gibt es die Tochter Barbara. Mastroianni und seine
Frau haben nie an Scheidung gedacht. Nach dem Grundsatz:
Jeder macht was er will, schafften sie sogar die ›Silberne‹
miteinander. Man ist gut Freund, wischt sich aber dennoch
gegenseitig manchmal gerne eins aus. Denn Flora, die plötzlich leibhaftig während unseres Gesprächs erscheint (sie ist
keineswegs im entfernten Amerika, wie der Hausherr auf
meine Anfrage kurz vorher geflüstert hatte), hat die Tochter
der Anderen fest im Hause aufgenommen. Signora Mastroianni, eine aristokratische Erscheinung, blaß, feingliedrig, mit
einem El-Greco-Gesicht, genießt ihren kurzen Auftritt sichtlich. Sie hat nichts dagegen, als ich sie um ein Foto zu zweit
bitte. Sicher ist es eine Ewigkeit her, daß die beiden so in aller
Öffentlichkeit Eintracht mimten. Unter Mitnahme ihres
Zwergpudels empfahl sich die Dame des Hauses dann auch
rasch wieder. Als sie hocherhobenen Hauptes von dannen
schwebte, hatte sie zumindest eines klargestellt, daß in einer
Ehe auf italienisch immer noch *sie* bestimmt, was unterm
gemeinsamen Dach geschieht.
Nach ihr rückten zu Mastroiannis Unbehagen auch noch die
französische Nurse und die lustig vor sich hinplappernde
Tochter Chiara an. Der sympathische Hausherr (er holt

sich zur inneren »Abkühlung« jetzt aus der Hausbar eine große Flasche Mineralwasser), der sichtlich Mühe hatte, den Spontanauftritt seiner Frau Gemahlin zu verdauen, ist erst mit der Tochter im Arm wieder halbwegs in Form.
»Schade, daß ich schon so alt bin, aber mit diesem Kind wird man beinahe wieder jung«, sagt er, um die ungewollte Familienidylle rasch vom Tisch zu bringen. »Ich bin glücklich, daß Chiara wenigstens zeitweise hier im Haus aufwächst. Meine Frau ist auch sehr dafür«, setzt er artig, aber, wie mir scheint, einigermaßen erschöpft hinzu. Nach Paris, wo die schöne Mama Catherine Deneuve lebt, kommt die Kleine nur noch selten. Alle Beteiligten waren damals überzeugt, damit die Patentlösung gefunden zu haben.
Mastroianni will plötzlich nicht mehr sprechen. Mit der Verabschiedung hat er es auch eilig. Muß er zum Rendezvous oder hat ihn der ungewohnte Privatrummel aus dem Tritt gebracht? Als ich nach einem liebenswürdigen, aber hastigen Händedruck draußen wieder vor der Mauer stehe, fällt mir auf, daß er mich nicht nur über seinen ›Altersknacks‹ belehrt hat, sondern auch zu seinen eigenen Schwächen nicht zimperlich steht.
»Einmal im Leben sollte man nicht nur Kompromisse schließen können. Freundschaft unter Menschen beruht auf gegenseitiger Liebe und Achtung. Ich bin jetzt schon ein sogenannter ›alter Herr‹ und weiß eigentlich immer noch nicht, ob ich alles im Leben richtig gemacht habe.«
Nur Mut, Corraggio Marcello; es ist wirklich noch nicht aller Tage Abend.

Sophia Loren

Immerschöne Daueraktie an der Filmbörse

Leinwandgrößen von internationalem Rang haben für gewöhnlich eines gemeinsam: sie verweigern Interviews! Um die jeweiligen Neuigkeiten zur Person dennoch wirksam unters Volk zu streuen, spricht ›man‹ nicht mehr selbst. Man läßt sprechen. Zu diesem Zweck hält man sich hochbezahlte Manager, Agenten, Sekretärinnen. Sie steuern raffiniert das primadonnenhafte Gehabe ihrer Schützlinge. Und was ›second hand‹ um den Globus rollt, bringt dem Star nicht weniger Publicity. Daß nicht alle Zelluloid-Idole mit dieser Masche leben wollen, ist ein schieres Wunder.
Sophia Loren, jahrzehntelang Italiens begehrtester Wanderpokal in Sachen Film, und heute weltumspannend nicht minder im Geschäft als zu ihren Glanzzeiten, zählt in gewissem Sinn zu diesen rühmlichen Ausnahmen. Ich treffe sie 1984 während der Dreharbeiten zu ihrem neuesten Streifen »Aurora». Allerdings hautnah quasi an sie heranzukommen, war reine Nervensache, die Diva ließ ein halbes Jahr auf sich warten; die Menschen, die ich auf dem Wege zu ihr ›verschlissen‹ habe, werden auch noch lange an meinen Auftritt gedacht haben. Aber die Sache war nicht ohne: denn die Loren filmte seit ihrem Steuerskandal 1977 und der deswegen abgesessenen Gefängnisstrafe zum ersten Mal wieder auf heimatlichem Boden. Das reichte, um die Presse aus aller Welt auf den Star zu hetzen und herauszufragen, was das

Zeug hielt. Daß die Loren, die persönlichen Interviews auf ein knappes halbes Dutzend weltweit begrenzt hat, und der Rest aus selbstgestrickten Halbwahrheiten besteht, kommentiert sie mir gegenüber lakonisch so: »Ich habe mich damit abgefunden, damit zu leben, basta!«
Die Loren zündet sich eine Zigarette an und legt sich – in Mantel und Stiefeln – entspannt auf die einzige brauchbare Couch, die in der für die Filmszenen angemieteten verkommenen Toscana-Villa zur Verfügung steht. Ich sitze auf einem wackligen Stuhl. Zwischen uns steht ein Heizstrahler. Es ist fast Mitternacht und trotz des elektrischen Ofens unangenehm kalt. Sophia Loren hat einen Zwölfstundentag vor der Kamera hinter sich, aber sie läßt sich keine Müdigkeit anmerken, entschuldigt sich vielmehr höflich für die etwas unangemessene Interview-Umgebung.
»Dieses Haus wurde einst von Puccini bewohnt, schade, daß es so heruntergekommen ist«, beginnt sie unser Gespräch. Die Dame, die kumpelhaft eine wärmende Decke mit mir teilt, weiß, was sie sich mit Interviews antut. Da kommen die Fragen nach der Ehekrise mit Carlo Ponti. Da wird der bevorstehende 50. Geburtstag, den sie am 20. September 1984 beging, ausgereizt. Auch, warum sie ihren Jüngsten, den 11jährigen Eduardo in diesem Film als ›Filmsohn‹ gleich ›mitverarbeitet‹. Sophia Loren, heute eine noch schönere, rassigere Frau als vor Jahren, scheut solche Verhöre nicht. Was ›der Welt zu verkünden ist‹, erledigt sie, wenn überhaupt, selbst geschickt, nicht ohne entwaffnende Ehrlichkeit.
»Was meinen bevorstehenden 50. Geburtstag betrifft«, sagt sie, »da habe ich keine Probleme. Es ist ein Tag wie jeder andere. Verheimlichen ließe sich dieses Datum schon deswegen nicht, weil jedermann weiß, daß ich bereits mit fünfzehn zum ersten Mal gefilmt habe. Das war 1949. Was soll's also?«

Sie lacht. Kunststück, denke ich mir, wenn man so aussieht. Die Loren bleibt weiter beim Thema.
»Ich stehe auf dem Standpunkt«, sagt sie, »daß man es als Frau nur bedingt in der Hand hat, ob man mit 50 wie 30 oder mit 30 wie 60 aussieht. Ich habe, zugegeben, Glück gehabt. Aber auf meine Schönheit habe ich meine Karriere nie gestellt. Ich war immer der Meinung, daß man auch Leistung zum Erfolg braucht. Und wenn er dann kommt, man darüber glücklich ist, hat man die Chance, auch äußerlich lange gut auszusehen. Schönheit kommt in erster Linie von innen.«
Und nach kleiner Kunstpause fährt sie fort: »Ich könnte nie ohne Arbeit leben, ich brauche die Anspannung, das Wissen, daß man gefordert wird. Wenn es das nicht mehr für mich gäbe, könnte ich gleich einpacken – das ist – kurz gesagt, meine Philosophie zum Älterwerden.«
»Also machen Sie weiter?« frage ich, und auch noch, wie es um das heiß diskutierte nächste Filmprojekt steht. Die Loren soll die Rolle der weltberühmten Sängerin Maria Callas übernehmen. Und dafür die ›Kleinigkeit‹ von 5 Millionen DM kassieren.
»Das mit der Callas-Rolle ist noch nicht unterschrieben«, antwortet sie. »Und was die Gage betrifft, wissen Sie mehr als ich«, kontert sie schnell. »Das Projekt reizt mich natürlich sehr, aber Termine gibt es bislang noch nicht.«
Sie greift wieder zur Zigarette und nimmt ungeniert einen großen Schluck Mineralwasser aus der Flasche. Gläser sind Mangelware. Ich kriege den einzigen Pappbecher, der sich in dem Kabelverhau des ehemaligen hochherrschaftlichen Hauses auf die Schnelle auftreiben läßt. Sophias Schwester Maria Mussolini, die zum Filmtroß gehört, organisiert ihn. Kalter Kaffee ist drin.
Weil gerade von Alter und Schönheit die Rede ist, will die Loren es nicht auslassen, auf ihr neuestes Buch anzuspielen,

das in diesen Tagen in Amerika auf den Markt kommt. Es trägt den Titel »Schönheit und Frauen«. Nach »Lieben und Leben« und »Kochen mit Liebe« ist das Sophias drittes Opus. Sie erklärt kurz den Inhalt: »Mit Aerobic und Jogging und solchen Modefirlefanzen hat es nichts zu tun. Ich gebe hier Ratschläge, wie man sich als Frau gut anzieht, gewisse kosmetische Tricks kennen soll und so weiter.« Daß es ein Erfolg wird, ist für sie sicher. Genauso wie das nach ihr benannte Parfüm »Sophia«, das die Firma Coty herstellt und seit drei Jahren in den USA ein gutgehendes finanzielles ›Zubrot‹ für sie ist.
Das Wort Geld im allgemeinen, wird zwischen uns diskret ausgespart. Nicht zuletzt, nehme ich an, weil sie deswegen freiwillig zwar, aber immerhin, hinter Gittern saß. Daß die Loren trotzdem keine arme Frau ist, pfeifen die Spatzen von den Dächern, wie die Tatsache, daß sie seit Jahren mit den beiden Söhnen ›nahe den Bankkonten‹ in Genf lebt. Ohne Carlo Ponti. Der Angetraute und Vater der Kinder wohnt seit längerem in Paris. Auf freundschaftlicher Distanz, heißt es in ihrer Umgebung. Womit wir beim ganz heißen Eisen angelangt wären. Die Loren räkelt sich auf ihrer Couch kurz zurecht. Dann sagt sie:
»Ich habe Carlo alles zu verdanken«, meiner in der Luft liegenden Frage zuvorkommend. »Er hat aus mir gemacht, was ich heute bin. Er war mir immer Vater, Bruder, Geliebter in einem. Ohne ihn hätte ich sicher diese Karriere nicht geschafft, nicht in diesem Filmdschungel. Was unsere Ehe betrifft, gebe ich nichts auf Gerüchte. Außerdem ist das unsere höchstprivate Angelegenheit.«
Sie sagt das knapp, ohne Emotionen, aber auch so, daß Nachhaken nicht drin ist. Sie wechselt rasch das Thema, kommt auf die Kinder, die ihr angeblich viel wichtiger sind als der ständige Ehe- und Karriererummel.

»Wir hoffen sehr, daß sie beide ihren Weg machen. Wir können als Eltern heutzutage nur die besten Ausbildungsmöglichkeiten zur Verfügung stellen. Im übrigen beeinflussen weder mein Mann noch ich ihre Zukunftswünsche.« Und jetzt strahlt die Loren, ganz stolze Mama, und sagt: »Eduardo ist in diesem Film mein Partner, er macht die Sache fantastisch. Ich spiele auch im Film seine Mutter.«
Daß es auch Herrn Pontis geschäftstüchtiger Wunsch war, den Elfjährigen in dieser Rolle ins Filmgeschäft zu bringen, verheimlicht sie bewußt nicht. »Damit er den Anschluß an das Schulpensum nicht verliert, hat er während der Dreharbeiten einen Privatlehrer«, sagt Mutter Loren fürsorglich.
Auf die Frage, wie ihr Dasein neben Film-, Fernseh- und Buchverpflichtungen organisiert ist, antwortet sie schlicht: »Wir sind eine ganz normale Familie. Zu Hause in Genf, wo auch die Jungen zur Schule gehen, stehe ich um 8 auf, mache ein bißchen Yoga, lese, gehe mal mit Freunden ins Kino. Und dann versuche ich (jetzt lacht sie schallend), Carlo, unserem 15jährigen Großen, bei den schrecklichen Schularbeiten zu helfen. Doch das kann ich natürlich gar nicht«, setzt sie ehrlich nach. »Aber schließlich soll er wissen, daß zumindest so eine Art Autorität da ist. Tja, und dann diskutieren wir beim Abendessen, was sich am Tage zugetragen hat und gehen eigentlich immer zeitig schlafen. Schlaf erhält nämlich schön«, sagt sie und lächelt kokett.
Sophia Loren, der italienische Super-Star, der es auf über 100 Filme und 1 Oscar gebracht hat und immer noch wie eine hochbrisante Aktie an der Filmbörse gehandelt wird, hat ängstlich darauf geschaut, nie durch Männergeschichten Schlagzeilen zu machen.
»Ich bin im Zeichen der Jungfrau geboren«, sagt sie unvermittelt. »Das sind pedantische Menschen und solche, die sich selbst treu bleiben.«

Es muß wohl was dran sein. Als die Loren 1966 endlich ihren ›Entdecker‹ Carlo Ponti in Frankreich heiraten konnte – gegen den scharfen Protest der katholischen Kirche – nahm die ganze Welt Anteil. Daß dieses ›Opfer‹ nicht umsonst gebracht wurde, ist ihr heute, trotz aller Spekulationen, wichtiger als alles andere. Die Vermutung, daß der Haussegen längst schiefhängt, wird nicht nur im persönlichen Gespräch abgeblockt. Auch nach außen wird eisern Einigkeit demonstriert. Alex Ponti, Sophias 32jähriger Stiefsohn, ist Produzent ihres Filmes und ständig um das Wohlergehen der schönen zweiten Frau seines Vaters bemüht. Auch den kleinen blonden Halbbruder umsorgt er liebevoll während der Dreharbeiten. Alles bleibt also in der Familie. Das Geld und die letzte Wahrheit.
Sophia Loren verabschiedet mich mit herzlichen Grüßen an ihre zahlreichen deutschen Fans. Auch mit der ›Zwinkerneuigkeit‹, daß sie mit dem Traumpartner der frühen Erfolge bald einen neuen Film machen will: mit Marcello Mastroianni. Und dann sagt sie noch: »Ein Glück, daß das Leben voller Überraschungen ist.«
Ich denke mir, wie recht sie doch hat. Denn nur so habe ich schließlich mein Interview mit ihr in den Kasten gebracht.

Nigel Nicolson

Adel verpflichtet – nicht immer

Ich dachte an Tucholskys Zitat: »Verleger sind keine Menschen, sie nennen sich nur so«, als ich mich von London aus zu ihm auf den Weg und auf einiges gefaßt machte. Falsch: er ist durchaus menschlich, der Mitbesitzer des reputierlichen Londoner Verlagshauses Weidenfeld & Nicolson, seine Visitenkarte von bester Art – Nigel Nicolson, Literat, Sissinghurst Castle, Kent.
Für Kenner der britischen Szene signalisiert dies nicht nur Stand und Wohlhabenheit in einer Gegend, die als ›Garten Englands‹ gepriesen wird. Mehr noch ist es Eintauchen in die Literatur gewordenen Legende um einen Landsitz und seine aristokratischen Bewohner. Diese waren zwar ganz ›Oberschicht‹, aber nie zimperlich, wenn es um die Kultivierung von Privilegien und Snobismen oder die angeborene Ignoranz gegenüber der Middle Class ging. Ebensowenig zögerten sie auch, Selbstkritik und Offenheit gegenüber heiklen Familienunverträglichkeiten zu zeigen.
Nicolson empfing mich herzlich – höflich. Mir schien, daß er es genoß, seine Vergangenheit mal wieder richtig ›an die Frau‹ bringen zu können. Denn durch ihn, dem derzeit letzten Nachkommen auf Sissinghurst, wurde das Schloß nach jahrzehntelangem Schlummer wieder ins Bewußtsein der breiten Masse gerufen. Er, ein Mann des gedämpften Witzes und der sorgsam gepflegten, sehr englischen natür-

lichen Contenance – so erlebte ich ihn auch später immer wieder – sorgte nicht nur für eine Aristokraten-Idylle zum Vorzeigen.

Mit seinem 1973 erschienenen Roman »Portrait einer Ehe« kam er zwar auf die Bestsellerlisten. Aber wegen Übertretung des guten Geschmacks da und dort ganz schön ins Gerede (was ihn übrigens nie gestört hat). In seinem ›Sittenreport‹ kommentiert er die Intimtagebücher und Briefe, die er nach dem Tode seiner Mutter in einer Reisetasche fand, und in denen die diffizilen Affären und Seelenlagen seiner Eltern festgehalten sind.

Es ist die Geschichte zweier Menschen, die aus Liebe heirateten und deren Liebe bis zum Tode mit jedem Jahr inniger wurde, obwohl sie einander ständig mit Menschen ihres eigenen Geschlechts betrogen. Nigel Nicolson, selbst geschieden und Vater von drei erwachsenen Kindern, nennt das mir gegenüber kühn einen Lobpreis auf die Ehe. Sir Harold Nicolson, sein Vater, Diplomat und Schriftsteller, und Vita Sackville-West, seine Mutter, Landadelige mit ›hochkarätigem‹ Stammbaum, Dichterin und Gärtnerin aus Passion schrieben sich zwar im Laufe ihres fünfzigjährigen Ehedaseins Hunderte von Briefen. Aber nachdem die beiden Söhne geboren waren, ›gab es kein gemeinsames Bett mehr‹, so der 67jährige Nigel Nicolson mir gegenüber.

»Als die Eltern im Jahre 1930 Sissinghurst, einen fünfhundertjährigen verwahrlosten Besitz mit immensen Landanteilen erwarben, den sie originalgetreu in Backstein und Eichenholz wieder aufbauen ließen, war Vitas stürmischste Affäre im Abflauen. Ihre dramatische Zuneigung zu Violet Keppel, einer Schönheit der englischen Gesellschaft, hatte die Familie zwar vier Jahre in Atem gehalten, aber nicht auseinandergebracht. Auch wenn Vita lieber in Männerkleidung mit der Freundin in Frankreich und Italien herumreiste, die fünf- und siebenjährigen Knaben einer Nurse anvertraute und den Ehemann allein auf diplomatische Auslandsposten ziehen ließ. »Er mußte diesen schließlich als Folge ihrer skandalumwitterten Umtriebe diskret quittieren«, erinnert sich Nigel Nicolson. Und er spricht druckreif! Mit jenem unnachahmlichen Tonfall des britischen Blaublüters in der Stimme, der *nur* Oxford oder *nur* Cambridge sein kann. Er ist Cambridge! Daß Vita sich später mit der Dichterin Virginia Woolf enger anfreundete und sie auch monatelang in Sissinghurst beherbergte, entbehrte auch nicht gewisser Pikanterien – hatte aber andere Dimensionen, meint der Sohn. Und: »Die Woolf war nicht kleinlich. Mit ihrem bereits 1928 geschriebenen Roman ›Orlando‹ hatte sie der adeligen Freundin und Geistesgenossin ein bleibendes Denkmal gesetzt. Davon profitiert bis heute der Rest der Familie.«

Nicolson kommt auf den Besitz zu sprechen: »Sissinghurst kostete einschließlich vierhundert Hektar Land damals nicht mehr als 12000 Pfund. Geschenkt! Der Turm, in dem die menschenscheue Vita ihr Arbeitszimmer einrichtete, und das die eigene Familie im Laufe von vierzig Jahren höchstens ein dutzendmal besuchen durfte, blieb ihr Refugium bis zum Tode.«

Erst heute ist dieser Raum für die Öffentlichkeit zugänglich. Das Blinzeln in die Schlafzimmer der Noblen ist ein uralter englischer ›Nationalsport‹, dem schon Shakespeare mit Geschick nachging. Und auch heutige Zeitgenossen verhalten sich diesbezüglich nicht zurückhaltend. Auf der schmalen Wendeltreppe drängeln sich die Neugierigen vom 1. April bis 1. Oktober in langen Schlangen. Vitas Boudoir bleibt ihnen allerdings, so wie es zu ihren Lebzeiten Brauch war und ebenso für Mann und Kinder galt, auch heute noch verschlossen. Ihr Arbeitszimmer, in dem sie die Nächte durchschrieb – immerhin veröffentlichte sie über zwanzig Romane und sieben Gartenbücher – ist noch so eingerichtet, wie es vor vielen Jahren ihrem Geschmack entsprach. Mit erlesenen Erbstücken aus dem unweit gelegenen Schloß Knole, dem ehemals größten privaten Landsitz Englands. Hier wuchs sie als Kind auf.

»Als wir damals vor fünfzig Jahren in Sissinghurst einzogen, gab es jahrelang kein elektrisches Licht, keine Heizung, überhaupt keine Bequemlichkeit. Vita wollte das alles so. In den einzelnen Wohntrakten durfte auch nach dem Umbau kein einziges Gästezimmer eingerichtet werden. Gäste im herkömmlichen Sinne waren bei uns überhaupt verpönt. Das führte so weit«, erzählt Nicolson lachend, »daß mein Bruder Ben und ich noch als Studenten ein Zimmer teilen mußten. Mein Vater mochte diesen Unkomfort nicht. Er war meistens in London in seinem Club. Überhaupt sahen wir uns alle nur gelegentlich zu den Mahlzeiten. Die übrige Zeit schrieben die Eltern an ihren Büchern, und Vita werkelte zusätzlich im Garten.«

Sissinghurst, das wegen der hohen finanziellen Belastung nach dem Tode des Ehepaares in den sechziger Jahren von Nigel Nicolson mit Zustimmung seines inzwischen verstorbenen Bruders dem britischen Denkmalschutz (National Trust) übereignet wurde und heute als Paradestück für englische Schloß- und Gartenarchitektur gilt, zieht jährlich Tausende von Besuchern an. Nigel Nicolson hat sich einen Seitentrakt – fünf Räume und eine Küche – gesichert. Dafür muß er weder Miete zahlen, noch für Reparaturkosten aufkommen.

»Heute gehen an heißen Besuchertagen etwa viertausend Mark pro Tag ein. Als wir den Garten 1938 für Besucher freigaben, kamen ungefähr zwölf Mark in einem alten Blechteller zusammen, den wir am Eingang aufgestellt hatten«, sagt er und lächelt. »Vita selbst«, so Nigel Nicolson, »zele-

brierte ihr Leben lang die Einfachheit einer Adeligen, die keinesfalls auf Dienerschaft verzichten mochte, dafür aber mit einem Stück trockenen Brotes und einer Tomate zufrieden war. Die stundenlang Rosen, Lilien und Clematis pflanzte, mit dem Spaten Beete umstach und in dreckigen Schaftstiefeln herumstand, dafür aber nur ein einziges Abendkleid besaß. Es stammte aus dem Jahre 1927. Ich fand es 1962 in ihrem Schrank, nach ihrer Beerdigung.«
Nicolson erzählt mir die faszinierende Familiensaga in seinem kleinen Salon, während draußen die Sonne scheint und drinnen das Kaminfeuer brennt. »Ohne meinen Vater wäre übrigens die Komposition dieses Gartens nicht möglich gewesen«, erläutert er. »Er hatte Sinn für das Design, er wollte die weiten Durchblicke. Auf seine Pläne gehen die großangelegten Wege zurück. Vita war die Romantikerin. Sie brauchte überquellende Blumenhecken. Überall, wo etwas hochranken konnte, mußte es blühen. Der ›weiße Garten‹, einmalig in England, entsprang ihrer Fantasie. 150 verschiedene Pflanzen und Blumen wechseln hier von Frühling bis Herbst, von Silber bis Schneeweiß. Am schönsten sind die Rosen. Sie blühen fünfzehn Tage im Juli.«
Nigel Nicolson erzählt die Geschichte des »Garten Edens«, wie er in England heißt, und vergißt nicht, mir ironisch zu versichern, daß er von der Botanikneigung der Mutter so gut wie nichts geerbt hat. »Ich habe die meisten Pflanzennamen nicht gekannt. Ich habe sie auswendig lernen müssen. Denn es war schon manchmal recht peinlich, wenn mich Besucher fragten, ich nichts wußte, und keiner der Gärtner in der Nähe war.« Die Geschichte um die Wiederentdeckung der dunkelroten Rose ›Dr. Shamar‹ allerdings kennt der Schöngeist ganz genau. In England war sie ein Jahrhundert lang in Vergessenheit geraten, dann entdeckte seine Mutter sie zufällig an einem vergessenen Bahnwärterhäuschen in Sus-

sex. Seitdem wird sie als Prunkstück verhätschelt und bestaunt.

»Sie sehen«, sagt der gelernte Historiker nicht ohne Ironie, »allmählich habe ich mich weitergebildet.«

Der alleinstehende britische Gentleman, dem vor einigen Jahren die Gattin davonlief – sie pfiff auf Adel, Pflanzen und Tradition – und einen reichen Londoner Baulöwen ehelichte, beschäftigt sich seither ersatzweise privat mit der Vergangenheit. Seit längerer Zeit arbeitet er an einer Napoleon-Biographie. Und inzwischen hat er auch den Virginia-Woolf-Briefwechsel abgeschlossen. Er verkauft sich weltweit ebenso erfolgreich wie teuer.

Übrigens: Nigel Nicolson gilt nicht nur als geschliffener Essayist wie sein Vater und ist das Gegenteil von einem Partyfreak wie seine Mutter. Angeblich fühlt sich der sympathische Aristokrat und Bohemien in Jeans am wohlsten. Und mit einer Büchse Corned Beef. Da war ich gut dran. Für den Ausflug aufs Land hatte ich zufällig noch ein komplettes Lufthansafrühstück im Plastikbeutel bei mir. So konnten wir alles redlich miteinander teilen. Denn der Eisschrank des ›einschichtigen‹ Schloßherrn war leer, und irgendwann hatte ich Hunger. Er übrigens auch.

So hat es mich auch nicht gewundert, daß Nigel Nicolson bei einer Vortragsreise durch Amerika zum Thema »Wer ist ein Snob und wer bitte nicht?« kräftig mitmischte. Auf mein direktes Befragen jedenfalls hat er dieses Kapitel geschickt und lachend unbeantwortet gelassen.

Gina Lollobrigida

Die ›Schöne der Nacht‹ auch bei Tag noch genauso schön

»Gina Lollobrigida ist die heißeste Sache von Europa.« Der französische Meisterregisseur René Clair behauptete das. Diese Feststellung ist auch keineswegs mehr taufrisch. Denn der Herr, der in völlig friedlicher Absicht vor mehr als zwanzig Jahren diesen ›Sprengsatz‹ losließ, ist lange tot. Aber er wußte wohl damals schon allzugut, wovon er sprach. Hätte er es heute noch einmal mit der Dame zu tun, würde er im Jargon der Zeit von einem ›heißen Typ‹ sprechen. Denn soviel ist sicher: Die ›Lollo‹, deren Alter seit Jahren die 54 nicht überschreitet, macht heute äußerlich noch eher mehr her als damals.
Für den Welterfolgsfilm ›Die Schönen der Nacht‹ war die rassige italienische Naturbegabung von dem gewieften Filmemacher vor die Kamera gestellt worden. Nach vorherigen Achtungserfolgen schaffte sie mit diesem Film den Sprung zum Super-Star. Die Tatsache, daß sie schon im zarten Alter von drei Jahren zum ›schönsten Kleinkind ihres Abruzzendorfes‹ gekürt worden war und danach als kurvenreiche Studentin an der Kunstakademie ihre Begabung im Herstellen noch viel schönerer Gemälde erprobte, waren für einen so Gewichtigen wie René Clair sicher keine Argumente, die Unbekannte zu lancieren. Daß sich ›die heiße Sache‹ schlagartig zum Steppenbrand entwickelte, nicht nur schwelte, sondern kräftig loderte, ist inzwischen längst Film-

geschichte geworden. Jeder weiß, daß aus der begabten, aber anonymen Möbelmachertochter eine der beliebtesten und höchstbezahlten Leinwandstars der Nachkriegszeit wurde. Ganz zu schweigen von der äußeren Schönheit, um deretwillen das in den fünfziger und sechziger Jahren zur ›Gina Nazionale‹ erhobene Filmidol rund um den Globus angehimmelt wurde.
Das dankbare Publikum wurde auch reichlich verwöhnt: über 60 Filme schaffte der Zelluloidliebling im Laufe eines Vierteljahrhunderts. Dafür gab es immerhin für sie fast gleich viele Filmpreise, Gedenkmünzen und Medaillen. Nur für den ›Oscar‹ reichte es nie; im ›Gedränge‹ fiel das nicht auf. Als im Wettlauf um die besten Drehbücher, berühmtesten Filmpartner, angesehensten Regisseure und höchsten Gagen der Gatte 1966 nach 15jähriger Ehe auf der Strecke blieb, tat das dem Ruhm der Lollo keinen Abbruch. Zwar hörte man es da und dort schadenfroh »Lollo Frigida« munkeln; aber den schwarzen Peter hielt allemal der Verflossene in der Hand. Immerhin hatte er ja die beliebte Schauspielerin samt Kind im Traumhaus an der römischen Via Appia Antica sitzengelassen. Er war mit einer anderen davon. Der heute längst vergessene Herr heißt Dr. Skofic, ist gelernter Arzt und geisterte seinerzeit als ständiger Manager der berühmten Frau nicht minder oft durch die Gazetten.
1972, sechs Jahre nach der Scheidung machte die Lollo ihren bislang letzten Film. Die Arena überließ sie fortan mehr oder weniger kampflos einer anderen Dame, die sie in der Publikumsgunst allmählich überrundet hatte: Sophia Loren. Trotzdem ist es um die Vielgefeierte, die stets darauf bedacht war, nie durch Skandale ins Gerede zu kommen, kaum stiller geworden. Seit mehr als 10 Jahren setzt sie ihre Karriere bekanntlich nicht mehr vor, sondern hinter der Kamera fort. Auch hier stets den Blick scharf auf Objekte

gerichtet, die Weltgeschichte machen, und in deren Gesellschaft man selbst gut zur Geltung kommt. Und auch die Abgelichteten fühlen sich wohl geschmeichelt, wie sich auf zahllosen Fotos erkennen läßt: egal ob es sich um Päpste, US-Präsidenten, Weltraumfahrer oder ehemalige Rebellenführer handelt.

Was Ginas Haus vor den Toren Roms anbelangt, wohin sie mich zu einem kleinen Plausch gebeten hatte, so wird es seit langem nur noch für den geöffnet, der gut Freund mit ihr ist oder der gezielt für Publicity sorgt. (Bei mir dachte sie sicher an das letztere.) Die Diva von einst, längst zur geschäftstüchtigen und anerkannten Fotografin avanciert, läßt – im Gegensatz zu früheren Zeiten – über die Schwelle ihres 26-Zimmer-Hauses nur einrücken, wer hoch und heilig verspricht, die Kamera zu Hause zu lassen. Denn: was es an Bildern zu machen gibt, liefert sie grundsätzlich handgefertigt dazu. Wer es trotzdem riskiert, unerlaubt zu klicken und ungebissen davonkommt, hat schlicht Glück.

Vor ungebetenen Besuchern schützte sich die Lollo nämlich bis vor kurzem mit zwei riesigen Schäferhunden, die so scharf sind, daß sie ihr glatt fünf schwerbewaffnete Leibwächter ersetzen. Umlaufende Gerüchte, sogar sie habe Angst vor den Bestien und überlasse sie am liebsten ihrem Gärtner, klangen solange nicht erfunden, bis jüngst bei ihr doch einmal ›eingebrochen‹ wurde. Viel scheinen die Eindringlinge nicht ergattert zu haben. Denn noch immer hält man beim Betreten des Hauses den Atem an.

Alles scheint gut inszeniert. Noch ehe man die Dame des Hauses zu Gesicht kriegt – ich mußte etwas mehr als die Anstandsviertelstunde warten –, hat man Zeit, sich umzuschauen. Der von einem dienstbaren Geist in teurem Meissen-Porzellan artig servierte Kaffee tut gut. Rasch verfliegt auch die Sorge, man könnte von einem der enormen Kristall-

lüster, die in Mengen von den gestuckten Decken herunterhängen, erschlagen werden. Oder von einem der riesigen venezianischen Spiegel und Supergemälde der alten Meister, die eng an eng die Wände zieren. Auf einem der hohen geschnitzten Stühle (das Stück zu 25 000 Mark, so konnte ich der einheimischen Presse entnehmen) – mochte ich aus Rücksicht vor ihrem enormen Wert nicht Platz nehmen. Ich zog schließlich vor, mich auf eine weichgepolsterte Kleincouch zu setzen. Die einzige in dieser Art, die ich entdecken konnte. Inmitten von soviel Prunk und Pracht, wo große Kunst und kleiner Kitsch einträchtig nebeneinander gestapelt sind, wo man sich wie in einem überfrachteten Musentempel fühlt, dem für Überflüssiges die Depoträume zu fehlen scheinen, wirkt die in einem schicken sportlichen Hemdblusenkleid gewandete Gina Lollobrigida auf mich wie eine, die sich hierher verlaufen hat. Der Gedanke drängte sich mir blitzartig auf, als sie endlich kommt.
Die Begrüßung fällt herzlich aus. Das Gespräch kommt rasch in Gang. Die Lollo, daran gewöhnt, daß sich der Besucher zunächst von dem ihm dargebotenen Glanz in allen Räumen erholen muß, weiß genau, wie es weitergeht. Ihr Auftritt genügt. Da verblassen sogar die ungewöhnlichsten Antiken, und nur noch eine Frage hängt in der Luft: »Wie, Signora schaffen Sie es, daß Sie heute jünger aussehen als vor fünfundzwanzig Jahren?«
»Ich weiß nicht«, kommt die Antwort naiv. Aber sehr gezielt gibt sie schnell preis, was sie tut und was sie läßt. »Ich mag kein Fleisch, nur Huhn und Salat. Und in die Sonne bin ich auch noch nie gegangen. Auch weder an Zigaretten noch an Wein hab' ich je Gefallen gefunden. Ebensowenig wie an lästigen Kosmetiksitzungen. Am besten sehe ich aus, wenn ich fast nicht geschlafen habe, oder höchstens drei Stunden.«
Darüber zu rätseln, warum ihr Geheimrezept so ganz entge-

gengesetzt von der Norm aussieht, ob es nicht doch vielleicht sündteure Cremes sind oder am Ende womöglich die hilfreiche Hand eines Verschönerungskünstlers, bleibt dem ratlosen Betrachter überlassen. Für mich bleibt die Frage gleichfalls offen. Womit die Berühmtheit weniger geizt, sind Auskünfte zu ihren Plänen für die nähere Zukunft. So sagte sie zu mir:
»Ich bin ein Mensch, der nur mit Kreativität leben kann. Auf meine alten Tage«, fuhr sie fort, »kehre ich zu meiner ersten Liebe zurück. Schließlich war ich ja mal auf der Kunstakademie. Die Filmkarriere war sowieso nur ein Versehen. Ich habe mich entschlossen, Mode-Designerin zu werden. Mein Name ist noch immer groß. Das habe ich in den Jahren gemerkt, als ich mich mit Haut und Haaren aufs Fotohandwerk gestürzt habe. Warum soll ich meine Talente nicht nützen? Ich entwerfe jetzt einfach mal Kleider. Elegant, zeitlos, sehr weiblich werden sie sein.«
Daß sie die Produktion in den USA anlaufen lassen und Dollars machen will, verheimlicht sie mir keineswegs. Inzwischen hat sie die Idee mit der Damenoberbekleidung aus anderem Anlaß noch etwas zurückgestellt. Sie will – obwohl sie lächelnd behauptet: »Für Geld habe ich mich nie kaufen lassen, auch wenn Millionen im Spiel waren« – ihren Etat anderweitig aufbessern.
10 Millionen Dollar will die Diva für einen ausgebrochenen Zahn von dem New Yorker Lokal ›Trader Vic's‹ erstreiten. Eine Schüssel Langusten, in der sich ein Steinchen verirrt hatte, soll den Besitzer – und der Sieg der Lollo ist so gut wie sicher – um diese Summe erleichtern.
»Man braucht einen starken Willen, wenn man es zu etwas bringen will. Dann kommt das Geld von selbst.« Daß sie nach dieser Regel lebt, ist für mich außer Zweifel. Daß sie es gut angelegt hat, demonstriert ihr palastartiger Besitz und die

Sammelleidenschaft für Antiquitäten aus aller Welt. Beiläufig erwähnt sie, daß sie nach 10jähriger Pause als aktive Schauspielerin heute mehr denn je gefragt sei.
»Ich kann mir leisten zu machen, was ich will. Das ist mein Kapital«, haucht sie leise. Und damit ich es auch ganz deutlich vernehme, fährt sie lauter fort: »Ich kann mich vor Angeboten für Film, Funk und Theater kaum retten.« Was sie da zu tun gedenkt, frage ich neugierig nach. »Ich werde irgendwann Theater spielen. Wenn die Sache mit der Mode gelaufen ist.«
Daß der Zuschlag nach turbulentem Gerangel um diese Filmprominenz an ein Theater am New Yorker Broadway gehen sollte, wunderte mich nicht. Es sollte die ›Tätowierte Rose‹ von Tennessee Williams sein, und die Lollo will in die Rolle der legendären Anna Magnani schlüpfen. Als Partner wünscht sie sich Al Pacino oder Robert de Niro. Am liebsten wäre ihr Maximilian Schell. Sie gesteht, daß sie vor dem Broadway-Debüt Lampenfieber hat.
Überhaupt will sie mir nach und nach gar nicht so recht in das von ihr geschickt entworfene Bild der unsensiblen selbständigen Karrierefrau passen, die von ihrer Ehe sagt, daß sie ein Fehltritt war, an den sie nicht erinnert werden will. An die Institution als solche nicht mehr glaubt und sich lieber mit ihren Talenten beschäftigt als mit Männern. Gina Lollobrigida, das wird mir rasch klar, steckt trotz aller Erfolge, die sie hinter sich gebracht hat, voller Gefühle, mit denen sie Lebensangst zudeckt. Daß sie auch keine ist, die bei allem Ruhmessegen, der auf sie niederging, etwas mit der großen Allüre im Sinn hat, sondern sich lieber burschikos und kumpelhaft gibt, schimmert bei aller guter Star-Verpackung immer wieder durch. Da klingt es dann gar nicht überheblich, sondern sehr normal, wenn sie offen sagt:
»Ich habe mit den Männern nie Glück gehabt. Deswegen

nehme ich sie auch nicht mehr ernst. Aber das ist mein Problem. Damit muß ich für den Rest der Jahre eben noch weiterleben.«
Daß sie sich am liebsten in ihren eigenen vier Wänden aufhält und nicht in den Nobelsuiten der Hotels zwischen Tokio und Los Angeles, wo sie in den vergangenen Jahren berufshalber sein mußte, glaube ich ihr aufs Wort. »Ich bin sehr häuslich. Ich brauche die Gewißheit, daß ich hier daheim bin. Dieses Haus, mit allem was drin ist, das ist mein Paradies, das bin einfach ich.«
Ob sie ihr Leben noch einmal so führen möchte wie gehabt, frage ich sie. Und die Lollo antwortet mir darauf gar nicht zögernd mit einem schnellen »Ja«. Und entwaffnend ehrlich fügt sie noch an:
»Vieles war nicht leicht. Vieles war interessant. Auf manches hätte ich verzichten können. Aber insgesamt bin ich dem Schicksal schon sehr dankbar, daß alles so gelaufen ist. Solange ich arbeite, da lebe ich, das ist eigentlich alles.«
Die schöne Lollo lächelt sphinxhaft. Ich ahne, daß sie für ihre Fans rund um die Welt noch manche Überraschung bereit hat. Auf mich machte sie den Eindruck, bei aller resoluter Höflichkeit, mit der sie mich empfing und auch verabschiedete, daß sie doch eine sehr sensible, verletzbare Frau ist.

Biki Oberoi

Indischer Hotelmulti ohne Zopf und Turban

Alle reden von Indien. Von Rajesthan vornehmlich, dem zweitgrößten Bundesland des Mammutstaates, von den stolzen Festungspalästen der Rajputen-Herrscher, einem Stück Erde, das wie aus dem Mittelalter und den glorreichen Ritterzeiten übriggeblieben scheint. Und alle meinen dasselbe: Eintauchen in die längst vergangene Pracht und Herrlichkeit von Maharadschas und Maharanis und natürlich in Kunst und Kultur. Wohl denn! Auf diese Symbiose war ich schon lange neugierig.
Meine Neugierde hatte ein Herr geweckt, den ich im Londoner Intercontinental einmal kurz kennengelernt hatte. Er mußte wissen, was Sache ist. Sein Name: Biki Oberoi. Mit den Gents aus der Maharadschakaste hat er zwar nichts zu tun, auch nichts mit deren Zopf und Tradition. Eher schon mit dem Reichtum dieser Noblen. Wenn davon die Rede ist, lächelt er allerdings höchstens sehr überlegen. Biki Oberoi ist indischer Hotelier-Multi. Asiens bedeutendster. Und von den 36 Luxusherbergen, die zu seiner ›Kette‹ vornehmlich in Nah- und Fernost bis hin nach Australien gehören, stehen regelmäßig an die 10 auf der Liste der 300 besten der Welt. Unsere nähere Bekanntschaft begann am Flughafen von New Delhi, morgens um 5.
»Wir fliegen jetzt erstmal dahin, wo ich ein neues Projekt erworben habe, ich möchte es Ihnen zeigen«, sagte er

konziliant, aber sehr bestimmt. Er kam mir im Habitus des britisch-amerikanischen Topmanagers entgegen.
Biki Oberoi ist 56, hat in Amerika Wirtschaftswissenschaften studiert und gilt schon jetzt als Chairman der ›Oberois‹. Solange der 86jährige Vater offiziell noch amtiert, pro forma als Vize. Aber die Geschäfte weltweit macht allemal längst er allein. Sein einziger Bruder verstarb 1984. Nicht nur ein Geschäft, so erläutert er mir, sondern auch patriotische Pflicht sei es, vor dem Verfall bedrohte Maharadscha-Paläste aufzukaufen. Das sagt er ganz selbstverständlich und läßt sich während des Fluges in der wackeligen Propeller-Maschine der Air India von seinem nepalesischen Diener Taba den Nacken massieren. Und dann klärt er mich auf: »Man muß investieren, das ist der ganze Trick.«
Die Investition, die wir sodann gemeinsam besichtigen, kann sich sehen lassen. Was »tricky Biki« da an Land gezogen hat, liegt auf malerischste Weise mitten im Wasser. Ein Sommerschlößchen des früheren Maharadschas von Bundi. Zum Sterben legte sich dieser hochdekorierte ehemalige Offizier Ihrer britischen Majestät nach England ins Haus seines Freundes Lord Mountbatton. Daß ihm der einzige Sohn nicht einmal das (Trink-)Wasser reichen konnte, weil er lieber zu Flaschen mit hartem Stoff griff, hat der alte Herr angeblich nie verschmerzt. »Der Vertrag ist gemacht«, meinte Oberoi lässig, als wir das leicht vergammelte aber romantisch gelegene ehemalige Jagdhaus im Art-deco-Stil besichtigen.
Der 40jährige derzeitige Maharadscha, der sich im Gegensatz zu seinen Standesgenossen schlicht Peter und nicht Hoheit nennen läßt, mischt sich fröhlich unter den mitgereisten Oberoi-Stab. Zu dem Mann, der ihm die Last des Besitzes gegen harte Währung abgenommen hat, sagt er vertraulich Onkel. Was dieser mit überlegener Geste überhört. Wir brechen auf in Richtung der zum Schlößchen gehörenden

Festung. Oberoi will hier eine Museumsstiftung errichten. Mit schon schwerer Zunge sagen Hoheit, den Biki als ›lieben Kerl‹ charakterisiert: »Nehmt doch jeder noch ›one for the way and one for the road‹«. Wir nehmen nichts von beidem. Statt dessen wegen der Hitze eine Kiste Cola. Peter, der Blaublütige erledigt das andere reichlich für uns. Und bleibt im Schloß. Dort, wo in etwa 2 Jahren ein neues ›Oberoi‹ entstehen soll – für Individualisten, wie es sich gehört.
Biki, der Businessman, der beiläufig und sicher nicht ohne Anspielung auf den Prinzen sagt, daß er den Müßiggang verabscheue, hat für sich allerdings auch schon vorgesorgt: »Wenn ich mal nicht mehr arbeite«, woran er angeblich nicht einmal im Traum denkt, »ziehe ich mich auf die unweit von hier gelegene zweite Festung der Bundis zurück.«
Biki Oberoi, die schicke britische karierte Golfkappe verwegen auf dem Kopf, läßt den Blick in die Ferne zu einem hoch auf dem Berg gelegenen Steinmassiv schweifen, das an eine verkleinerte chinesische Mauer erinnert. »Hier existiert bisher gar nichts, nur die rohen Wände«, memoriert er plötzlich mit leiser Stimme, »und weitab von jeder Zivilisation ist es auch.« Das wiederum sagt er eher gelangweilt. Er hat es schon gekauft.
Nur ganz geheuer schien ihm dieses skurrile Bauwerk, sein sogenanntes Seniorenrefugium, derzeit wohl noch nicht zu sein. Den Weg in die zukünftige ›Alterseinsamkeit‹ haben wir in einem sportlichen Jeep zurückgelegt. Biki Oberoi findet das für den Rückzug zu unbequem. Sein Fahrer und der Mercedes 250 SL nehmen uns unterwegs auf. Ich krame in meiner Reisetasche. Denn wie es sich ziemt, schleppe ich die klassische einschlägige Literatur mit mir herum. ›Kim‹ und ›Die Dschungelbücher‹ von Rudyard Kipling. Biki Oberoi bemerkt es mit leicht überheblichem Lächeln. Er sagt:
»Lebende Tiger werden Ihnen hier nicht begegnen, dafür

ausgestopfte zu Hunderten.« Plötzlich deutet er aus dem Fenster: »Da haben Sie das Haus, in dem der legendäre Kipling geschrieben hat.« Es liegt zwischen den Orten Kota und Bundi, malerisch an einem See.

»Jetzt aber schnell ab nach Delhi, auf meine Farm, dort wo ich eigentlich am liebsten bin, wenn es mich nicht dauernd durch die Welt treibt.« Hastig ›diktiert‹ er den Aufbruch. Biki Oberois Farm, 10 km außerhalb der Hauptstadt – ›Aashiama‹, Ort der Ruhe genannt –, könnte auch an jedem anderen Platz der Welt stehen.

»Das Haus, es hat äußerlich mehr von einem supermodernen europäischen Bungalow«, erklärt er mir und läßt sich entspannt in einen Sessel fallen. »Es hat nach meinen Plänen vor 15 Jahren der amerikanische Architekt William Terry gebaut. Ich wollte viel Holz, viel Glas, viel Marmor – also europäische und orientalische Elemente gleichermaßen berücksichtigt haben.« Biki Oberoi steckt sich eine Zigarette an. »Tja, und dann wollte ich vor allem nur drei Farben um mich haben: schwarz, weiß und grün. Eine Kombination, die es mir, was meine Vorliebe für Grün betrifft, ermöglicht, auch drinnen immer das Gefühl zu haben, ständig draußen zu sein. Ich muß meine Pflanzen so sehen können, als seien sie ein Bestandteil meiner Wohnung. Und nicht nur tropischer Zierrat, der im Freien steht.«

Das ›Freie‹, wovon er spricht, ist Land mit einer Größe von 12 Hektar. Hier läßt er – ganz rationaler Geschäftsmann – im übrigen auch seine eigenen Kartoffeln anbauen. Wieviel Erdäpfel er erntet, weiß er angeblich ziemlich genau. Wie reich er ist, nicht.

»Die Umsätze und das Vermögen kenne ich nur aus den offiziellen Tabellen«, so sagt er leicht hüstelnd auf meine direkte Anfrage. (Man liest da von über 200 Millionen Dollar ›privat‹ und von einer Billion Dollar, was die Immobilien

betrifft.) Ich wundere mich — kein Wunder. Biki will das Monetäre nicht weiter vertiefen, was mich wiederum nicht wundert. Lieber will er von der Kunst sprechen. Er sammelt sie sehr gezielt. Seine nun folgende Erklärung klingt einleuchtend.
»Alles, was nach Museum riecht, finde ich für eine Wohnung gräßlich. Ein paar schöne Plastiken ja, ein paar schöne Bilder ebenfalls.« Und damit kann er auch dienen. Und mit lebensgroßen balinesischen Steinfiguren in Haus und Park, und nepalesischen Kleinplastiken. Nicht eine ›Nackte von Gauguin‹ übrigens hängt über dem weißen Ledersofa in seinem Salon, wie ich auf den ersten flüchtigen Blick vermute. Nein. Das Gemälde stammt von einem einheimischen Künstler.
»Mir gefällt das für hier besser«, sagt Biki Oberoi offen, »immerhin bin ich mit der Seele Asiate.«
Der Asiate Oberoi hat auch keine Skrupel, mir einen Blick in sein Schlafzimmer zu gestatten. »Ganz normal und züchtig, wie?« frozzelt er fragend. Die blonde amerikanische Schönheit, die sich zusammen mit ihm, wie ›zu Hause‹, auf der Bettkante ablichten läßt, ist eine gute Freundin und besonders nett. Die offiziell Angetraute lebt ganz woanders. Das Ehepaar hat sich längst arrangiert. Und der Millionär Biki macht keineswegs einen Hehl daraus, daß er, was schöne Frauen betrifft, kein Kostverächter ist. Er zwinkert einmal kurz.
»Das Haus ist nicht groß«, sagt er, »ich bin auch nur selten hier, aber eigentlich ist es meine richtige Heimat.«
Von dieser ›Heimat‹ aus werden auch die großen Konzernprojekte gesteuert. In einem Nebenraum sitzen zwei Sekretärinnen und halten den Boß ständig auf dem laufenden. Oft finden sie ihn nicht. Dann hat er sich klammheimlich durch die Hintertür zu seinen Pferden geschlichen. Das Reiten, die Pferdezucht und ›Bird-Shooting‹ (»Täubchen und Fasane,

hauptsächlich für die Pfanne«, erzählt er lachend), gehören zu den allerliebsten Passionen des Prithvi Raj Shingh, so sein korrekter Vorname.

»Sind Sie mit dem Erfolg, den Sie auf der ganzen Linie haben als Mann, als Unternehmer, glücklich oder denken Sie auch einmal über Ihren ›Rückzug‹ nach?« frage ich ihn, ehe er ins Nebenzimmer zu einer Geschäftskonferenz entschwindet. Allerdings nicht, ohne sich vorher von seinem ergebenen ›Leibeigenen‹ diesmal den rechten Fuß und die kleinen Zehen kraulen zu lassen.

»Rückzug, nein, das gibt es für mich nicht«, sagt er energisch und selbstbewußt. »Ich werde arbeiten, so lange ich lebe. Ich kann nicht anders. Das Geschäft ist mein Leben. Ob ich glücklich bin? Das weiß ich nicht. Man hat immer unerfüllte Träume!«

Der gescheite indische ›Multi‹, hatte sich ausgesprochen! Ich dachte mir: Größe muß nicht immer etwas mit Länge zu tun haben; denn Biki Oberoi ist ein verhältnismäßig kleiner, feingliedriger Herr. Und Weltmann ist er auch!

Yves Piaget

Platin, Gold und Diamanten – der urige Uhrenzar

Yves Piaget, 43jähriger Chef des viertgrößten Uhrenkonzerns der Schweiz, mit Sitz in Genf, hatte mich vor Beginn unserer Begegnung wissen lassen, daß er weder viel Zeit habe, noch eine Wohnung, in der er mit mir plaudern könne. Ich richtete mich also auf einen oberflächlichen ›Schnellschuß‹ ein. Geworden ist daraus schließlich ein ganzer Tag. Sozusagen ein Ausflug ins Grüne.

Piaget wollte mir zeigen, wo er arbeitet und wo er lebt, das war sein Vorschlag. Und schon während mich der weltberühmte Chronometermacher in seinen schnellen Wagen einsteigen ließ, den er in Richtung seiner etwa 60 km von Genf entfernten Fabrikgebäude mit Highspeed über die Straßen jagt, erfuhr ich so einiges von ihm. Er gilt als wortkarg, hatte ich gelesen. Denkste. Piaget gab sich höflich, witzig, sehr gesprächig. »Luxus mache ich für die anderen. Für mich liebe ich das einfache Leben: Sie werden das gleich sehen!«

Daß er das nicht nur sagt, um womöglich Publicity für seine Kreationen zu machen, kann der feststellen, der den Sportlertypen nicht nur in seinem eher bescheiden eingerichteten Managerbüro in der Genfer Rue du Rhône erlebt, sondern auch dorthin eingeladen wird, wo er gelegentlich wohnt. In einem 100 Jahre alten Bauernhaus. Er hat es vom Großvater geerbt.

»Wohnen kann man das eigentlich nicht nennen«, gibt Yves

Piaget zu, »denn dafür gebe ich nicht einen Schweizer Franken extra aus. Hier hole ich mir lediglich Kraft und Ideen.«
So muß es wohl sein. Dort angekommen, wo sein sogenanntes Zuhause ist, kann ich mich nur noch wundern. Hier ist es mehr als spartanisch. Hier erinnert nichts an die Reichen und Schönen, mit denen Monsieur Piaget rund um den Globus zu tun hat. Nichts an die Geldmacht, die zu seinem täglichen Geschäft gehört. Wer zu ihm nach Genf kommt, wird, mangels Luxusvilla, in Hotelsuiten empfangen. Den nobelsten allerdings. Selbstverständlich! Genauso hält er es, wenn er mindestens 200 Tage des Jahres rund um die Welt jettet, um seine berühmten Kunden zu besuchen.
»Das Rezept hat sich bewährt«, sagt er und lächelt.
Daß Piaget sich hinter seiner selbstgewählten Etikette nicht zu verstecken braucht, merke ich schnell. Er lebt seine Rolle überzeugend, vergißt dabei aber nicht, seine Philosophie »vom Leben *und* vom Geld« geschickt an mich zu verkaufen. Was sich dann etwa so anhört:
»Meine Leidenschaft und mein Enthusiasmus gelten der Firma. Zu 90%. Die restlichen 10% will ich *der* Mensch bleiben, als der ich geboren wurde und aufgewachsen bin. Ohne Angabe, ohne Statussymbole. Der uralte Sessel meines Vaters mit den verschlissenen Bezügen (ich entdecke sogar Stellen, wo das Roßhaar zum Vorschein kommt und denke: wie sympathisch, fast wie zu Hause) ist mir für die wenigen Stunden, die ich in meinem Hause sitzen kann, lieber als die teuerste Antiquität.«
Als ich Yves Piaget doch etwas ungläubig anschaue, fährt er gut taktierend fort: »Ich muß täglich mit soviel Prunk fertig werden, daß ich für mein Privatleben an Luxus noch nicht einmal im Schlaf denken mag. Grundsätzlich nicht.«
Ob er dabei – was sein eigenes einfaches Leben betrifft – hauptsächlich seine zahlungskräftigen Scheichs

aus dem Morgenland im Auge hat, frage ich. Er antwortet ziemlich energisch:
»Ja, damit hat das auch zu tun. In der Tradition unseres privaten Familienunternehmens bin ich der dritte, der mit diesem Grundsatz glücklich geworden ist.«
Er sagt das mit gesteigerter Zurückhaltung. Denn daß er damit womöglich auch ganz schön wohlhabend geworden ist, bedarf keiner besonderen Erwähnung. Eher schon, daß er mit einem Teil seiner zahlungskräftigen Klientel mehr als nur geschäftliche Verbindungen pflegt.
»Ich kenne Barbara Streisand gut. Lollobrigida, auch Liberace und Woody Allen. Den König von Malaysia genauso wie den Präsidenten der Elfenbeinküste. Richtig befreundet, würde ich sagen, bin ich mit Sammy Davis Jr.« Piaget protzt nicht mit den weltberühmten Namen. Er erzählt mir davon so ganz nebenbei. Und dann sagt er sehr selbstsicher:
»Es wird immer eine Kundschaft geben, die Qualität, Exklusivität des Designs und modernste Technologie wünscht. Für die Zukunft unserer Arbeit bin ich nämlich Optimist, habe ich Zuversicht«, sagt er.
Er lächelt jetzt ein bißchen unsicher, als ich auf eventuelle Schwierigkeiten im Zusammenhang mit der Weltrezession antippe.
»Natürlich expandieren wir nicht mehr«, sagt Yves Piaget. »Wäre ich Politiker geworden – was immer mein Wunsch eigentlich war –, dann hätte ich gewiß etwas mehr Bedenken«, meint er auf meine Frage. Aber weil er bei den Luxus-Uhren geblieben ist (den flachsten der Welt), glaubt er an die Trümpfe seiner Marke.
»Wir profitieren von unserer begrenzten Herstellung. Einerseits. Andererseits von der überschaubaren Zahl unserer 500 Mitarbeiter, die alle Solisten sind. Aber das eigentliche Erfolgsgeheimnis liegt wohl in der Produktion der Stücke

selbst. Sie sind nur aus Gold oder Platin und in Handarbeit hergestellt. Unweit meiner sogenannten Wohnung von La Côte aux Fées aus, nehmen sie ihren Weg in 70 Länder der Welt. Ausgenommen die kommunistischen natürlich.«
Womit Monsieur Piaget clever an ›die Frau‹ gebracht hat, daß er weltweit verkauft wird. Auf die Produktion kleiner Stückzahlen ist er sichtlich stolz. »Wir geben nicht mehr als 20 000 Exemplare pro Jahr aus der Werkstatt«, erläutert er mir.
Ich höre staunend zu, was er da von Gold, Platin und Brillanten so selbstverständlich herunterbetet. Und auch die Preise, von denen ich höre, verschlagen mir leicht den Atem. Piagets billigste Uhr ist nicht unter 2000 Dollar zu haben, die teuerste, die weltweit je hergestellt wurde, »Phoebus« heißt und mit 87,87 Karat erlesenster Diamanten besetzt ist, kostet die Kleinigkeit von 2,5 Millionen Dollar. ›Das gute Stück‹ hat bisher zwar noch keinen Käufer gefunden und liegt an einem Platz, wo, weiß außer ihm niemand, aber so sicher, wie bei der Bank von England. Und da der kostbare Brillantenschatz noch nicht allzulange auf dem Weltmarkt feilgeboten wird, hat man bei Piagets keine Sorgen, auf ihm sitzenbleiben zu müssen. Immerhin werden bereits zwei oder drei berühmte Käufernamen diskret gehandelt.
»Wie halten Sie dieses verschnauflose Leben aus?« frage ich den Konzernchef. Er lacht. Jetzt zum ersten Mal ganz locker und happy.
»Ich will das ab 1984, spätestens aber 1985, vielleicht auch erst 1986 (vielleicht auch überhaupt nie!) unbedingt ändern. Immerhin sind Zweidrittel meines Lebens schon vorbei, eine kleine Warnung mit Herzbeschwerden hat auch zur Vorsicht gemahnt. Tja, und dann habe ich auch noch eine Frau und zwei Kinder. Die kennen mich – und das ist leider der Preis – nur noch von den Fotos aus den Gazetten oder von drei Wochen Skiurlaub.«

Doch so ganz überzeugt glaubt weder er an ein ruhigeres Leben, habe ich den Eindruck, geschweige ›seine Mannschaft‹. ›Der Chef‹ – ist er im Haus – hat zwar für jeden ein freundliches Wort. Aber alles muß wie der Blitz funktionieren. »Langsamkeit macht mich nervös«, sagt Piaget zackig. Das glaube ich ihm aufs Wort. Denn mit solcher Rasanz hat mich noch keiner durch die Landschaft und zum Mittagessen gefahren. Zum Essen nimmt sich Yves Piaget erstaunlicherweise übrigens Zeit. Ich hatte schon Angst, daß er Vorspeise, Suppe, Hauptgericht und Dessert gleichzeitig ›verschlingen‹ würde. Daß bei ihm alles wie am Schnürchen laufen muß, erzählte er mir, während die Ober in dem kleinen Landgasthaus, in dem wir Rast machten, in aller Gemütsruhe die Gänge servierten. Daß er dieses Schneckentempo überhaupt aushält, überlege ich während mir mein Filetsteak schmeckt. »Immer wartet irgendein VIP auf mich«, sagt er plötzlich im fröhlichen Plauderton.
»Jetzt zum Beispiel sitzt die ehemalige Startänzerin Ludmila Tcherina aus Paris schon ungeduldig in Genf. Sie will mich heute abend zum Dinner entführen. Sie sehen, außer für die teuren Uhren und die schönen Frauen« – beide hält er für Kunstwerke – »habe ich höchstens noch für meine Pferde Zeit.«
Piaget witzelt nicht ohne Charme. »Es ist kein Geheimnis, daß ich eigentlich auch ein passionierter Reiter bin«, sagt er, »und das entspannt mich kolossal vom Streß.«
Was ihm privat sonst noch zum Abschalten verhilft, hat er längst auch zum weltweiten Begriff für Polofreunde gemacht. Seit Jahren finanziert Piaget in Nizza, Florida oder sonstwo auf der Welt große Poloturniere. »Es ist ein königlicher Sport«, sagt er lässig, »das gefällt mir.« Daß dabei auch königlich umgesetzt wird, sagt er nicht. »Und wenn mit den Pferden mal gerade nichts läuft, dann spendiere ich mein

Geld für Tennisturniere. Der Piaget mit dem Björn Borg so beim Händeschütteln, das ist schon fast ein alter Hut.«
Er sagt das so, als wollte er sich damit selbst auf den Arm nehmen. Yves Piaget, graduierter Uhreningenieur, ist ein harter Geschäftsmann zwar. Aber wer ihn in seinem Naturdomizil so unkompliziert erzählen hört, spürt, daß eigentlich alles echt an ihm geblieben ist. Man glaubt ihm, wenn er sagt:
»Ich rase lieber mit meinem Wagen schnell vom Flughafen hier heraus, schaue die alten handgestrickten Deckchen von meiner Großmutter an, trinke aus der Tasse, die ich schon als Kind geliebt habe, atme die herrliche Gebirgsluft und – bin einfach Mensch.«
Daß er frei von allen Komplexen ist, ist für mich keine Frage: Ich kenne wenige, die ihr keineswegs prunkvolles Domizil so ungeniert vorzeigen.
»Sie schauen sich hier auch vergeblich nach Gemälden um«, meint er noch, »bei mir gibt es nur die alten Drucke meiner Eltern. Für die schönen Künste, die alten Meister und auch die modernen, habe ich trotzdem viel Sinn. Nur, ich kaufe sie nicht für mich. Ich unterstütze die jungen Maler oder stifte gelegentlich etwas für ein Museum. Das scheint mir sinnvoller.«
»Bravo!« entfährt es mir. Piaget lacht nur und hat es plötzlich eilig.
Als der Uhren-Zar und ich uns nach einer rallyeähnlichen Rückfahrt in Genf trennen, sind für mich alle Klarheiten beseitigt. Ich hatte nicht nur einen mittelprächtigen Geschwindigkeitskoller, sondern auch die Idee, daß Monsieur zwar einer ist, der auf die kontenfüllenden Luxusgeschäfte nicht mehr verzichten kann, aber vielleicht manchmal doch lieber der unbekannte »Waldbauernbub« geblieben wäre. Frei nach Peter Rosegger...

Elisabeth Plessen

Schloßfräulein mit Aussteiger-Courage

Traut man seiner eigenen Phantasie oder nicht? Wie sieht das erste Kapitel eines Buches aus? An diesen Fragen kaute 1973 die damals 29jährige Doktor Elisabeth Charlotte Marguerite Augusta Gräfin von Plessen herum. Im Kopf hatte sie seinerzeit das messerscharf komponierte Konzept der Absage an eine Gesellschaft, in die sie zwar hineingeboren war, mit der sie aber nichts mehr zu schaffen haben wollte. Im Magen lagen ihr wie Bleiklumpen viele Dinge: die elterlichen Feudalschlösser in Holstein und Dänemark; die Räume, in denen es nur das Erlesenste vom Erlesenen aus Empire, Biedermeier, Rokoko, Régence oder Barock gab.
Aber das war längst nicht alles, was sie satt hatte. Der Gedanke, ewig im noblen Gotha-Ringelreihen mithüpfen zu müssen und die Glassturztradition ständischer Exklusivität bewahren zu sollen, brachten zusätzlich Unordnung in ihr Inneres. Und ihr Gehirn in Gang. Schließlich schwebte über allem übermächtig der Vater und Schloßherr. Der unnahbare Graf.
Mit siebzehn hatte sie ihm zwar unverblümt ins Gesicht geschleudert, wie sehr sie ihn, und alles, was um ihn herum ist, ablehnt. Er hatte das mit Haltung quittiert und war nicht daran zerbrochen. Auch nicht daran, als er sie bei einer studentischen Protestbewegung in Berlin aufstöberte. Der Tochter, die sich erdreistet hatte, gegen ihn und die Kaste

aufzumucken, gab er es nicht minder schneidend zurück: erschießen wollte er sie, käme sie ihm jemals mit irgendeinem Genossen ins Haus. Er schoß natürlich nicht!
Als er später starb, schoß sie auf ihre Weise gewaltig zurück. Statt zu trauern, streifte sie trotzig allen adeligen klangvollen Zierrat ab, nannte sich fortan schlicht nur noch Plessen und schlug den Deckel zu der vornehmen Kiste, der sie entstammt, endgültig zu.
Dann schrieb sie ihr erstes Buch. Sie nannte es »Mitteilung an den Adel« und wurde über Nacht in die Reihe der wenigen starken Talente unter den deutschen Jungschreiberinnen katapuliert. Lohn für die Aussteiger-Courage: 1976 erhielt sie den Kritikerpreis für Literatur. Die bange Frage, wie das erste Kapitel lauten muß, hatte sie schnell vergessen. Der dennoch zu Rate gezogene tote Schriftstellerkollege Fallada, der es auch mehr mit den Armen als mit den Reichen hielt, konnte zwar nur Symbolisches beisteuern. Aber der Plessen, die bis auf den Tag nicht verschleiern kann, daß sie noch immer – weil selbst einigermaßen unbehaust – an der Scholle klebt, gefällt seine Formulierung. Nicht von ungefähr. Denn Fallada meint in seinem ›ersten Kapitel‹, es sei wie die Tür zu einem Haus. Steht man erst in der Tür, dann braucht man nur noch weiterzugehen.
Elisabeth Plessen nahm's damals wörtlich und ging – haarscharf zu weit! Jedenfalls für den Geschmack ihrer Familie und einiger hochkarätiger Freunde. Die mochten sich nicht an ihrem unbestritten geschliffenen Schreibstil delektieren, wie die Kritiker und Normalleser. Sie zogen die Konsequenzen und machten für geraume Zeit für die entratene Tochter ›die Schotten dicht‹.
»Heute«, so erklärt diese mit dem für sie typischen verhaltenen, kaum vernehmbaren Stimmchen, »da haben sich alle wieder beruhigt. Was das Buch betrifft, so habe ich mir

damals schreibend nur noch einmal vorgeführt, was mich zu Hause nicht halten konnte. Ich wollte herausfinden, was in mir steckt. Im Gegensatz zu meinen Eltern, die mich als standesgemäß verheiratete blaublütige Gattin eines noch blaublütigeren Mannes sehen wollten. Mit einem absolvierten Kochkurs im Pariser ›Cordon Bleu‹. Was sonst? Weil ich dafür nie gebaut war, bin ich statt dessen auf die Sorbonne geflüchtet und habe Philosophie studiert.«
Die Elisabeth Plessen, die das alles wie eine brave höhere Tochter herunterspult, sagt plötzlich energisch:
»Ich will mir mein Leben und meinen Erfolg über die Sprache erobern. Das ist mein Besitz. Mein Territorium. Nicht das Schloß, das sowieso meinem Bruder gehört« – hier schwingt auf einmal so etwas wie unterschwelliges Aufbegehren mit – »oder eine Villa oder sonst eine Latifundie«.
Daß sie auch hier meint, was sie sagt, demonstriert sie mit dem, was ihr heutiges Zuhause ist, in das sie mich zunächst widerstrebend, dann voll Herzlichkeit ›eintreten‹ läßt. Eine karg ausgestattete Fünfzimmerwohnung in einem Altbau im Berliner Stadtteil Wilmersdorf ist es gewesen. Gemütlich oder wohnlich oder gar schick konnte man dieses Domizil beim besten Willen nicht bezeichnen. Eher als eine Art Arbeitsquartier. Oder wie es offiziell hieß, eine ›Wohngemeinschaft‹, die sie aus Gründen der Praktikabilität seit einigen Jahren mit dem Regisseur Peter Lilienthal teilte.
»Ich habe noch nicht gelernt zu wohnen«, fängt die Plessen die Fragen nach ihrem etwas ungewöhnlichen ›Ambiente‹ ab. »Ich wohne mehr in meinen Büchern und in meinem Zettelsalat. Alles was ich brauche, ist ein großer Schreibtisch, ein riesiges Bett und eine Schreibmaschine. Und viele, viele Schallplatten.«
Sehr ehrlich, ohne Pathos oder Ironie fährt sie fort: »Die Einrichtungen in den Häusern, in denen ich aufgewachsen

bin, die waren so beherrschend, daß ich im Augenblick noch am ruhigsten bin, wenn es so ist wie jetzt – eben mit fast nix.«
Daß sie irgendwann, vielleicht in ein oder zwei Jahren daran denkt, sich ›richtig‹ einzurichten, läßt sie im Laufe des Gesprächs durchblicken. Auch, daß es dann aber nur italienisches modernes Design sein soll.
»Wenn schon, dann muß alles stimmen. Für Halbheiten bin ich zu ästhetisch und natürlich auch zu sehr in meinem Wohngeschmack von zu Hause geprägt. Soll ich mal Flipper spielen oder lieber Ho-Tschi-Minh auf den Arm nehmen?« fragt sie mich übergangslos wie ein Kind und lächelt dazu. Sie läßt die Tat gleich folgen. Ungeniert wirft sie sich auf ihre überbreite Bettpritsche und streichelt liebevoll »das teuerste Stück, das ich besitze«. Sie meint ihre Siamkatze, für die sie den Namen des ehemaligen Revolutionsführers ausgesucht hat. Gekauft hat sie sie im berühmtesten Kaufhaus Londons: bei Harrods.
»Manchmal«, erklärt sie mir, den Blick auf einen Strauß verwelkter, trostloser, weißer Rosen gerichtet, »da bleibe ich morgens hier in diesem Bett liegen und heule als erstes. Ich bin nämlich ungeheuer stimmungslabil.«
Daß sie es trotzdem sehr weit gebracht hat, wundert nicht. Das äußerlich zarte ehemalige preußische Schloßfräulein ist mit einer gehörigen Portion Disziplin und Arbeitskraft gesegnet.
Dem ersten Buch folgte rasch ein zweites, das sie »Kohlhaas« nannte. »Auf den Spuren Heinrich von Kleists, da habe ich mich posthum gemacht«, erklärt sie die Lage kurz. Daß auch dieser Roman wieder ein Erfolg wurde, regt sie nicht auf. Wichtiger ist ihr, warum sie sich ausgerechnet Kleist ausgesucht und auch noch seinen Romanhelden für sich ausgeliehen hat.

»Der Kleist hatte die gleichen Probleme wie ich. Er stammte aus einer Familie, die ihn in die Offiziersrolle pressen wollte. Er hat dagegen revoltiert, wurde Dichter und hatte die Last der Beweisführung seiner Sippschaft gegenüber, daß er das Schreiben besser kann als das, was die von ihm wollten. Weil mir das sehr bekannt war, habe ich diesen Stoff nicht liegen lassen können.«
Die Plessen, die ihre Formulierbegabung vor Jahren als Volontärin bei der ZEIT erprobte, dann aber merkte, daß sie für den Journalismus zu langsam, zu bedächtig ist, wie sie sagt, greift mit Vorliebe zu Biografischem. Nach »Kohlhaas« erschien »Zu machen, daß ein gebraten Huhn aus der Schüssel laufe«. Was ist hier passiert? überlege ich. Schlägt die ›Wortrasante‹ nun plötzlich die sanften Töne an, gibt es eine Nostalgie-Brühe, auch bei ihr? Der Titel signalisiert nichts, was nach ihrer Machart tönt. Die Plessen beruhigt mich.
»Etwas wie Zauberei liegt schon über diesen Texten«, erläutert sie auf solche Reaktionen wohlpräpariert. »Aber dabei geht es auch wieder recht robust zu, mit Liebesgeschichten, Eindrücken aus meinen Reisen nach USA und Nicaragua. Und die bedrängenden Bilder aus der Kindheit, die fehlen natürlich ebenfalls nicht. Ich hoffe, den Leuten gefällt's!«
Elisabeth Plessen sagt: »Ich schreibe mich mit allen neuen Themen an den Rand der Erschöpfung, brüte oft tagelang über einem Satz. In solchen schlimmen Phasen will ich keinen Menschen um mich haben und esse höchstens noch Quark, weil sonst das Nachdenken, oder was es sein könnte, entfällt. So wie jetzt, wo ich schon wieder ein Buch plane.«
Und scherzend deutet sie an: »Auch hier ist wieder mal von Mord und Totschlag die Rede.«
Daß es diesmal nicht um das Vater-Tochter-Problem geht, sondern Mann-Frau dran sind, läßt sie sich gerade noch

entlocken; daß so was nun endlich fällig war, gibt sie auch zu. Auch daß es von Neurosen darin nur so wimmelt. Auf die Frage, wie es überhaupt um ihr Privatleben steht, will sie erst nicht richtig ran, aber dann sagt sie:
»Ans Heiraten habe ich nie gedacht. Man kann auch so leben. Ein Partner gehört natürlich schon dazu. Aber weil ich sehr schwieirig bin, hat es ein Mann mit mir nicht so leicht. Daß der Peter Lilienthal und ich hier zusammenleben, hat übrigens mit Liebe nichts zu tun, nur mit Freundschaft.«
Daß sie ihr ›Paket Liebe‹, wie sie es bezeichnet, jahrelang mit dem Schriftsteller Ernst Schnabel teilte, erwähnt sie am Rande. Inzwischen gibt es einen anderen, der das Paket kräftig plündern darf. Sie rückt damit nur ängstlich raus und sagt:
»Es ist alles chaotischer geworden bei mir. Ich muß Arbeit, Leben und Liebe zusammenbringen. Obwohl es immer an der Kippe des Erträglichen steht, wenn man sich mit einem Menschen einläßt, suche ich diese Spannungen. Man muß eben sehr stark sein, wenn man das aushalten will.«
Elisabeth Plessen spricht jetzt so leise, daß man sie kaum verstehen kann. Schließlich schweigt sie endgültig. Und weil sie sich für eine hält, die alles ›über den Kopf macht‹, wischt sie alle Gefühlsduselei rasch vom Tisch und kommt wieder auf ihre Schreiberei.
»Schreiben ist ein rabiater Vorgang. Er frißt mich jedesmal auf. Einerseits verschafft er mir Ruhe, andererseits zerstört er mich. Mir kommt das Büchermachen so vor, wie das Einziehen in Wohnungen. Nach ein paar Jahren will ich nichts mehr damit zu tun haben. Dann will ich einfach raus.« Und sinnierend fährt sie fort: »Mein Traum, der in mir steckt, wäre, irgendwo endlich einmal seßhaft zu werden. Ich verlängere ihn leider immer weiter in die Zukunft...«
Irgendwo auf dem Lande leben, weggesteckt in einem Dorf,

mit einem Partner zusammen und sich gegenseitig Fantasie geben, das wär's wohl. Aber die Plessen, die diese Vorstellung zwar formuliert, macht sogleich einen Rückzieher.
»Ich kann das alles nicht. Noch nicht. Ich kann augenblicklich nur in einer Stadt leben, so wie hier in Berlin. Wo man Chaos ertragen muß, wo man auf superhysterische Art in die Irritation getrieben wird, und wo man eigentlich immerzu vor dem davonlaufen möchte, was einem so entsetzlich auf den Wecker fällt. Wenn ich diesen Widerstand in mir nicht mobilisieren könnte, könnte ich keine Zeile schreiben.«
Gibt es einen Ausgleich, eine Alternative? Sie weiß es nicht. Die 37jährige mit dem blassen, gut geschnittenen Gesicht, der Stupsnase und den grünen Augen, hat sich in ein schmuckloses ›Hängerchen‹ gehüllt, das an ihre Kindertage auf dem norddeutschen Rittergut erinnert. Die schönen Kleider können es also nicht sein, die sie aus ihrer Denk-Schizophrenie wegstimulieren. Die ›Klamotten‹, wie sie ihre Garderobe nennt, hängen im übrigen irgendwo in einem hinteren Teil der Wohnung auf einer Eisenstange. Daneben liegen Stapel alter Zeitungen und Illustrierter. Wenn von Ausgleich die Rede sein kann, dann käme eher bei ihr das Reisen in Frage. Weit genug hat sie es ja herumgetrieben. Auf Lesetournee, einmal um den halben Globus, bis nach Australien.
»Das war eine Ochsentour, schön und informativ und anstrengend«, sagt sie und lächelt verhuscht. »Ich muß solche Dinge immer mal probieren. Ich brauche den Tapetenwechsel. Schon um mich mit mir selbst auseinanderzusetzen. Aber leben könnte ich da nirgendwo. Da könnte ich gleich in die Klapsmühle gehen.«
Wo also ist der Ort, an dem dieses irrlichterne Geschöpf zu Hause ist? Die Frage, die im ›unmöbilierten‹ Raum geistert, beantwortet Elisabeth Plessen ungefragt.

»Hier«, sagt sie und treibt das Monotone in Stimme und Gebärde fast bis an die Spitze, »in diesen Räumen, wo es keine Bilder an den Wänden gibt, keine Antiquitäten, keine richtigen Stühle und den einzigen Tisch in der altmodischen verlodderten Küche: Hier fühle ich mich geborgen.«
Ob sie hier zu Hause ist, verschweigt sie. Nicht verschweigen kann sie ihre Liebe zur Musik.
»Ich habe mal eine dolle unglückliche Strecke Verliebtsein zu einem Pianisten gehabt«, entfährt es ihr, und dabei wird sie ungewöhnlich lebhaft. »Das ist zwar lange her, ich war noch Teenager, und er war damals längere Zeit Gast auf dem Schloß meiner Eltern. Aber es hat mir den Sinn für die Musik beigebracht. Weil ich ihm imponieren wollte, habe ich nicht nur die widerlichen Pflichtetüden auf dem Klavier geübt, sondern sogar noch Querflöte probiert.« Sie lacht zum ersten Mal ganz richtig und ganz laut. »Bei ihm habe ich Jahre später dann in Hamburg das Buch mit dem Adel ›entworfen‹, im Hintergrund das 2. Klavierkonzert von Brahms. Die Platte lief den ganzen Tag.«
Daß es seitdem bei ihr nicht mehr ohne ›musikalisches Opfer‹ abgeht, wenn sie dichtet, gibt sie gerne zu. Für den »Kohlhaas« mußte die »Wandererfantasie« von Schubert herhalten. Was sie für das »gebratene Huhn« verbraten hat, daran kann sie sich angeblich nicht mehr erinnern. Kein Wunder. Denn die musikalische Dichterin hat schon wieder eine neue Dauerplatte aufgelegt. Es ist das d-moll Violinkonzert von Schumann.
»Im letzten Satz«, so flüstert sie, daß ich Mühe habe, sie zu verstehen, »da hört es sich an, als wenn ein Davoneilender den Mantel abwirft. Dieses ist meine Lieblingsstelle.« Damit man einen Eindruck erhält, dreht sie den Plattenspieler voll auf. Während es furios durchs Zimmer dröhnt, macht sie sich ein paar Notizen auf einem Stück Papier. »Das hat mit dem

neuen Buch zu tun.« Als sie das vor sich hinmurmelt, macht sie ein Gesicht, als käme sie von einem anderen Stern.
Plötzlich fährt sie erschrocken hoch und meint, daß sie viel zu viel von sich preisgegeben habe. Die Gräfin, die keine mehr sein will, ist eines ganz sicher nicht: die ausgeflippte, kühle Intellektuelle, als die sie sich so gut verkauft. Der Vergleich vom verschreckten, sensiblen kleinen Vogel, der aus dem Nest gefallen ist, paßt besser. Das habe ich ihr auch zum Ende unserer Unterhaltung ohne Zögern gesagt.
»Kann schon sein, daß Sie recht haben«, meinte Elisabeth Plessen verträumt, meldete dann aber spontan ›Ende der Vorstellung‹ an. Schön, dachte ich mir, daß es so menschliche, wenn auch manchmal aufmüpfige Literatinnen gibt. »Ich bin so unbegabt mit Widmungen, aber trotzdem Danke fürs Reden«, sagte sie. Knappe Verabschiedung. Dann bin ich gegangen.

Maurice Sendak

Picasso der Kinder

Aus einer armen polnisch-jüdischen Emigrantenfamilie stammt er. Wie viele seiner Zunft, ohne die im Land der unbegrenzten Möglichkeiten einfach nichts geht. Seine Wiege stand auch nicht in New Yorks Nobelvierteln von Long Island oder Manhatten, sondern bei den Handwerkern in Brooklyn. Sein Vater schneiderte Hosen. Geld war zwar knapp, aber er durfte aufs Gymnasium. Schon als Pennäler illustrierte er klassische Texte, obwohl ihm die Schule im allgemeinen höchst zuwider war.

Doch die Sorge der Eltern, sich womöglich für einen brotlosen Künstler krummgelegt zu haben, war unbegründet. 1975 kürte ihn die ›New York Times‹ zu einem der mächtigsten Männer Amerikas – nach dem Präsidenten natürlich! Denn seine Macht hatte nichts mit Politik zu tun, nur mit seiner ungezügelten Phantasie: Maurice Sendak, heute 58 Jahre alt, war damals schon weit über das Klassenziel hinausgeschossen.

Unangefochten gilt er seit vielen Jahren als Amerikas populärster Kinderbuchillustrator. Und auch in Europa zählt er längst zu jenen ›Klassikern von drüben‹, die von Eltern und Kindern gleichermaßen geliebt werden. Der mit Ehrungen und Preisen überschüttete, der das Familien-Wohnghetto schon lange mit dem eigenen Zehnzimmerhaus auf dem Lande im Staat Connecticut vertauscht hat, wird von seinen

unbestechlichen Kritikern als poetischer, intellektueller Rebell gefeiert. Nicht von ungefähr. Achtzig Bücher hat er im Laufe des letzten Vierteljahrhunderts illustriert und getextet. Und dabei nach und nach mit der eigenen unbewältigten Vergangenheit abgerechnet.
Den Durchbruch schaffte er schon 1963 mit seinen ›Wilden Kerlen‹ und der ›Nachtküche‹. Einen weiteren Höhepunkt in seinem ›Schaffen für Kinder‹ nannte er Jahre später ›Als Papa fort war‹.
Der Junggeselle lud mich zum Tee ein. Er machte ihn selbst. Und auch sonst kein Star-Gezeter. Gleich zur Einstimmung verkündete er mir: »Ich bin zwar ein strammer Egoist, aber auch ein unverbesserlicher Nostalgiker.« Und schnell hatte er auch die Begründung parat: »Alle Ideen zu meinen Büchern kommen zum einen aus den Erzählungen meiner Eltern. Sie kannten noch das polnische Dorf, wo Sitten und Gebräuche liebevoll gepflegt wurden. Zum anderen habe ich noch die aufregenden Jahre von Walt Disney und King Kong an mir vorüberrauschen sehen. Es war ein ständiges Traum-Dasein, so wie es nur Einwanderungskinder erleben können. Bis heute leide ich fast physisch darunter, wenn ich etwas von dieser seltsamen Kindermärchenwelt für meine Verleger preisgeben muß.« Er hüstelt diskret, als er die Verleger ›bemüht‹. Ich gestatte mir ein lautes Räuspern. Dann lachen wir beide.
Daß der Knabe Sendak allem Gedruckten nur mit heiligem Respekt begegnet ist, erzählt mir der Mann Sendak mit gewisser Scheu. »Als Kind habe ich die wenigen Bücher, die ich mir leisten konnte, nicht etwa sofort gelesen. Es war immer das gleiche Ritual: Zunächst habe ich sie lange liebevoll gestreichelt. Dann habe ich an ihnen gerochen und manchmal sogar hineingebissen.« Sendak nimmt die Hornbrille ab, wischt ein bißchen verlegen an den Gläsern herum

und meint: »Ähnlich lustvolle Ausbrüche gestatte ich mir heute natürlich nicht mehr.«
Ich glaub's ihm. Seine etwa 20 000 Bände zählende Bibliothek, in der es von wertvollen Erstausgaben nur so wimmelt, hütet er wie eine Glucke ihre Küken. Die meisten der einschlägigen Weltklassiker habe er zweimal gelesen, erzählt er noch, skizziert nebenbei ein ›Monster‹ auf die Serviette und schiebt sie mir zu.
Der Amerikaner, den ein Magazin einmal als ›Picasso der Kinder‹ feierte, meint, von mir darauf angesprochen, nur: »Alles Quatsch!« Er lenkt jetzt von sich ab.
Während wir in seiner herrlich altmodisch eingerichteten Küche die erste Tasse Kamillentee trinken (er hält auf Gesundheit), kommt er auf drei Unsterbliche: Mozart, Kleist, Runge. Der Komponist, der Dichter und der Maler, die, von ihrem Genius abgesehen, nur den frühen Tod gemeinsam haben, reißen ihn, unerwartet für mich, zur Euphorie hin: »Da kann kein Goethe mehr mit, kein Beethoven, kein Dürer. Diese drei sind für mich die Allergrößten, das sag ich Ihnen!« Er duldet keinerlei Widerspruch.
Sendank, der seinen Arbeitstag militärisch diszipliniert ablaufen läßt, hat nicht nur für seine geistige Arbeit ein System entwickelt, aus dem er nicht aussteigen kann. Auch privat gibt es keine Schlamperei. Der Handwerkerssohn aus Brooklyn wohnt nicht ›zufällig‹. Alles ist streng seinem Ordnungsprinzip unterworfen: Salon und Steinway-Flügel, Eßzimmer und Stereoanlage, Bibliothek und irgendwo versteckt ein Cembalo. Und alles ist gediegen. Niemand käme auf die Idee, daß hier einer entgangenes ›Wohnmilieu‹ nachzuholen hätte. Im Studio geht es fast noch pingeliger zu! Überpedanterie am Zeichentisch. Er erklärt das mit bissigem Charme: »Ich könnte mir nichts einfallen lassen in einer sogenannten chaotischen Künstlerwerkstatt, wie das manche kreative

Zeitgenossen heute so schick trendkrank aufführen. Hier, wo ich fünf bis sechs Stunden täglich arbeiten muß, kann es nicht drunter und drüber gehen. Da muß eiserne Disziplin herrschen.« Als ich wohl etwas verschreckt dreinschaue, beruhigt er mich: »Als Männchenmaler habe ich ein Recht auf einen mittelprächtigen Spleen, oder etwa nicht?« Ich nicke.
Sendak, den ich für einen genialen Traumtänzer halte und ihm das auch sage, nimmt es wohlwollend zur Kenntnis. Er hat längst gelernt, daß sich nicht nur seine Kunst, sondern auch sein Typ als ›Parade-Einzelgänger‹ erstklassig verkaufen.
Neben den Freunden aus der Nachbarschaft, erzählt er weiter, die einmal wöchentlich zum Musizieren erscheinen, begleiten ihn seit Jahren lediglich zwei Schäferhunde und ein Golden Retriever. Sie hören auf die exklusiven Namen Runge, Agamemnon und Io. Und sie hätten nichts von ›wilden Tieren‹ an sich, sagt ihr Herr. Auch noch: »Sie kann ich jederzeit abschieben. Das ginge mit einer Familie nicht.« Als ich einwende, daß es vielleicht für ihn doch ein ganz schönes Hundeleben sei, schüttelt er lachend den Kopf. »Ich habe noch jede Menge Schwestern, Brüder, Nichten, Neffen – ich weiß gar nicht genau, wie viele es sind. Und sie sind allesamt so reizend. Und so herrlich besitzergreifend, so ›gottgewollt‹, wie das mit der Verwandtschaft halt so ist. Da fehlt mir wirklich nichts.«
Wir kommen wieder auf seinen Tagesablauf. Mit den Hunden geht er täglich zwei Stunden spazieren. Bei jedem Wetter. Täglich liest er auch zwei Stunden Kleist (wie die Bibel, angeblich), und auch Mozart ist im ›Zweistundentakt‹ und jeden Tag dran. Nur bei Philipp Otto Runge hakt es aus. Da kann er sich nur vor ein Poster aus der Hamburger Kunsthalle stellen, das ihm eine deutsche Verehrerin vor

Jahren geschenkt hat. »Ich gäbe viel Geld für ein Original.« Er preßt es fast weinerlich aus sich heraus. Denn er weiß, daß es das nicht mehr gibt.
Europa ist ihm im übrigen auch sonst nicht unvertraut. Um die Grimmschen Märchen ›ortsgetreu‹ zu illustrieren, wanderte er vor Jahren mit seinem Zürcher Verleger Daniel Keel und dessen Frau Anna quer durch deutsche Lande. »Meine Eltern hätten mir das allerdings nie verziehen. Sie haben schon früher meine enge Beziehung zur deutschen Kunst und Kultur nicht verstanden.«
Jetzt will ich es endlich wissen, wie er zu den ›Wilden Kerlen‹ kam, jenem Buch, das ihn im wahrsten Sinne des Wortes weltberühmt gemacht hat. »Ich habe sie erfunden«, meint Sendak schmunzelnd, »weil es in meiner frühen Jugend Onkel und Tanten mit entsetzlichen Warzen und Nasen gab. Sie haben mich immer scheinheilig mit Zärtlichkeiten überhäuft und behauptet, daß sie mich zum ›Fressen süß‹ fänden. Da habe ich ihnen ein für allemal ein Denkmal gesetzt. Jedes Kind hat solche Tanten und Verwandte, da mußte ich mir ganz einfach stellvertretend für sie Luft machen.«
Daß er das nicht umsonst getan und die Sache ›eingeschlagen‹ hat, ist nicht zu leugnen. Im Frühjahr 1980 wurden Sendaks Kinderbestseller im Brüsseler Théâtre de la Monnaie als Oper uraufgeführt. Das Libretto dazu hat er selbst geschrieben. Als das Londoner Littleton-Theater drei Jahre später, Ende 1983, kräftig ›dazustieg‹ und vor ständig ausverkauftem Haus ein ganz neues britisches Theaterentzücken auslöste, war die Sache endgültig nicht mehr aufzuhalten.
Daß die Erfolgsoper inzwischen auch noch vom britischen Fernsehen aufgenommen wurde, damit alle was davon haben, ist Maurice Sendak ganz sicher nicht unrecht. Allerdings, so behauptet er unschuldig, schaue er fast nie in die

›Glotze‹. Aber Europa ist weit, und zum Glück hat er ja alles auf Video. Für jene Stunden, in denen er sich auch mal von den Herren Mozart, Kleist und Runge erholen muß.
Daß er auch im eigenen Land fürs Theater gefragt ist, gibt Sendak erst auf Anbohren preis, während wir viele weitere Tassen Gesundheitstee trinken. Das löst ihm offensichtlich die Zunge. So erfahre ich, daß er in Houston/Texas am dortigen Opernhaus Mozarts ›Zauberflöte‹ ausstattet. Und auch die New Yorker City-Oper bat ihn um das Bühnenbild für Janáčeks ›Schlaues Füchslein‹. »Sie sehen, zum Büchermachen habe ich fast keine Zeit. Überhaupt, was soll's, ich bin nicht mehr der Jüngste.« Und kokettierend meint er, jetzt wohl auf Widerspruch hoffend, den ich mir aber absichtlich verkneife: »Ein alter Mann ist eben kein Schnellzug!« Sendak nimmt nochmal einen kräftigen Schluck aus der großen Tasse, so, als wolle er gleichsam den Erfolg, mit dem er nun mal leben muß, im geliebten Tee ersäufen.
Ist der Mann karrieremüde, dessen Ruhm sich nicht nur auf seine virtuose Feder gründet? Ein Wunder wär's nicht, wenn er es allmählich satt hätte, denke ich mir. Seit einigen Jahren muß der ›Disziplinbolzen‹ mit einem Herzinfarkt leben.
»Sollten Sie nicht irgendwann mal kürzer treten?« frage ich.
»Ja, selbstverständlich. In meinem nächsten Leben, wenn ich Hundetrainer bin.« Er lächelt jetzt hintersinnig und zeigt mir aus der Ferne das Cover seines neuesten Buches: ›Der Nußknacker und der Mäusekönig‹. »Für Kinder und Erwachsene?« will ich neugierig wissen. »Oder ganz was Neues?« Sendak zuckt mit den Schultern und meint treuherzig: »Ganz was Neues kann ich nicht.« Daß der ›Nußknacker‹ von E.T.A. Hoffmann inzwischen in den USA zum literarischen Hit wurde, nimmt er ebenso selbstverständlich hin wie den Ehrendoktorhut, den ihm die Universität von Boston für seine ›Wilden Kerle‹ kürzlich aufgesetzt hat.

Plötzlich hat er's eilig, will zu Ende kommen. Der Grund ist plausibel: Es ist jetzt nämlich Mozart-Time!

Franz Josef Strauß

Der barocke Bayer kämpft mit den Pfunden

Jahre ist es her. Die Care-Paket-Aktion war soeben zu Ende gegangen. Man durfte bescheiden zwar, aber genüßlich unter anderem wieder an gutes Essen und Trinken denken. Ich machte gerade Tanzkurs und bekam den ersten Sekt meines Lebens spendiert. Da war er schon ganz präsent: Franz Josef Strauß.
Der Mann der ersten Stunde unter Adenauer. Der engagierte Parlamentarier. Der Bundesminister. Der Parteiführer und Begründer der CSU. Später war er dann auch Kanzlerkandidat. Heute ist er Bayerischer Ministerpräsident. Wie immer man zu ihm steht – ohne ihn wäre es kaum so brisant bis amüsant in der politischen Nachkriegslandschaft zugegangen. Am 6. September 1985 feierte er seinen 70. Geburtstag. ›Viel Feind, viel Ehr‹ stand zwar immer auf seinem Panier. Gekümmert hat ihn das anscheinend nie. Er hat damit gelebt und unbeirrt für die junge Republik nach dem verlorenen Kriege gefochten. Auch manchen Streit vom Zaun gebrochen, gewiß. Aber am Ende oft genug recht behalten. Ein Mensch, der es geschafft hat, mehr als andere je vor ihm, die Diskussionen, die er im Bonner Parlament und anderswo so geschliffen führte, sogar bis an die friedlichen Mittagstische der Familien zu tragen. Schon ein Phänomen! Das habe ich oft genug erlebt – wenn wohlerzogene Gastgeber, mit denen man nicht selten sogar befreundet war, schon vor der Vor-

speise zu Rüpeln wurden, »weil der Strauß wieder mal«..., andere hingegen glänzende Augen kriegten und vor Begeisterung das Essen überhaupt vergaßen, auch, »weil der Strauß wieder mal«... Zwei Lager blieben nicht selten zurück. Nicht nur an schön gedeckten Tafeln. Da konnte man dann nur von dannen ziehen, fasziniert von dem geselligen Beisammensein, das die Allgegenwärtigkeit seiner Person einem einmal wieder beschert hatte. Und manchmal ging es zu Hause sogar fröhlich weiter...
Schicksal war es, daß ich ausgerechnet im Zusammenhang mit Essen und Trinken die Bekanntschaft des Bayerischen Ministerpräsidenten machte. Ein heikles Thema stand plötzlich vor mir. Denn ich bin weder Spezialist für Politik, noch für Fastenkuren. Um letztere ging es. Ich sollte den Vollblutpolitiker nicht etwa danach befragen, was er bei offiziellen oder privaten Essen bevorzugt und was nicht, ob die Zusammensetzung eines kalorienarmen Menüs oder eines deftigen, politische Entscheidungen am Ende doch positiv oder negativ beeinflußt...
Das wäre meine Sache nicht gewesen, aber vielleicht doch nicht so ganz uninteressant. Man stelle sich vor: es wird Schweinebraten mit Knödeln serviert, dann müßte die Stimmung sicher ausgezeichnet sein. Bei allzuviel Salat und Gemüse käme vermutlich die Assoziation zu den ›Grünen‹. Keine gute Gesprächsbasis, denke ich mir. Bei Undefinierbarem, das ja auch häufig als Delikatesse gereicht wird, liefe es sicher auch nicht so überwältigend. Das würde ihn womöglich an die FDP erinnern. Und die beliebte rote Grütze, ich weiß nicht. Die, so könnte ich mir vorstellen, ißt er womöglich gar nicht. Oder nur anstandshalber. Alles Spekulation. Ich hatte viel Unbequemeres zu fragen.
»Wie, Herr Ministerpräsident«, so begann ich unser Gespräch, »denken Sie über das ›Abspecken‹?« und der

private Franz Josef Strauß, alles andere anscheinend als ein eitler Mensch, sonst hätte er dazu überhaupt keine Antwort gegeben, plauderte belustigt und ohne Umschweife über seine diesbezüglichen Probleme. Darüber, was er tut und was er läßt.

»Ich bin ein barocker Bayer«, sagte er, »da ist es klar, daß ich mit den Pfunden immer im Clinch liege, mit oder ohne Streß.« Er schmunzelte. »Das Essen und Trinken ist für mich ein kultureller Vorgang. Während zweier Weltkriege habe ich zuviel hungern und auf gute Küche verzichten müssen.« Und mit verstecktem Charme sagte er: »Damals war ich fast dürr! Heute«, fuhr er fort, »da brauch' ich so ein Ripperl nur anzuschauen, schon habe ich ein Kilo mehr auf der Waage.« Der bayerische Landesvater zierte sich auch keineswegs zu bekennen, daß seine vielen gesellschaftlichen Verpflichtungen häufig keinen Spielraum lassen, eine konsequente Diät einzuhalten.

»Wenn ich regelmäßig zu Hause essen könnte«, meinte er, »dann wäre ich das Problem sicher bald los. So muß ich halt versuchen, mich einigermaßen von einem Essen oder Bankett zum anderen unter Auslassung der besonders gefährlichen Dickmacher durchzumogeln.«

Beim berühmten Salvator-Anstich allerdings, da läßt er sich nicht lumpen, das betonte er extra. Er, der sonst am allerliebsten Wein trinkt. Aber auch nur abends und gespritzt. Und dann eröffnete er mir noch ganz ernst:

»Ich sage immer, nicht F. d. H. sondern E. V. g., das heißt auf gut bayrisch: Ein Viertel genügt.« Und bei solchen witzigen Formulierungen, die dem oft streitbaren Politiker nicht selten über die Lippen kamen, plauderte er auch ungeniert mit mir über seinen Magenfahrplan.

»Zum Frühstück, an Tagen, wo mit einer ›Offiziellen Essenskette bis in die Nacht‹ zu rechnen ist, halte ich die Zügel

wenigstens am Morgen straff. Da gibt es dann 2 Tassen ungesüßten Tees, Magerquark und eine Scheibe Pumpernickel.«
»Haben Sie eine Philosophie, was Ihren Tagesbeginn betrifft?« fragte ich ihn.
»Ja, gar kein Frühstück ist ungesund«, kam es prompt. An Wochenenden sieht es ein bißchen gemütlicher aus. Dann wird das Mittagessen durch ein ausgedehntes spätes Frühstück ersetzt. Das Wort ›Brunch‹ gibt es in seinem Vokabular nicht, er findet das albern. Aber auch fürs ›lange Frühstück‹ gilt die Devise: »Nicht allzu üppig!« Außer magerem Schinken und dem üblichen, gibt es zusätzlich noch ein 9–10 Minuten-Ei. Das deswegen, so belehrte mich Franz Josef Strauß, »weil alles, was 3 oder 4 Minuten kocht, noch so ›batzig‹ ist, daß es mir nicht nur nicht schmeckt, sondern auch am Ende noch den Anzug verkleckert.«
Daß er das nicht mag, verstand ich. Und wenn ein echter Bayer kleckern sagt, dann darf man durchaus annehmen, daß er nicht damit klotzt, aus Imagegründen zu denen gehören zu wollen, die mit Appetitzüglern und Abmagerungskuren ›arbeiten‹.
»Arbeiten«, meinte er, »so wie ich es verstehe, hart und angestrengt, kann man nur, wenn man was Gescheites im Magen hat.«
Und jetzt wollte er vom Essen nichts mehr wissen. Ich hatte den Eindruck, daß er nur einfach hungrig war. Doch zum Thema ›Diät‹ ließ er mich noch kurz wissen:
»Wenn ich Zeit habe, dann verschaffe ich mir vom Vierzehnstundentag Entspannung mit stundenlangen Radtouren, auf der Jagd und beim Fliegen. Ob ich davon allerdings je ein Gramm abnehme, habe ich noch nie kontrolliert.«
Zum guten Schluß fügte er noch hinzu: »Ich tue es halt, weil es mir Spaß macht. Und weil ich damit aktiv gefordert bin.«

Ein Grund auch, warum der Bayerische Ministerpräsident wohl auch keine rechte Meinung zum Saunabesuch hatte. »Das ist mir alles zu passiv«, sagte er und lachte dazu, nicht ohne ironischen Unterton in der Stimme.
Daß die Passivität nicht seine Sache ist, wissen inzwischen alle. Daß er sie vorderhand nicht zu bremsen gedenkt, ließ er auf die Frage nach seinem derzeitigen Wohlbefinden durchblicken. Kurz sagte er da:
»Im großen und ganzen fühle ich mich eigentlich gesund.«
Das heißt im Klartext: Man kann weiter mit einem Politiker rechnen, der mit oder ohne Diätfahrplan, voll im Einsatz ist.
Als ich Franz Josef Strauß mit meinem seltsamen ›Interviewfahrplan‹ nach herzlicher Verabschiedung verlassen hatte, dachte ich an etwas völlig anderes. Da hat mal einer zu mir auf dem Flug in die Staaten gesagt: »New York kann man entweder total lieben oder total hassen. Und mit dem Franz Josef Strauß ist es genauso.« Ihn kenne ich nur flüchtig – New York sehr gut. Und es gefällt mir.

Peter Scholl-Latour

Der Weltenbummler und die ganz große Karriere

Dr. Peter Roman Scholl-Latour, Jahrgang 1924, viele Jahre Chef-, Sonder- und Frankreich-Korrespondent des ZDF in Paris, gab sich zögerlich, als ich bei ihm 1982 um ein Gespräch nachsuchte.

»So unter Kollegen«, er räusperte sich, »also, ich weiß nicht, ob ich da so die richtige Figur bin. Wen interessiert schon, daß mein einziges wirkliches Hobby mein Beruf ist, und ich gelegentlich mal um den Block jogge, um mein Gewicht zu halten. Wollen wir es nicht lieber lassen? Man kriegt so leicht das Etikett verpaßt, ein eitler oder wichtigtuerischer Mensch zu sein. Und dabei bin ich eigentlich ja nur ein ganz schlichtes Gemüt.«

Der will nicht, registrierte ich blitzschnell! Die Großen, die Mächtigen sind seine Partner.

Nicht die Kollegen, zu denen er mich höflicherweise sortiert hatte. Drei Tage später öffnete er mir die Tür zu seiner Pariser Wohnung.

Der schlichte Mensch gab sich vom ersten Augenblick an wie er ist, und wie man ihn von der Fernsehscheibe kennt: souverän, liebenswürdig, weltmännisch, gebildet. Dabei steht ihm der gewisse kleine Hang zur kleinen Arroganz (von wegen selbstverordneter Eitelkeit!) nicht schlecht. Wie jeder Intellektuelle lebt er von der Nuance. Und schon damals – inzwischen hat es ihn nach einigen Turbulenzen auf allerlei

Vorstandssessel und die wichtigsten Schalthebel der neuen Medien katapuliert – wußte er um sein berufliches Risiko. Wunderte sich, daß er nicht schon mit Fünfzig vom Fenster weg war, sondern noch als ›Fossil‹, wie er sich kokettierend bezeichnete, unangefochten als Mann des anerkannten Erfolgs galt. Der heute Einundsechzigjährige, der jahrelang die Nation von allen Brennpunkten der Welt mit präzisen, kenntnisreichen und oft halsbrecherischen Reportagen versorgte, ließ gleich bei der Begrüßung durchblicken, was ›Sache‹ ist.
»Ich bin ein Pedant. Zum Arbeiten brauche ich einen ordentlichen Tisch, einen anständigen Stuhl, vor allem eine gerade Haltung.«
Das fing ja gut an; Zweifel überfielen mich plötzlich. War ich gut genug für einen präpariert, der den Ruf so einer Art Alleskönner vor sich herträgt, zwei dicke Bücher über Schiiten, Sunniten und den Vietnamkrieg (»Der Tod im Reisfeld«, »Allah ist mit den Standhaften«) als Dauerbrenner auf den Bestenlisten hatte? Und wieso eigentlich Pedant? Schließlich hatte er doch über Jahre monatelang im Schlamm und Kugelhagel der afrikanischen und fernöstlichen Kriegsherde herumgelegen, hatte es lieber mit der prickelnden Gefahr gehabt als mit dem öden Bürokram.
Zur inneren ›Aufrüstung‹ genehmigte ich mir einen raschen Blick in die imposante Spiegelwand seines Wohnraums. Fand auf die Schnelle nichts an mir, was sein kritisches Reporterauge hätte ›beleidigen‹ können. Nun denn! Der Herr mit dem Bürstenhaarschnitt im korrekten Schlips- und Kragendreß des internationalen Machers, nahm mir rasch die Zweifel. Auch die jetzt fällige erste Frage drehte er mir geschickt aus der Hand. Noch ehe wir ans ›Eingemachte‹ gingen, wie er es salopp und herzlich lachend nannte.
»Also ein Saubermann bin ich nicht. Ich kann mir weder

einen Knopf annähen, noch kriege ich einen Nagel in die Wand. Nur Tee und Eier kochen kann ich wirklich gut – eigentlich bin ich ein Kerl ohne die geringsten nützlichen Eigenschaften«, tönte er fröhlich über sich selbst.
Wir hatten uns in seinem schicken ledernen Sofa niedergelassen. Scholl-Latour, er bat ausdrücklich darum, seinen Doktortitel zu vergessen, wohnte damals am Pariser Bois de Bologne. In einem unscheinbaren Mietshaus, das 1918 von einem ehemaligen russischen Großfürsten erbaut worden war. Daß im früheren Dienstbotenhäuschen des Hinterhofs ein Graf La Rochefoucauld, Nachfahr des berühmten Schriftstellers lebte und im Stockwerk über ihm eine Gräfin von Paris, kommentierte er sachlich (an Hoheiten war er gewöhnt). Gleich nahm er auch die Kurve zum eigenen ›Wohnverständnis‹.
»Wissen Sie, ich bin jahrzehntelang ein Unbehauster gewesen. Was hier in dieser zugegeben ganz hübschen Fünf-Zimmer-Wohnung herumsteht, würde ich jederzeit in einen mittleren Container zusammenpacken und wie ein Nomade damit weiterziehen. Wenn es sein müßte, auch durchaus sofort! So war das immer, so wird das wohl auch noch eine Weile bleiben, fürchte ich.«
An die privaten Dinge, das bekam ich sofort spitz, wollte er zunächst nicht so gerne ran.
Er nuschelte sie mit seiner berühmten Nasalstimme möglichst rasch vom Tisch.
»Natürlich hänge ich sehr an einigen Dingen«, fast entschuldigend preßte er das aus sich heraus. »Es gibt so ein paar Lieblingsbücher, ein paar Schallplatten von Bach, Gregorianische Choräle und ein paar Antiquitäten, die ich im Laufe meines vagabundierenden Reporterdaseins von überall auf der Welt zusammengetragen habe.« Beim Stichwort Reporter endlich kam Bewegung in die Sache. »Mein Vater schon

wollte Journalist werden, aber das galt zu seiner Zeit als unseriös, er wurde Arzt«, sagte er.
Apropos unseriös: Auf Scholl-Latour, da reimte sich doch für die Kollegen jahrelang so griffig ›Scholl-auf-Tour‹, auch ›Scholl-L'Amour‹ fiel mir plötzlich ein. »Wie finden Sie es, mit so einem ›Gütezeichen‹ herumzurennen?«
Scholl-Latour grinste mich an. »Prima. Da hat sich doch endlich mal einer ungeheuer geistig strapaziert.«
Und flugs griff er jetzt von sich aus ins private Nähkästchen, plauderte ungeniert drauflos. Davon, daß er in Bochum geboren ist, sich aber, weil ein Teil der Familie aus Frankreich stammt, immer als ›Grenzgänger‹ gefühlt habe. Deshalb hat er die enge Bindung zur ›Grande Nation‹ nie verloren. Daher rührt auch seine totale Verehrung für Charles de Gaulle, den er gerne zitiert. Auch mit Napoleon fühlt er sich – so kommt es mir vor – ›entfernt verwandt‹.
»Ich kann zwar nicht gleichzeitig wie der drei Briefe schreiben«, meint er scherzend. »Aber was meine ›Emotions Fortes‹ betrifft, zu Deutsch meinen unbändigen Erlebnistrieb, da ist er mir schon als kleiner Junge ein großes Vorbild gewesen. Auch was meine Begabung anbelangt, in allen Lebenslagen zu schlafen.« Kleine Pause. Großes Gelächter.
»Ich habe mein Journalistenleben immer nur unter dem Aspekt des totalen Einsatzes gesehen. Schon damals, als ich 1948 mühsam die ersten Artikel im Pariser Le Monde zu verhökern versuchte«, sagt Scholl nun wieder ganz ernst. »Daß ich Ende der fünfziger Jahre dann als Kriegsreporter im Kongo landete, später in Vietnam vom Vietkong im Dschungellager festgehalten wurde, und anschließend bei den Roten Khmer filmte, das hat mir keiner befohlen. Da hat es mich einfach überall wie magisch hingetrieben.«
Ob er nie Angst gehabt habe, frage ich ihn.
»Eigentlich nicht, auch wenn das einigermaßen überheblich

klingt«, antwortet mir Scholl-Latour. »Die Wahrscheinlichkeit, daß man an Krebs stirbt, ist sicher größer, als daß man eine Kugel im Dschungel von Kambodscha abkriegt. Ich bin ziemlich sicher, daß ich eines ganz normalen Todes sterben werde. Schließlich haben wir ja alle nur eine begrenzte Zeit hier auf diesem Globus. Wer die nicht nützt«, so philosophiert er weiter und schaut dabei plötzlich irgendwohin ins Leere, »der hat für mich nicht oder falsch gelebt.«
Und zum Leben, das läßt der ernsthafte Berichterstatter und ehemalige Jesuitenzögling nicht nur in unserem Gespräch, sondern auch in seinen Büchern durchschimmern, gehört für ihn ein für allemal auch die Adoration des Weiblichen.
»Ich bin deswegen kein Frauenheld«, sagt Scholl-Latour, nun wieder heiter. Auch hat er den Blick jetzt klar auf seine blank geputzten Schuhe gerichtet, mit denen er in sportlicher Manier bequem einen halben Meter nur vor meinem Rekorder hin- und herwippt. Ein Casanova sieht sicher anders aus, denke ich mir. Aber den mutigen Draufgänger nimmt man ihm ab. Unausgesprochen. Er weiß selbst zu genau, daß der Hauch des Exotischen, der ihn umgibt, der Erfolg und das Einmalige, das seiner Arbeit anhaftet, ihn zum ›Dauersieger‹ auf der Mattscheibe abgestempelt haben. Nicht nur bei den Damen aller Berufs- und Altersklassen übrigens. Auch die Männer akzeptieren ihn. Dazu Scholl-Latour:
»Ich bin immer wieder erstaunt«, und jetzt läuft er plötzlich unruhig im Raum auf und ab, »daß ich mich mit meinen oft nicht leicht verdaulichen Beiträgen so durchgesetzt habe.« Er setzt sich wieder hin. »Mein Grundsatz war immer: Entweder man versteht, was ich sage. Oder man läßt es. Und wenn Fremdwörter vorkommen, empfehle ich ein Lexikon. Zweite Wahl kommt für mich nicht in Frage.« Der selbstbewußte Fernsehmatador hatte gesprochen.
In Sachen zwischenmenschlicher Beziehungen läßt er auch

noch einen vorletzten Erfahrungswert vom Stapel. »Ich halte viel von einer echten Bindung. Trotzdem sind längere Trennungen für beide ein Segen. Man geht sich sonst zu leicht auf die Nerven«, meint er.
Ich widerspreche nicht. Der Herr, der Gefühle angeblich nicht gern zur Schau trägt, schließt dieses Kapitel mit unterspieltem Witz ab.
»Als ich bei der französischen Truppe in Indochina gedient habe, da hieß es ganz einfach: Ein verheirateter Offizier ist nur die Hälfte wert.«
Scholl-Latour nahm's lange wörtlich. Seine erste Ehe wurde vor langer Zeit ›in Frieden geschieden‹. Der einzige Sohn aus dieser Verbindung ist Arzt.
Vor kurzem hat Peter Scholl-Latour das Credo aus der Legionszeit allerdings über Bord geworfen. Er hat ein zweites Mal geheiratet.
Ob er das unkalkulierbare Abenteuer wirklich so sehr liebt, habe ich ihn damals gefragt. Geschickt wich er auf einen großen Literaten aus. Ernst Jüngers Roman »Das abenteuerliche Herz« mußte schnell herhalten. Ein solches habe er wohl, behauptet er. Nichts Konkretes mehr zur Sache sonst. Nur, daß ihn im übrigen Welten von Jünger trennen.
»Ich würde mich nie mit seiner glasklaren Prosa messen wollen. Außerdem ist er ein protestantischer Norddeutscher, ich bin ein katholischer Mediterraner.«
Unter den Schriftstellern sind seine Favoriten Rainer Maria Rilke, Graham Greene, John le Carré. »Das wird mal ein Fest, wenn ich in Pension gehe, da tauche ich nur noch in die Bücherkisten, habe endlich Zeit, alles das zu lesen, wozu der Mensch heute nicht kommt.«
Und dann erwähnt er noch beiläufig, daß er eigentlich am liebsten Historiker oder Ethnologe geworden wäre, wenn er nicht ein so leidenschaftlicher Journalist sei. Einer von der

seltenen Sorte, der seine fundierten Meinungen äußert, auch wenn sie oft unbequem waren und der es laut sagte:
»Wir müssen uns endlich auf unsere europäischen Werte besinnen. Wir leben hier immer noch auf einer Insel der Seligen, wir sollten beginnen, das zu verteidigen. Und noch eins: Ich bin für Aufrüstung, ich war unter anderem für die Herstellung der Neutronenbombe in Frankreich. Seitdem das klar ist, scheint sich eine entscheidende Wende in der französischen Planung für die europäische Verteidigung anzubahnen. Nur so wird Deutschland nicht zum Manövrierfeld der Verbündeten degradiert.« Und auch der Streit um die Kernkraftwerke – nein danke – ist seine Sache nicht!
Er seufzt mal tief durch, erwähnt nebenbei (wie menschlich), daß er Hunger habe, ihn aber unterdrückt, weil er ständig mit den Pfunden ringt. Auch mir knurrt plötzlich der Magen. Aber ich mache die stramme Haltung mit. Denn schon sind wir bei Scholls Lieblingsthema, dem Islam, angelangt. Er hat übrigens seine hervorragenden Kenntnisse u. a. durch sein Orientalistik-Studium im Libanon erworben. Er berichtet von früheren Begegnungen mit dem verstorbenen Schah von Persien.
»Ich habe ihn als ausgesucht höflichen und gebildeten Menschen erlebt. Sein Schicksal aber war offensichtlich unvermeidbar, er hat die Dinge irgendwann einmal nicht mehr im Griff gehabt.«
Was er vom Khomeini-Regime hält, frage ich ihn. »Na, ja, der Alte hat mich schon sehr fasziniert. Das ist keine Frage von Sympathie. Andererseits: Wann begegnet man heute schon einer geradezu biblischen Gestalt, einem Gottesboten, für den er sich hält, und der seine Erfüllung im eigenen Martyrium sieht?«
Als er mich irgendwann aus seinem eleganten ›Durchgangslager‹ verabschiedet, sagt er noch, um sein Wohnimage

komplett zu machen, daß er eigentlich auch in einer Klosterzelle leben könnte. Wenn sie – bitte – nur aufgeräumt ist!
Die Sache mit dem pingeligen, rasenden Reporter hat er mir nun zur Genüge aufgetischt. Da war ich richtig erleichtert, als er nochmal den alten de Gaulle zitierte und strahlend meinte: »Wissen Sie, das Alter, hat der gesagt«, – jetzt schaut er sich verstohlen in seinem großen Spiegel an – »ist eben ein Schiffbruch.«
Ja, ich weiß es nicht mehr so genau, ob er oder ich das Interview mit einem Abschlußgeplänkel über den Sinn von Havarie und Koketterie beendet haben. Peter Scholl-Latour jedenfalls packte sofort noch seine Wasserski und verschwand nach Südfrankreich.
Als ich ihn zwei Jahre später wiedersah, war er hauptamtlich nicht mehr Starreporter. Inzwischen firmiert er als Herausgeber des Magazins STERN und als Berater fürs private Fernsehen beim Bertelsmann-Giganten – in der Vorstandsetage!
Aber verändert hatte er sich nicht!

Monica Vitti

Ein Weltstar ohne Allüren

Sie ist längst runde 50 und sieht nicht älter aus als Anfang 30. Ihre Stimme klingt rauchig-verhangen. Manieriertes Sprechgetue, von Theaterprofis nicht selten aufgeführt, geht ihr gänzlich ab. Knabenhaft schlank, vom Typ her sehr feminin, gibt sie sich, beinahe wie zum Trotz, burschikos, kumpelhaft. Doch man spürt, wie sensibel, wie ›durchlässig‹ sie ist. Vielleicht sogar voller Lebensangst: die Maria Luise Ceciarelli, besser bekannt und weltberühmt geworden unter ihrem Künstlernamen Monica Vitti.
Die Römerin aus gutbürgerlichem Hause, seit mehr als 25 Jahren nicht nur international anerkannter Leinwandstar, hat nichts mit dem »großen Auftritt« im Sinn. Daran hat auch nicht die einst für sie so entscheidende menschliche und künstlerische Partnerschaft mit Italiens Meisterregisseur Michelangelo Antonioni zu rütteln vermocht. Immerhin: Er entdeckte die unbekannte Theaterelevin, die sich auf den Brettern mit Brecht-, Ionesco- und Osborne-Rollen die ersten Sporen als junge Dramatische verdiente, für die Kamera. »Das Abenteuer«, »Die Nacht«, »Die Sonnenfinsternis« und »Die rote Wüste« wurden Welterfolge.
»Nach diesen vier Filmen, die wir im Laufe von zehn Jahren miteinander gemacht haben, erschöpften sich unsere künstlerischen Beziehungen ebenso wie die persönlichen. Aber der Michele und ich sind bis heute die besten Freunde

geblieben, auch nach der privaten Trennung«, sagt die Vitti, als ich sie in ihrer Wohnung besuche.
Daß der um 22 Jahre Ältere noch immer eine Etage über ihr im eleganten römischen Viertel Fleming lebt, ist genausowenig Geheimnis wie die Tatsache, daß die einst beide Wohnungen verbindende Wendeltreppe längst abmontiert wurde. Kein Zweifel übrigens, daß der Maestro auch die zwischenmenschliche Demontage zugunsten eines jüngeren ›Nachfolgers‹ überwunden hat. Kursierende gegenteilige Spekulationen wies Antonioni vor ein paar Jahren unmißverständlich zurück: Sein üppiges Fernseh-Opus nach der Vorlage von Cocteaus »Doppeladler«, besetzte er in der Hauptrolle wieder mit der ehemaligen Lebensgefährtin. Scharf den Blick auf die gemeinsamen Erfolgsbilanzen vergangener Jahre gerichtet, mochte er geschäftlich kein Risiko eingehen. Auf die heiße Frage, wie es nach so langer Pause wieder zu einem Film kam, manövriert die Vitti geschickt, ohne sich festzulegen.
»Antonioni ist und bleibt mein liebster, ehrlichster Regisseur. Ich habe ihm als Schauspielerin viel zu danken und menschlich natürlich sowieso. Auch wie ich heute wohne, geht auf seinen Einfluß zurück. Wir haben das meiste zusammen ausgesucht.«
So wird die – offensichtlich für beide gültige – ungehemmte Sammelleidenschaft für moderne Meister wie Picasso, de Chirico, Magritte, die die Wände ihrer Sechs-Zimmer-Wohnung füllen und viel ›Jugendstiliges‹ auf Tischen, Bänkchen und Konsolen erst auf der weit über den Tiber ausladenden Terrasse gebremst. ›Gebt mir das Überflüssige, dann kann ich ohne das Notwendige auskommen‹, so zitiert sie gerne Oscar Wilde. Wie recht hat sie doch.
Monica Vitti, die mich in Rock und Bluse ohne Make-up empfängt, läßt unmittelbar wissen, daß sie weder große

Roben besitzt noch einen Nerz, noch Sinn für teuren Schmuck hat.
»Hin und wieder gehe ich in die bekannten Modehäuser und kaufe irgendein Stück. Aber am liebsten lasse ich von meiner Hausschneiderin arbeiten. Und noch lieber würde ich, wie vor Jahren, in den alten Jeans, samt Schuhen herumlaufen, die mir mein Bruder mal dagelassen hat. An Äußerlichkeiten liegt mir so gut wie nichts. Auch Massagen oder Kosmetiksitzungen oder Torturen beim Friseur sind mir lästig.«
Und so, als wollte sie einen Teil ihrer Lebensphilosophie gleich zu Anfang unseres Gespräches einbringen, erklärt sie, daß sie schon deswegen keine Angst vorm Älterwerden habe, weil sie ihrer Meinung nach nie besonders schön gewesen sei. Also, was kann da schon schiefgehen?
»Wenn man aktiv am Leben teilnimmt, bleibt man automatisch jung – ein Dasein ohne Arbeit könnte ich mir für mich überhaupt nicht vorstellen. Und wenn ich beschließe, ab sofort ewig vierzig zu bleiben, wen stört's?«
Seit der Abnabelung von Antonioni ist sie übrigens neben der dramatischen mit Riesenerfolg in die komödiantische Rollenhaut geschlüpft.
Monica Vitti, die mehrmals für den Oscar nominiert war, sieht in einer erfolgreichen Karriere – ohne dabei vom Ehrgeiz gepackt zu sein – einen sinnvolleren Lebensinhalt als im Besitz von Häusern oder Autos. Sogenannte Statussymbole sind ihr unwichtig. Und auch ohne Reisen in ferne Länder hält sie es blendend aus. Vor allem auch, weil sie panische Angst vorm Fliegen hat. Vor der Haustür steht ein nicht mehr ganz junger VW.
»Aus Sicherheitsgründen. Schließlich lebe ich leider in einem Land, wo alte Karren weniger oft geknackt werden«, erläutert sie. Den ›Käfer‹ benutzt sie für Stadtfahrten oder Ausflüge in die nähere Umgebung. »Doch am liebsten bin ich zu Hause.

Da kommen Freunde, wir diskutieren, wir gehen auch mal ins Theater oder mal schick essen.«
Wie schaut ihr Privatleben heute aus? Der Regisseur Carlo di Palma, den man ihr nach der Trennung von Antonioni als möglichen Ehepartner hartnäckig angetragen hat, ist lange aus dem Rennen. Seit Jahren ist sie mit Roberto Russo, einem angesehenen römischen Fotografen liiert. Er ist neuerdings auch der Regisseur ihrer Filme. Daß er zwölf Jahre jünger ist als sie, spielt für beide keine Rolle.
»An Heiraten habe ich nie gedacht. Da ich nicht unbedingt Kinder wollte, bestand dazu keine Notwendigkeit. Mutter und Ehefrau zu sein ist schwer! Wenn man so will, habe ich mich vor dieser Aufgabe einfach gedrückt.«
Wir kommen auf Namen wie Sophia Loren oder Claudia Cardinale, die so geläufig sind wie die prominenten Fußballer. Die Vitti, die behauptet, zumindest die Loren nicht persönlich zu kennen, sagt plötzlich: »In diesen Tagen stand in den italienischen Gazetten, daß ich die einzige unter den international bekannten italienischen Schauspielerinnen sei, die freiwillig die Steuern zum Finanzamt trägt – und ohne Schulden lebt. Vielleicht ist das auch mit ein Grund, weshalb es keine Headlines über mich gibt.«
Auch im künstlerischen Bereich gibt es wenig Bezüge zwischen ihr und den gängigen ›Markenartikeln‹ Loren oder Lollobrigida oder Cardinale. »Als ich noch die Schauspielschule besuchte, hatten die beiden ersteren bereits einen Namen als Schönheitsköniginnen. Insofern kann man unsere Karrieren nicht miteinander vergleichen.«
Monica Vitti, im Zeichen Skorpion geboren, zeigt keineswegs Stachel, wenn sie über ihre berühmten Kolleginnen spricht. Die Interessen sind zu verschieden. Und Konkurrenz sieht die temperamentvolle Mimin keineswegs.
»Ich bin glücklich, wenn ich gute Rollen habe – und daran ist

bis auf weiteres kein Mangel – und wenn die Arbeit so viel Geld abwirft, daß ich gut leben kann. Vielleicht schaffe ich es auch noch einmal mit meinem Traumpartner Warren Beatty zusammengekoppelt zu werden – und vielleicht«, sie lächelt spitzbübisch, »klappt es auch einmal mit einem deutschen Film. Die jungen deutschen Regisseure imponieren mir sehr.«
»Ich liebe das Leben«, sagt sie spontan, »aber in Wahrheit habe ich wohl immer Angst davor gehabt. Das ist auch der Grund, warum ich mich entschlossen habe, Schauspielerin zu werden. Nur weil ich andere Leben darstelle, kann ich selbst überleben.« Und fröhlich beendet sie unsere Unterhaltung: »Ich lese am liebsten im Bett. Da bin ich überhaupt am liebsten! Ich schreibe am liebsten in meinem völlig chaotischen Arbeitszimmer, denn Ordnungssinn geht mir total ab. Ich verlege am Tage zwanzigmal meine Brille. Und überhaupt bin ich für den Haushalt nicht geeignet.«
Das muß sie wohl auch nicht sein. Seit geraumer Zeit trägt sie den Titel ›Frau Professor‹ und unterrichtet an der römischen Filmakademie ›Dramatische Kunst‹.
»Ich möchte bis 80 arbeiten können, dann war es ein schönes Leben«, sagt die Monica Vitti und strahlt so überzeugend, daß ich es ihr (fast) glaube! Wir trennen uns mit einer herzlichen Umarmung. Ich irre sicher nicht, wenn ich glaube, daß sie mir wie eine Art Freundin geblieben ist.

Tomi Ungerer

Ein ›schlimmer Finger‹ mit tausend geliebten Facetten

Der Mann, den ich für ein Interview angepeilt habe, soll kein Bequemer sein. Das gibt einer zu bedenken, der es wissen muß. Sein Verleger nämlich. Er selbst hilft kräftig nach, so daß man solche Warnungen zunächst für bare Münze nimmt. »Was ich heute sage, muß morgen schon längst nicht mehr stimmen. Und überhaupt kann ich den Presserummel nicht ausstehen.«
Der solches nicht nur behauptet, sondern auch konsequent danach handelt, weil er die brutale Vermarktung seiner Person und seiner Kunst randvoll satt hatte, ist Tomi Ungerer.
Der gebürtige Straßburger aus gutbürgerlichem Hause ist für Insider und feinsinnige Kunstkenner längst zur Institution geworden. Schon jahrelang schwimmt er auf der Woge von zahllosen Kritiken und Berichten, die ihn als einen der begabtesten, brillantesten, aber auch bissigsten Grafiker und Zeichner unserer Zeit loben. Den totalen Durchbruch schaffte er ungefähr vor 12 Jahren: als der Diogenes-Verlag das »Große Liederbuch« vorlegte, einen Prachtband mit 156 bunten Bildern zu 200 deutschen Volks- und Kinderliedern, und das Fernsehen gleichzeitig den Mann in der Totale ausleuchtete.
Für Ungerer war das der Endpunkt einer fünfjährigen harten Arbeit. Für ihn, dem so mancher Kritiker zu seinen zahlrei-

chen früheren Büchern nachsagt, sie seien nicht mit der Feder, sondern eher mit einem tödlichen Stilett gezeichnet, bedeutete dieses Werk eine Rückschau in seine Kindheit, eine zärtliche Liebeserklärung an seine elsässische Heimat. Obgleich er sich, nach eigenen Worten, beim Liederbuch trotz aller unterlegten romantischen Biedermeierlichkeit, bewußt aus jener Sehnsüchtelei herauszuhalten versuchte, die auf die Tränendrüsen drückt (»Alles Gewollte ist mir widerlich«), traf er mit sicherem Griff mitten ins Herz seiner Zeitgenossen.
Von »Backe, backe Kuchen« bis hin zum »Brunnen vor dem Tore« wurde aus dem Bestseller ein Dauerrenner und Tomi Ungerer ein Typ, wie die meisten Männer sein wollen und viele Frauen ihre hauseigenen Exemplare sich wünschen.
Der Tomi Ungerer weiß das oder auch nicht. Jedenfalls ist ihm der Ruhm nicht zu Kopf gestiegen. Er denkt klar. Dazu gehört, daß er sich nicht vergewaltigen läßt. Und dazu gehört auch, daß er in jenem Jahr mit den Pressemenschen nichts zu tun haben wollte. »Die haben mir im vorigen Jahr und auch schon vorher schier die Haut über den Kopf gezogen, heuer will ich einfach nicht.«
Sprach's und ließ mich am letzten Tag seines kurzen Zürcher Aufenthalts mit strahlendem Lächeln durch die Hintertüre herein. »Meinem Verleger Daniel Keel zuliebe«, sagte er bei der Begrüßung, quasi zur Entschuldigung dafür, daß er sich selbst ein wenig untreu geworden war. »Und viel Zeit haben wir auch nicht, morgen muß ich nach Straßburg, das hier kostet mich jetzt meine letzten Stunden.«
Beim Mittagessen im Hotel unterhalten wir uns zwanglos über das, was man so unter seiner Vergangenheit versteht. »Bei uns zu Hause gab es ein Klavier, es wurde viel gesungen«, sagt Ungerer, der aus einer Familie stammt, die seit Generationen im Elsaß ansässig ist und durch die Herstellung

astronomischer Uhren zu Ansehen gelangte. Wie gerne er heute noch singt, demonstriert er mir spontan zwischen Schnitzel und Kompott, indem er laut lachend zuerst »Straßburg, ich muß dich lassen«, und dann »Flamme empor« zum besten gibt.
»Ich habe das als Neunjähriger in der Schule gelernt, damals, als wir von den Deutschen besetzt waren.« Als die Franzosen nach dem Krieg wiederkamen, gab es nicht nur neue Lieder, sondern auch neue Lehrer. Und Ärger gab es obendrein. Der junge Gymnasiast wollte nicht so ganz nach ihrer Pfeife tanzen. Er probte den Aufstand und fiel dabei prompt durchs Abitur.
Mit der vertrauenerweckenden Anmerkung in seinem Abgangszeugnis, daß es sich bei ihm um einen »subversiven und perversen« Menschen handele, wurde er ins Leben entlassen.
Der Bürgerssohn aber zeigte es ihnen!
Sein Leben als Weltenbummler begann er damit, daß er bei den französischen Kamelreitertruppen in Nordafrika anmusterte. Als ihn eine langwierige Rippenfellentzündung im wahrsten Sinne des Wortes aufs Kreuz legte, versuchte er es mit Schreiben und Zeichnen – und zwar im Land der unbegrenzten Möglichkeiten. In New York, wo er fortan fast 15 Jahre lebte, stellte sich rasch der Erfolg ein. »Wenn ich gekonnt hätte, wäre ich Geologe geworden«, sagt er nebenbei.
Er wurde Zeichner für Werbeagenturen, Trickfilmer. Er zeichnete Anzeigen für Zigaretten. Damenstrümpfe, Computer, Flugzeuge, und er illustrierte schon damals Bücher. Der Dollar rollte. Mit dem Geldsegen waren auch andere Segnungen verbunden. Es hagelte Preise und Auszeichnungen. Für den Werbemann genauso wie für den Buch-Illustrator. Mehr als einmal wanden ihm die New York Times und die New

York Herald Tribune den Siegerlorbeer für das beste Bilderbuch des Jahres.
Der New Yorker Schickeria, die ihn jahrelang als einen ihrer schönsten Götzen ›fraß‹, verpaßte er zwar mit seinem Skizzenbüchlein »Party« einen gewaltigen Tiefschlag, aber das schmälerte seinen Erfolg nicht.
Der Mann, der in seinen besten Tagen sechsstellige Dollarsummen pro Jahr verdiente, ein Haus besaß und einen Rolls-Royce, erinnert sich heute nicht mehr gerne an diese Zeit. Als er 1970 seine gesamte mobile und immobile Habe verkaufte und in die kanadische Einöde abwanderte, wußte er warum.
»In Amerika habe ich geschuftet wie ein Verrückter, ich habe auch verdient wie ein Verrückter, aber die Menschen dort sind so oberflächlich, daß ihnen zum Beispiel nie die Idee kam, auch nur eine einzige seriöse Kunstkritik über mich zu schreiben. Und ich bin Alemanne. Man hat mich da drüben zwar gefeiert, aber verstanden hat man mich nicht.«
Tomi Ungerer, der herzlich lachen kann, wird in solchen Augenblicken ganz ernst. So als wollte er sich symbolisch von einem Alptraum befreien, zieht er sich plötzlich den Pullover über den Kopf. Nicht im Restaurant, wohlgemerkt, denn er ist – auch wenn er sich nach außen am liebsten in der saloppen Tracht des Naturburschen zeigt – ein Mann mit überaus artigen Formen.
Wir sind inzwischen in den Salon weitergezogen. Er kommt wieder auf die Jahre in Amerika zurück. »Im deutschen Sprachraum versteht man meine Kinderbücher, meine Satiren, sogar meine Erotik. Das liegt an der Verwurzelung mit der europäischen Tradition. Und die Amerikaner haben so etwas eben nicht. Sie kennen nur den schnellen Erfolg. Danach ist man vergessen. Dafür bin ich auf Dauer nicht gebaut. Jeder Künstler hat sein Ego. Ich auch.« Er sagt: »Ich will erinnert werden.«

Was er meint, ist klar. Der blonde Hüne mit den grau-blauen Augen im schmalen Gesicht, der Englisch, Französisch und Deutsch durcheinander spricht und dem manchmal auf die Schnelle die richtigen Satzzusammenhänge abgehen, braucht um sein Ego keine Bange zu haben. Der Vaterstadt Straßburg hat er seine kostbare mechanische Spielzeugsammlung vermacht. Tomi Ungerer hat in mehr als 15 Jahren kostbare Stücke zusammengetragen: Eisenbahnen, Autos, Segelschiffe mit echten pulverschießenden Kanonen, Großes, Kleines, Tickendes, Fahrendes. Hunderte von Objekten, die einen enormen Wert darstellen, und die zum Teil über hundert Jahre alt sind. Geld wollte er dafür nicht haben. Er braucht es nicht. Ihm ist es genug Befriedigung, wenn sein Name irgendwo klein an der Museumswand steht. Außer der Tatsache, daß er mit ein bißchen Eitelkeit vielleicht doch damit in die Ewigkeit eingehen will, ist der Grund für seine Entscheidung nicht weniger plausibel: »Wissen Sie, ich will nicht, daß wegen dieser Dinge einmal in der Familie gestritten wird. Wir haben jetzt ein Kind, da muß man sein Leben einrichten.«

Das Kind ist es auch, daß das Dasein von Yvonne und Tomi Ungerer letztlich verändert hat. Yvonne, die knabenhaft schlanke ehemalige New Yorker Kunststudentin, die nicht nur schön ist, sondern ebenso zäh, hat es damals mit ihm gepackt.

»Ohne sie hätte ich das Leben in Kanada nicht schaffen können. So was macht man auch nur einmal – und allein schon gar nicht. Sie kennen das nicht, wo wir gelebt haben«, sagt er, »da war nichts. Wasser, Steine, felsige Küste, ringsum Sumpf, ein Holzhaus, das Ende der Welt kann man sagen. Wir haben es urbar gemacht, wir haben es dort menschlich gemacht. Ich habe Schweine, Schafe, Ziegen gezüchtet. Als ich ein Bub war, konnte ich kaum eine Mücke

kaputtmachen. Dort habe ich gelernt, ein Schwein zu schlachten.«
Wie er es gelernt hat? »Mit Büchern in der Hand am Anfang, das waren elementare Erlebnisse. Seitdem habe ich eine wahre, eine wirkliche Liebe zur Metzgerei. Das hat mit dem Essen zu tun, das hat etwas mit der Erfahrung zu tun, die man dabei macht. Wir waren auf uns allein angewiesen, meine Frau und ich. Normalerweise sind drei, vier Mann damit beschäftigt.«
Diese Ereignisse übrigens hat Ungerer in vielen Skizzen festgehalten und viel dazu notiert. Ganz spontan sagt er zu mir: »Ich muß Ihnen was erzählen, das habe ich bislang noch niemand gesagt. Ich habe damals einen wundervollen Traum gehabt, als wir zum ersten Mal geschlachtet hatten und todmüde einschliefen. Ich lag im Bett bei meiner Frau – sie war die eine Hälfte des Schweines, ich die andere, und wir paßten so wunderbar zusammen. Sie hat auch was geträumt in dieser Nacht«, fährt er laut lachend fort, »aber das war nicht halb so komisch. Bei ihr tanzte das gesamte Gedärm um unser Bett herum, wie bei einem Totentanz.«
Der Künstler Ungerer, der sich vom feinsten Gesellschaftsleben befreit und das wilde Leben in einer ›splendid isolation‹ durchexerziert hat, läßt keine Zweifel, daß er dabei auch philosophische Erkenntnisse sammeln konnte. Ein neues Buch ist in Arbeit. Es wird heißen »Here today, gone tomorrow« und die Jahre auf seinem Hof in Kanada zum Inhalt haben. Und es wird nicht nur vom Schweine- und Hammelschlachten, vom Blutwurstrühren und Speckräuchern handeln. Es wird auch unverblümt die harten Spielregeln beleuchten, nach denen die Menschen dort in Neuschottland zu leben gewohnt sind. Er wird es wie einen Report aufziehen und nicht verschweigen, daß er dort sehr glücklich war, aber ebensoviel Angst hatte. Keine Nacht, in der sich das

Ehepaar schlafen legte, ohne die Flinte zwischen die Bettritze zu stellen. Kein Ausflug ins nächstgelegene Dorf ohne die Sorge, daß der Hof nach Rückkehr einer Brandstiftung zum Opfer gefallen sein könnte.
»Es sind liebe, anständige Menschen dort, aber wenn sie trinken, geraten sie außer Kontrolle. Mein Nachbar war so einer. Eines Tages kam er zu mir und sagte schlicht: ›Es mußte raus aus mir, ich habe meinen Bruder erschossen!‹ Einfach so, ohne Grund. Einmal im Jahr passiert immer so etwas. Da habe ich mir natürlich gedacht – wenn der schon seinen Bruder umlegt, warum soll er mich schonen. Sehen Sie, und deshalb will ich nicht, daß das Kind dort aufwächst. Ich habe in Süd-Irland ein kleines Haus gemietet, nichts Besonderes. Aber dort fühle ich mich geborgen, kann aus der Distanz auch das Kanada-Buch machen, fühle, daß die Iren, die durch eigenes Leid knietief gewatet sind, mir das bieten, was ich jetzt für mich und meine Familie brauche: Ruhe und Frieden, ausruhen einfach. Ein bißchen Landwirtschaft werde ich weiter betreiben und natürlich Bücher schreiben. Ich bin kein schneller Arbeiter. Jedes neue Projekt kostet meine ganze Kraft.«
»Und was wird mit Kanada?« frage ich neugierig. »Kanada behalten wir natürlich.«
Tomi Ungerer, der es anfangs sehr eilig hatte, das einzige Interview dieses Jahres schnellstmöglich vom Hals zu kriegen, ist nicht mehr unter Zeitdruck. Das Gespräch nimmt eine Wendung. Den Künstler, den Pionier, den haben wir abgehandelt. Jetzt fehlt eigentlich nur noch der Mann.
Ich frage ihn nach seiner Meinung über die Frauen. Ich frage ihn nicht ohne Hintergedanken, denn in seinen erotischen Büchern hat er sich ganz schön ausgetobt. Sein Werk »Totenpole«, zu dem seine Frau Yvonne fast durchgehend Modell gestanden hat, ist kein Massenartikel, in diesem Sinne auch

kein Verkaufsschlager. Das war wohl auch nicht beabsichtigt. »Ich finde die Frauen phantastisch«, sagt er einfach, »solange sie Frauen sind.« Gegen die Frauenbewegung hat er grundsätzlich nichts einzuwenden, er kann diese Entwicklung verstehen. »Sehen Sie, viele Männer heutzutage, die wollen nicht heiraten, die wollen keine Verantwortung, die wollen die Frauen behandeln wie ein Neutrum. Dagegen kann sich die Frau nur wehren. Das ist meine Meinung.«
Er hält die Gesellschaft für die Wurzel des Übels, die die Frauen zwingt, sich unweiblich zu verhalten. Und der Mann Ungerer, der sicher kein Heiliger ist und ohne Zweifel manchen Frauen Blessuren geschlagen hat, faßt seine Erfahrung in einem Satz zusammen: »Vor der Liebe steht der Respekt. Wer eine Frau nicht respektiert, liebt sie auch nicht.«
Daß jede Frau ein Kind haben will, geliebt werden will, ein Heim haben will, das ist für ihn klar. Und mit seiner eigenen Spezies geht er hart um, wenn er sagt: »Das Problem unserer Tage ist wirklich, daß die Männer die Frauen zu Women's Lib treiben. Und das alles ist in Amerika ausgelöst worden.« Er meint, da spielen sich nur noch Tragödien ab, weil all diese schönen, intelligenten Geschöpfe von einem Arm zum anderen wandern – ohne den gewünschten Erfolg.
Das Mann/Frau-Problem hat Tomi Ungerer sich genauso zurechtgelegt wie alles andere, das er anpackt.
Temperamentvoll und deutlich wird er, als wir auf die Rezeptpsychose in den Zeitschriften kommen. Er nennt es Seuche, Tyrannis – alles, was da an Lebenshilfen für Mann und Frau feilgeboten wird. »Das wird nicht nur gelesen, sondern auch fleißig geübt, damit sie alle untereinander mitreden können, keiner darf was auslassen. Sie wollen inspiriert werden und merken gar nicht, daß damit noch mehr kaputt geht. Die Ehe, die Liebe, die Wärme.«
Wir sind uns einig, daß wir die Themen nur im groben und

an der Oberfläche anreißen können. Aber ich habe das Gefühl, daß Tomi Ungerer auch das Zeug zu einer Art Wanderprediger hat, der die Leute nicht nur mit dem Zeichenstift ›Mores‹ lehren kann. Seine Theorien gefallen mir.
Als wir auf seine Frau zu sprechen kommen, wird er knapper: »Yvonne ist alles für mich – uneingeschränkt – sie ist meine Frau, die Mutter meines Kindes, sie ist gescheit, weiß, was sie will, aber sie ist nicht emanzipiert. Kurz: bei uns stimmt's.«
Yvonne Ungerer kommt kurz darauf mit dem vier Monate alten Baby Aria zu uns. Sie sagt wenig, will das Gespräch nicht stören. Es ist auch zu Ende.
Als ich gegangen war, fiel mir ein, daß er im Zusammenhang mit wechselnden Parteien oder Systemen auf der Welt für sich keine Sorgen hat, wenn er sagt: »Ich bin ein Überleber. Eine Wurst kann ich mir überall noch machen, da ist es egal, wer am Ruder ist.«
Ich habe Tomi Ungerer später noch einmal in Irland besucht. Die Familie war inzwischen gewachsen. Aria hatte noch zwei Brüder bekommen. Für mich ist er der sympathische, intellektuelle Sunnyboy geblieben. Ein Lebenskünstler einfach, ein Überleber – einer, der als eigenwilliger Künstler noch lange von sich reden machen wird.

Stefanie Powers

Hart und doch herzlich – das Phänomen aus Hollywood

Stefanie Powers ein Star? Sehr wohl. Aber keiner zum Anfassen, wie es heutzutage schick ist; auch nicht voll Arroganz und Glanz und Glamour, wie sich das für eine US-, Film- und TV-Größe dieser Machart immer gut macht. Die 41jährige Schönheit aus Los Angeles weiß zwar sehr gut, was gut über die Rampe kommt, aber vorgedrängelt hat sie sich deshalb nie. So konnte die schreibende Zunft bei aller noch so intensiven Bemühung bisher kein Haar in der Powers-Suppe finden.
Und auch die ebensowenig pingeligen Hollywoodgewaltigen wissen längst, was sie an ihr haben: eine nämlich, die es ohne Skandale zu was gebracht hat. Und auch noch obendrein, infolge großer Begabung plus blendenden Aussehens, hohe Einschaltquoten garantiert.
Den grazilen, rotblonden Star aus Los Angeles treffe ich im Sommer 1984 in Paris. Ich bin neugierig auf den so im Verborgenen blühenden Paradetyp der untadeligen Karrierefrau. Sie hat es eilig. Nur eine Stunde für ein ›Informationsgespräch‹, tönt es streng aus ihrer Umgebung. Gemeinsame Freunde, das Hollywood-Schauspieler-Ehepaar Artie Johnston und der kürzlich tragisch verstorbene Brite Bryan Burrows aus Kenia, hatten das Wunder zustandegebracht. Interviews im eigentlichen Sinne gibt sie angeblich seit Jahren nicht mehr. Alles, was über sie kursiert, stammt aus zweiter

Hand; so hatte ich mich lediglich wieder mal auf gutes gegenseitiges Einvernehmen zu präparieren.

Stefanie Powers weiß, daß ich sie hauptsächlich wegen ihres amerikanischen TV-Serienerfolges »Hart to Hart«, bei uns als »Hart aber herzlich« zu sehen, sprechen möchte. In den Drehpausen zu ihrem brandneuen TV-Film »Mistrals Daughter« (nach Judith Krantz), läßt sie sich noch einiges darüber hinaus zur Person entlocken. »Was wir jetzt machen«, sagt sie, »das ist eine Story mit viel intelligentem Pfiff und ebenso viel Liebe.«

Unser Gespräch führen wir in einem stickigen Keller. Das Verlies gehört zu einem heruntergekommenen Wohnhaus im Pariser Quartier Latin. Hier wird Tanzbar-Atmosphäre der 30er Jahre nachgestellt. Es wimmelt von Technikern, Komparsen, die Scheinwerfer knallen unbarmherzig auf uns runter. In einer Ecke übt die Combo immer wieder die gleichen Töne. Plötzlich läßt sich hinter mir einer auf die wacklige Sitzbank fallen. Das Bier, das er eigentlich trinken wollte, spritzt in hohem Bogen über Stefanies und meinen Kopf. Endlich können wir anfangen. Viel Zeit bleibt nicht. Die Pause bis zum nächsten Dreh ist auf dreißig Minuten festgelegt. Stefanie Powers, an solche Berufsimponderabilien gewöhnt, bestimmt sofort Tempo und Tenor des Gespräches.

»Kennen Sie den Film ›Fluchtpunkt Las Vegas‹«, beginnt sie. Ohne Antwort abzuwarten, fährt sie fort. »Das wird Sie interessieren, daß Linda Evans, die hier mit mir zusammen spielt, schon seit Kindertagen eine gute Freundin von mir ist. Seit ›Denver‹ ist sie ja bei Ihnen enorm beliebt«, sie lächelt. Ich bin nicht sicher, ob nicht etwas Ironie in der Stimme mitschwingt. Rasch fährt sie sachlich fort:

»Wir haben zusammen in der High School die Schulbank gedrückt. Unser Partner in dem ›Las-Vegas-Streifen‹ ist David Jannsen, der legendäre ›Dr. Kimble auf der Flucht‹.

Dies war seine letzte Rolle. Er starb 1981. Im gleichen Jahr wie Bill.«
Mit Bill meint Stefanie Powers William Holden. Jenen ›Golden-Hollywood-Boy‹, mit dem sie neun Jahre zusammengelebt hat. Vier Wochen vor der Hochzeit endete er durch tragischen Unfalltod.
»Wir wollten in Kenia heiraten«, fährt sie fort, und plötzlich verlangsamt sie ihr Sprechtempo, ihre Stimme wird leise. Darum bemüht, es möglichst nüchtern abzuhandeln, sagt sie: »Ich habe ihn sehr geliebt, liebe ihn noch, aber die Show muß weitergehen! Nach seinem Tode habe ich mich entschlossen, sein Lebenswerk fortzusetzen.«
Sie macht jetzt eine längere Pause, als wolle sie sich für so viel Einblick in ihr Privates bei sich selbst entschuldigen. Dann meint sie, nun wieder bestimmt und laut: »Bill war mehr als dreißig Jahre ganz fest mit Afrika verwurzelt; da habe ich mit seinen Freunden zu seinem Andenken am Mount Kenya die William-Holden-Wildlife-Stiftung gegründet. Eine Ausbildungsstätte für junge Afrikaner, die sich um den Schutz von Land und Tieren kümmern sollen. Das kostet viel Geld«, jetzt lächelt sie endlich, »aber wir kommen gut voran«. In zwei Jahren – so meint sie (immerhin ist sie Präsidentin des Unternehmens, was sie schamhaft verschweigt) – sei es wohl geschafft. Daß sie einen Teil ihrer Gagen diesem edlen Zwecke opfert, verschweigt sie nicht.
Sonstige Pläne? Ja natürlich hat sie die. Irgendwann sollen weitere Folgen von »Hart to Hart« kommen. Im Moment, so erfahre ich, sind die Dreharbeiten wegen Geldmangel ausgesetzt worden. Verwunderlich, denn neben den Dauerrennern »Dallas« und »Denver« steht die Serie in Amerika seit Jahren in der Publikumsgunst ganz oben. Wenn man den Umfragen und dem Mann auf der Straße drüben glauben darf, dann deshalb, weil es hier nicht halb so rüde wie bei den Ewings

und den Carringtons zugeht, sondern sehr menschlich. Aber dennoch fein!
Ich frage die Powers jetzt rundheraus: »Stimmt es, daß der gutaussehende Robert Wagner nicht nur im Film Ihr Partner ist?« Die Antwort kommt prompt.
»Darüber haben sich meine Landsleute schon die Finger krummgeschrieben. Und da steht dann immer dasselbe. Wollen Sie es wissen?« Sie fragt, nicht ohne leichten Klang von Langeweile in der Stimme. »Nun, da steht, Robert Wagner und Stefanie Powers wären sicher auch im Leben ein ideales Ehepaar, wenn Stefanie nicht so eine ehrgeizige Schauspielerin wäre.« Und damit ich es auch deutlich verstehe, nimmt sie mir das Tonband aus der Hand und klärt die Sache gültig: »Alles im Leben kann man nämlich nicht haben. Entweder macht man Karriere, dann muß man auf Mann und Kinder verzichten. Ich bin ein Arbeitstier. Daneben hat leider nichts oder nur wenig Platz. Die Rolle des Hausmütterchens liegt mir nicht. Darüber muß man sich klar sein. Nach Bills Tod habe ich meine Entscheidungen getroffen. Seit zwei Jahren habe ich meine eigene Produktionsfirma, habe sechs Stücke geschrieben muß etliche TV-Kontrakte erfüllen und hoffe, demnächst am Broadway zu gastieren.«
Das Stück? Noch ist es top secret. Stefanie Powers fährt zügig fort, so als ob sie einen Frage-Antwort-Katalog los sein wollte, den sie nur ungern preisgibt. Aber unaufgefordert macht sie brav weiter und sagt mit einem kleinen Augenzwinkern:
»Naja, dann reise ich gern und studiere inzwischen die siebente Sprache, chinesisch nämlich.« Auf meine Frage wartet sie erst gar nicht mehr, sie gibt die Antwort gleich selbst: »Französisch, spanisch, italienisch und polnisch kann ich einigermaßen perfekt, mit deutsch und japanisch hapert's leider. – Genug?«

Aber nicht doch. Stefanie Powers wäre nicht die gelobte Perfektionistin, wenn sie nicht fast alles gründlich auf den Tisch legen würde.
»In Hongkong habe ich ein Haus, da muß ich auch mal hin und wieder nach dem rechten schauen. Und dann hängt natürlich ein großes Stück Herz immer in Afrika. Schließlich muß ich noch unzählige Patenkinder aus aller Herren Länder betreuen. Wieviel Leben müßte ich wohl haben, um da noch Familie oder womöglich eine strapaziöse Love-Affair unterzubringen?« Sie gibt mir mein Tonband zurück.
Daß sie seit Wochen an die 15 Stunden täglich vor der Kamera steht, sieht man ihr nicht an. Sie nimmt es mit ebensolcher Gelassenheit wie die in Paris umlaufenden Gerüchte, daß sie mit ihrem aktuellen Filmpartner, einem jungen farblosen und unbekannten Franzosen, angeblich mehr als nur die harten Regiebande verbinden sollen.
»Meine Philosophie«, sagt sie, und da läutet es bereits zur nächsten Aufnahme, »ist ganz simpel: Das Leben besteht aus Bemühungen. Aus dem Bestreben, das Beste zu geben und zu erreichen. Ich habe Glück gehabt, ich habe *viel* erreicht! Ich will hoffen, daß es so bleibt, dann hat sich alles gelohnt!«
Was sie mit *alles* konkret meint, verrät sie mir nicht. Vielleicht die vielen harten Dollars, die sie zweifellos macht; vielleicht ihr Privatleben, das sie hermetisch verschlossen hält. – Egal, denke ich, als die Superschlanke sich mit einem burschikosen ›Aufwiedersehen‹ schnell verabschiedet und einem Gigolo zum Tango in die Arme sinkt.
Stefanie Powers ein Star? Sehr wohl. Einer, der mir genauso gefällt wie vielen Amerikanern; die mich an Sissys Freundin erinnert, wenn es die drüben gäbe. Eine, auf die schlicht eines paßt: hart, aber herzlich! Hollywood, du bist noch nicht ganz verloren...

Vidal Sassoon

Der Starfigaro mit der goldenen Schere

»Erfolg«, sagt der Engländer Vidal Sassoon zu mir, »das ist ein seltsamer Begriff. Davon sprechen eigentlich nur immer Leute, die nie welchen gehabt haben.« Dann schnippt er mit den Fingern, nippt an einem Glas Tee, das er vorher kräftig mit gesundem Reformhaus-Honig angesüßt hat, räkelt sich in seinem Stuhl Marke Bauhaus und – strahlt. Er weiß, wovon er spricht. Der Weg vom kleinen Shampoo-Boy in einem verstaubten Londoner Friseurladen zum weltweit anerkannten und gefeierten Haar-Evangelisten mit Prachtvilla im Nobelviertel ›Bel Air‹ von Los Angeles war ein langer. Und kein leichter! Und haar-scharf hätte er auch daneben gehen können.

Der 56jährige ist ehrlich genug, sich das selbst einzugestehen. Und auch anderen nichts vorzumachen. So meint er im Gespräch mit mir: »Ich habe mich im wahrsten Sinne des Wortes ›hochfrisiert‹ – und Glück gehabt.« Das klingt in der Umgebung, in der ich ihm begegne, seinem perfekt durchgestylten, nachempfundenen ›Gropius-Center‹, wie er sein hollywoodfeines Haus lachend nennt, nicht nur sympathisch, auch überzeugend.

Wenn er von damals auf heute kommt, der Vidal Sassoon, so habe ich den Eindruck, schwingt immer noch so ein kleiner stiller Zweifel in seiner Stimme mit, ob seine gigantische Karriere nicht womöglich doch nur ein schönes Seifen-

schaumtraum-Märchen sein könnte. Aber sicher habe ich mich geirrt. Denn die Umsätze sind mehr als real: 110 Millionen Dollar im Jahr!
Wer also ist dieser Sassoon, wollte ich wissen, der ihnen allen den Kopf verdreht hat? Ohne den die Hoch-Zeit der Figaros nie so fröhliche Urständ gefeiert hätte, und der schon zu Lebzeiten die hohen Weihen des vollendeten Haar-Künstlers auf seinem gänzlich bürgerlich gelockten Haupte spazierenträgt?
Vidal Sassoon, der jüdische Junge aus den Slums des Londoner Westends, der 1955 seinen ersten Salon eröffnete, kurze Zeit später mit der Schere auf den berühmten Haarschopf der Modemacherin Mary Quant zielte und damit die Pagenfrisur der ersten Prominenz kreierte, wurde zum Schocker, aber auch zur Kultfigur.
Obendrein ein gemachter Mann.
Alle wollten sie plötzlich Haare lassen auf dem Altar des Propheten der neuen Kopfkunst: ein namenloses Heer unbekannter Damen ebenso wie die Leinwandgrößen Jane Fonda, Mia Farrow, Vanessa Redgrave, Glenda Jackson. Vidal Sassoons ›geometrischen Cut‹ durch die Welt zu tragen, waren sie gierig. Und auch der von ihm aufgebauten Philosophie alle Ehre zu machen. Was ihm zur noch höheren Ehre gereichte. Auch ich darf es aus seinem Munde hören: »Der Schnitt ist alles – er ist für jede Kopfform, für jedes Alter wichtig. Eine Frisur gestalten, ist wie ein Bild malen, sich an den großen Künstlern orientieren.«
Daß Sassoon dabei abwechselnd immer mal auf die französischen Impressionisten und die deutschen Expressionisten geschaut hat, erzählt er mir so wohlpräpariert, als ginge es um einen Vortrag im kunsthistorischen Seminar. »Inspiriert haben mich im Zusammenhang mit meiner Arbeit stets die kulturgeschichtlichen Zusammenhänge, die Revolution,

nicht die Evolution«, meint er weiter in gekonntem Dozententon.
Er trinkt jetzt zur Abwechslung ein ›stilles‹ Wasser, denn er hält viel vom gesunden Leben: Alkohol, Zigaretten sind ihm verpönt und kommen nicht ins Haus, sagt er. Dafür gibt's alles an Komfort in Sachen Fitness, Sport und Gymnastik: eine Schwimmhalle, eine Sauna, einen Trainingsraum für Tennisplay, auch eine Stätte, wo der Meister Yoga treibt und meditiert.
Vidal Sassoon lacht mich an. Grund zur Trauer hat er wirklich nicht, der schlanke Herr, der vor zwölf Jahren zum letzten Mal jene goldene Friseurschere in der Hand gehalten hat, die ihm die Millionen brachte. Und der jetzt seinem Kronprinzen und Partner Christopher Brooke die ›haarigen‹ Geschäfte überlassen hat.
Auch das Styling der neuesten Kreationen. Dreizehn Salons in aller Welt tragen Sassoons Namen zwar, auf seinen Akademien ›vernehmen‹ mehr als zehntausend reichlich zahlende Friseure alle Jahre wieder den allerletzten Schrei! Aber der Meister selbst hat sich längst anderen Dingen zugewandt: So ›verkauft‹ er unter anderem mit großem Erfolg die Produkte, mit denen die schönen Kundinnen rund um den Globus eingeseift werden.
»Das ist eine absolute Innovation«, klärt mich Sassoon auf. Und er meint damit, daß ein Imperium wie seines auch noch die haueigenen Mittel zur Verschönerung liefert. »Das dürfte sicherlich ziemlich einmalig sein«, pflichte ich bei.
Aber der auf vielen Hochzeiten tanzende Meisterfigaro veredelt nicht nur die Damenköpfe, sondern auch für sich hat er den Blick scharf auf alles Ästhetische gerichtet. Die Wände seiner Wohnung zieren Bilder von deutschen Malern, und auf dem sogenannten ›Nachtkästchen‹ seines Paradeschlafzimmers liegt die übersetzte Ausgabe von Goethes »Wahlver-

wandtschaften«, wie ich beim Stubendurchgang durchs 20-Zimmer-Haus erstaunt entdecken durfte.
»Mein Leben hat zwei Seiten«, sagt er über sich selbst, »die eine widme ich dem Einsatz für Gesundheit und Schönheit, die andere den unterdrückten Minoritäten.« Beide Aufgaben betreut er von höherer Warte. Versteht sich. Als Gastdozent an Universitäten und Vorsitzender unzähliger Stiftungen und Vereine.
Nicht zu vergessen seine Auftritte im amerikanischen Fernsehen. »Ich habe mehr als 200 Shows gemacht«, erfahre ich von ihm schon mehr nebenher. Dabei verschweigt er schmunzelnd (wie clever), was ich als Gedrucktes von seinen erstklassig funktionierenden PR-Organisatoren vor Besuchsantritt diskret in die Hand gespielt bekommen hatte. Da lese ich: »Wenn Sassoon im Television auftritt, gehen die Einschaltquoten rapide rauf. Weil er über Gott und die Welt plaudert, über alles, was die Frauen interessiert. Die Frauen lieben ihn, sie haben ihn zu dem gemacht, was er ist, der berühmteste Haarstylist der Welt.«
»Good Morning, America« heißt so eine Sendung. Und da fängt der Tag ja gut an, klar, wenn Sassoon über die Mattscheibe flimmert. So sah ich's und dachte nur, hoppla, wie schaut's da wohl privat aus?
»Ich bin glücklich verheiratet«, meint Sassoon auf meine Frage präzise und schnell. Und schon zeigt sich wie auf Bestellung die Angetraute. Es ist seine zweite. Beverly Adams, die Erstgattin und Mutter der gemeinsamen vier Kinder, war zwar Mitautorin des Sassoon-Bestseller-Buches »Ein Jahr der Schönheit und Gesundheit« – ein Opus, das er wie die Bibel hochhält. Aber geschont hat sie den Gemahl nicht. Nach Art des Hauses holte sie zum Kahlschlag aus und erleichterte ihn um 33 Millionen Dollar Abfindung. Das war der Preis für das Ende einer Ehe.

Die neue Mrs. Sassoon, eine quirlige, temperamentvolle Karrierefrau, klein zwar von Gestalt, aber oho, braucht nicht auf den Dollarsegen des Gatten zu schielen. Sie hat selbst genug. Als Advertising Director bei vier amerikanischen Fernsehstationen macht sie genügend ›Kohle‹. Demnächst auch unter ihrem Mädchennamen Jeanette Hartford-Davis eine Songschallplatte. Wie Sassoon es formuliert, »ist sie für mich mein ganz geliebter Kumpel«.

Daß der attraktive Kumpel ihm gelegentlich die Show stiehlt beim Reiten, beim Schwimmen, beim Skifahren, kommentiert der angenehme Gastgeber und charmante Plauderer mit einem seiner berühmten Kernsätze: »Ich halte viel von ›good sports‹. Man muß auch mal verlieren können. Aber am unangefochtensten bin ich, wenn ich mich immer wieder auf das besinne, womit ich begonnen habe: Kunst machen am lebenden Wesen.«

»August, August, wo sind deine Haare?« so hieß doch der Song, den unsere Großmütter trällerten! »Sassoon, Sassoon, wo ist dein Saloon?« mochte ich nur noch trällern, nachdem ich ihn verlassen hatte. Die ›Kultstätte‹ fand ich in München (auch in Hamburg gibt es eine), warf mich dem Chefstylisten vor und schwebte eine kurze Weile auf dem poetischen Credo, das mir der Meister für meinen Kopfputz auf den Weg gegeben hatte: »Die Frau schüttelt ihr Haar im Wind, sie kann sich bewegen, wie sie will, wird vom Glück getragen.« Nun denn: Der gewisse Schnitt macht's möglich. So herrlich ist das Leben...

Bildquellennachweis

Lorenz Baader, München: *Franz Josef Strauß*
Benziger Verlag, Zürich: *Elisabeth Plessen*
Bianca Bianchi, Mailand: *Wanda Ferragamo*
Jean-Marie Bottequin, München: *Marcia Haydée*
Gabriele Brandenstein: *Herbert von Karajan*
Dagmar, New York: *Farah Diba Pahlevi*
defd-Foto Engelmeier, München: *Stefanie Powers*
Diogenes Verlag, Zürich: *Tomi Ungerer*
dpa: *Jeffrey Archer, Roald Dahl, Oriana Fallaci*
Virginia Faß, London: *Maharadscha von Jaipur, Biki Oberoi*
Gordon Fielden, London: *Nigel Nicolson*
Gustav Lübbe Verlag, Bergisch Gladbach: *Mark Helprin*
Italienisches Außenministerium, Rom: *Susanna Agnelli*
Keystone/Roedel: *Alberto Moravia*
Lensman, Dublin: *Benjamin Guinness*
Massimo Listri, Florenz: *Dirk Bogarde, Gina Lollobrigida, Riccardo Muti*
Patricia Naggiar, New York: *Norman Mailer*
Soltan Nagy, Rom: *Gianni Bulgari*
Isolde Ohlbaum, München: *Leonor Fini*
Bruno Oliviero/Armani Pressestelle: *Giorgio Armani*
Foto Piaget, Genf: *Yves Piaget*
Roberto Russo, Rom: *Monica Vitti*
Salis, Rom: *Sophia Loren*
Foto Sassoon, Los Angeles: *Vidal Sassoon*
Oda Sternberg, München: *Brigitte Fassbaender*
Thomas Victor: *Maurice Sendak*
K. H. Vogelmann, Weidach: *Ruth Leuwerik*
Kurt Will, Hamburg: *Marcello Mastroianni*
Zumbrunn, Zürich: *Friedrich Dürrenmatt*

Aus Privatbesitz bzw. Archiv stammen die Fotos von Maria Becker, Wilhelmine Corinth und Peter Scholl-Latour.